図表と地図で知る
ヒトラー政権下のドイツ

World War II Data Book
THE
THIRD
REICH
1933-1945

クリス・マクナブ
Chris McNab

松尾恭子 訳

原書房

目次

第1章 **第三帝国の歴史** ……………… 4
　　　新しい国際秩序　1918年-1933年
　　　権力掌握　1933年-1939年
　　　領土拡張　1939年-1942年
　　　敗北と崩壊　1942年-1944年
　　　終焉　1945年とその後

第2章 **領土** ……………… 38
　　　併合
　　　ポーランドの占領体制
　　　西ヨーロッパの占領　1940年-1944年
　　　ソ連侵攻
　　　中央集権国家
　　　占領と搾取　1939年-1945年

第3章 **経済** ……………… 72
　　　経済と雇用　1933年-1939年
　　　商業と工業　1933年-1945年
　　　兵器生産
　　　労働条件と食料事情

第4章 **政権と指導者** ……………… 110
　　　党と国家
　　　組織と政策決定
　　　指導者としてのヒトラー

第5章 **警察と司法** ……………… 136
　　　警察権力
　　　裁判
　　　警察の任務

第6章　国防軍 164

軍の復活　1919年-1939年
陸軍
陸軍の戦力　1939年-1945年
海軍
空軍
敗北の理由と犠牲

第7章　民族政策 212

迫害
ホロコースト

第8章　社会政策 234

青少年政策
教育政策
女性政策
歓喜力行団

第9章　スポーツ・芸術文化・宗教 258

スポーツ
党大会
芸術文化
ラジオと新聞
宗教
古代信仰とシンボルマーク

索　引 292

第1章 第三帝国の歴史

　第三帝国とは、アドルフ・ヒトラーというひとりの男のもとに生まれ、拡大し、そして破滅した、ドイツのひとつの時代である。社会も政治情勢も混沌としたヴァイマル共和政期に続いて現れたその時代のドイツは、ヒトラー率いるナチスの思想に支配されていた。そして1939年には戦争へと突入する。

　ドイツは、領土拡大の野望を抱くヒトラーのもと、1939年9月にポーランドへ侵攻した。その後勝利を重ね、1941年末までに、西ヨーロッパの大半とバルカン半島、それにソ連西部やウクライナを占領下に置いた。しかしその後連合国軍が攻勢に転じ、1945年4月、ドイツは東西から追い詰められた。そして第三帝国は終焉を迎える。ヒトラーの時代のドイツが歩んだのは、勝利から敗北への道であり、極めて苛烈な歴史である。

国会でドイツとオーストリアの「平和的」合邦を宣言し、賞賛を受けるヒトラー。1938年3月

新しい国際秩序 1918年-1933年

> 第一次世界大戦後、敗北したドイツでは政情が安定せず、社会も混乱状態が続いた。また、過酷な条件を含む戦後の講和条約は、ドイツ国民に大きな屈辱を与えていた。ナチスは、こうした状況の中でしだいに勢力を拡大していった。

　1918年、敗戦によってドイツ帝国が崩壊すると、ドイツは混乱に陥った。1919年1月、ヴァイマルにおいて憲法が制定され、ヴァイマル政府が発足したが、1920年の選挙では反左派の諸政党が35パーセントの票を獲得した。また、各政党が激しい街頭闘争を繰り広げるなど、情勢は依然として混迷していた。

　多くの国民は、戦争で敗北したのは軍の責任ではなく、左派政治家の裏切り行為によるものだとする「背後の一突き」論を信じていた。またドイツは、ヴェルサイユ条約によって1500億マルクにのぼる賠償金と厳しい軍備制限を課せられていた。1923年1月のフランスとベルギーによるルール地方占領は、ドイツの貨幣価値の大暴落を引き起こし、ドイツ経済は危機に陥った。ただ、連合国側もさすがにその状況を見過ごすことはできず、ドイツ経済を建て直すための対策を講じたため、1924年にはドイツの景気は好転した。そしてその後しばらくは比較的安定した状態が続いた。しかし、ドイツ国民のあいだには拭いがたい不満がくすぶり続けていた。そして、完全な国家の再生と国際的地位の回復を訴えるナチスが、支持を集めるようになっていった。

■ナチスの台頭

　ナチス（国家社会主義ドイツ労働者党・NSDAP）は、第一次世界大戦後のドイツにおいて、民族主義を標榜しながら権力の座を目指す右派諸政党のひとつだった。ナチスはバイエルン州を中心に、反ブルジョアや反ユダヤ主義を訴えながら少しずつ支持を広げていた。そして党勢拡大の

ドイツの3つの帝国

帝国	存続期間	概要
第一帝国	800-1806	「ドイツ国民の神聖ローマ帝国」。カール大帝の戴冠から始まり、1806年8月にフランツ2世が退位するまで続いた。
第二帝国	1870-1919	ホーエンツォレルン家が統治したドイツ。プロイセン王国によるドイツ諸邦の統一から始まり、第一次世界大戦後に皇帝ヴィルヘルム2世が退位するまで続いた。
第三帝国	1933-45	アドルフ・ヒトラーが統治したドイツ。1933年のヒトラーの首相就任から始まった。

ドイツの政党　1918-1933年

主な政党	主義
国家社会主義ドイツ労働者党（NSDAP）	国家主義　ファシズム
ドイツ国家人民党（DNVP）	国家主義
民主人民党（DVP）	右派自由主義　反共和主義
中央党	カトリック系　労働者
バイエルン人民党（BVP）	カトリック系（中央党バイエルン支部より分離）　反民主主義
ドイツ民主党（DDP）	左派自由主義
ドイツ社会民主党（SPD）	左派社会主義

その他の政党	主義
ドイツ共産党（KPD）	共産主義
バイエルン農民同盟（BBB）	共和主義　農業
キリスト教人民党（CVP）	中央党ラインラント支部より分離
保守人民党（KVP）	保守主義
国家主義農業同盟	農業
ポーランド同盟	ポーランド人と少数民族のための政党
人民国家主義党（VNB）	国家主義
経済党	中産階級のための政党

原動力として党内で頭角を現したのが、アドルフ・ヒトラーだった。ヒトラーは1921年7月には党の議長に就任した。そしてその2年後、ミュンヘンにおいて軍事クーデターを画策した。しかしいわゆる「ビヤホール一揆」は失敗に終わり、ヒトラーは逮捕されてランツベルク刑務所に収監された。ヒトラーは9か月間服役するが、そのあいだにそれまでの方針を改め、合法的な方法による政権獲得を目指すことを決意した。そのときの思いについては、自身の初めての著書となる『我が闘争』に綴られている。そして刑務所から出ると、ただちに政権獲得に向けた行動を起こした。ただし、合法的な方法で政権を目指すとはいえ、ヒトラーの活動は、党の武装組織である突撃隊（SA）の暴力的な活動に大きく支えられていた。

1920年代後半、ナチスの支持者は労働者階級から中産階級のあいだでしだいに増えていった。ウォール街大暴落が起こり、経済状況が悪化すると、強力な解決策を求める国民からさらに支持を集めていった。ナチスの支持者が増えたのは、ナチスのプロパガンダや選挙運動が巧みだったためでもある。そして1930年代に入ると、実業家や公務員など社会的な力を持つ層からの支持も獲得していった。また、農村部はもともとナチスの支持者が多かった。

■ヒトラーの思想

弱小政党だったナチスは、1930年代はじめまでに、国民から広く支持を受ける政党へと成長した。では、そのナチスを率いていたヒトラーとは、いったいどのような思想の持ち主だったのだろうか。ヒトラーの思想は、ヨーロッパの長い歴史のなかで形成された考え方や価値観がさまざまに組み合わさっており、なかなか複雑なのだが、ヒトラーの思想のひとつを仮に名づけるとすると、それは「民族に

第一次世界大戦後に締結された条約により、ドイツの領土は縮小した。西プロイセンをポーランドへ割譲したため、東プロイセンはダンツィヒ回廊によって本土と隔てられる格好となった。エルザスとロートリンゲンはフランスへ、オイペンとマルメディはベルギーへ割譲。ザールラントは国際連盟の管理下に置かれた。また、ラインラントは非武装地帯と定められた。

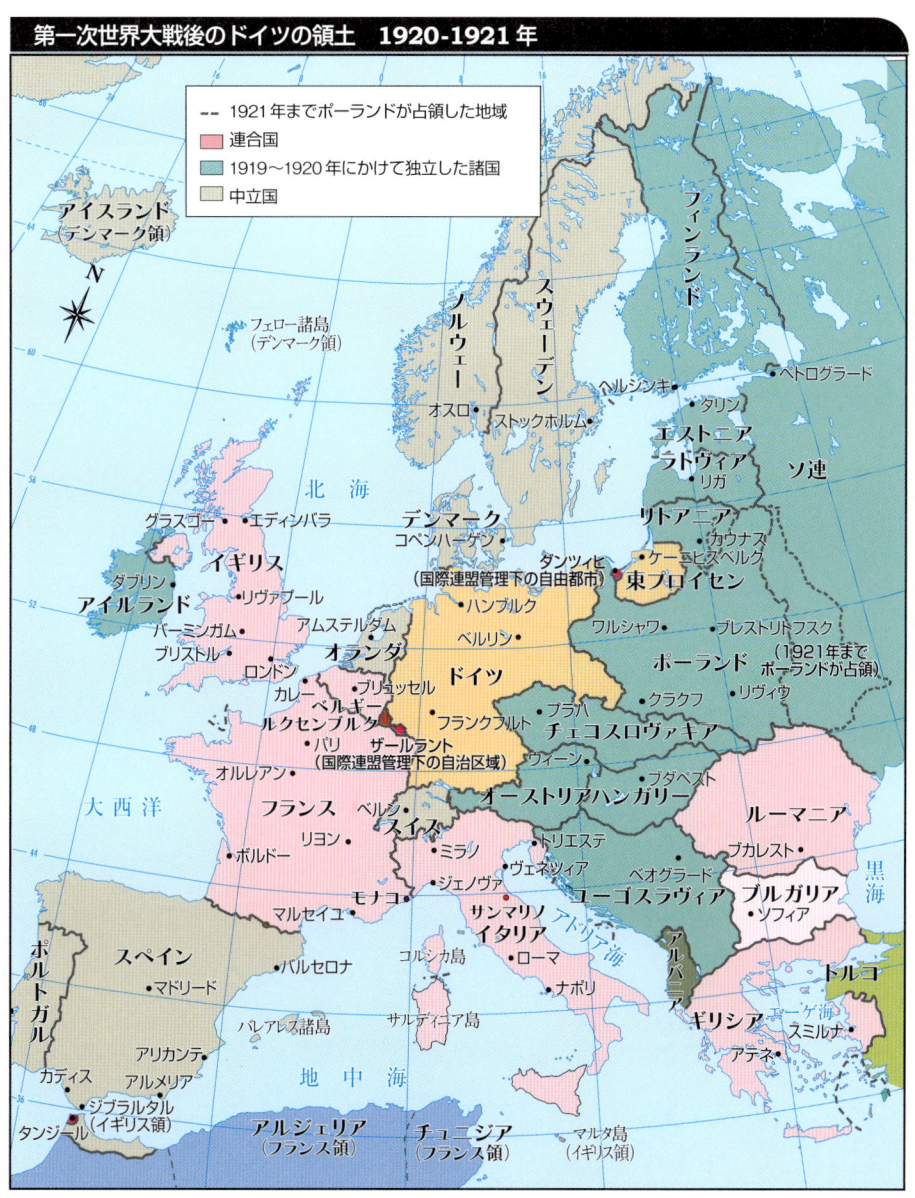

THE THIRD REICH
1933-1945

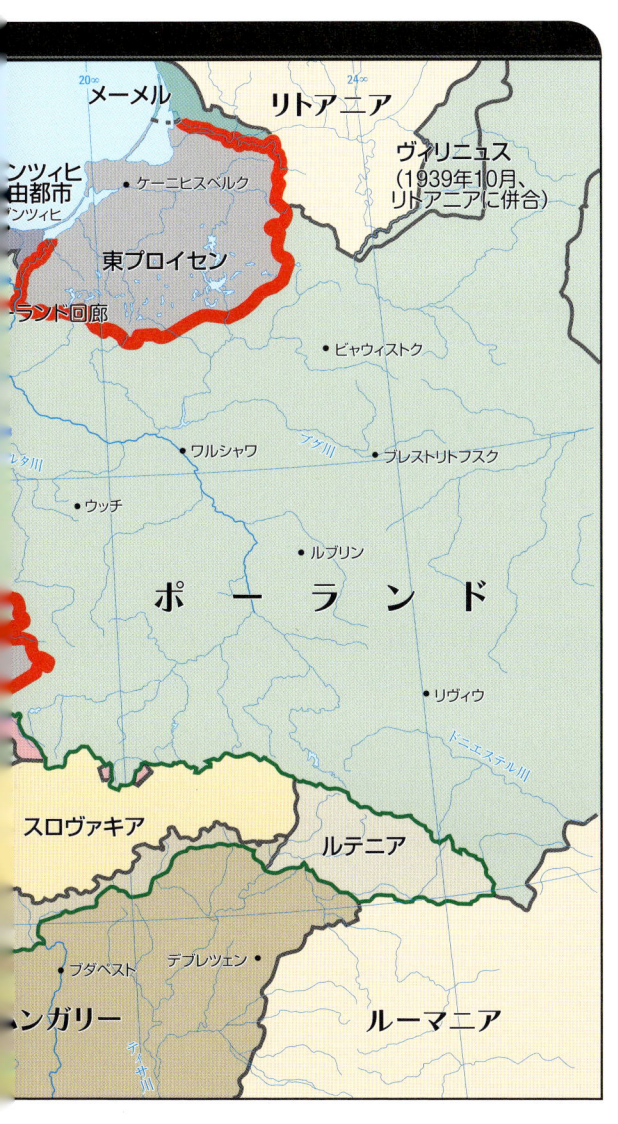

ドイツの領土拡張 1936-1939年

- 1919年以降のドイツ領
- 1936年3月より非武装地帯ラインラントへ進駐
- 1938年3月、オーストリアを併合
- 1938年10月、ズデーテンラントを併合
- チェコスロヴァキア国境
- 1939年3月、ボヘミアとモラヴィアを併合
- 1938年10月、ポーランドが併合した地域
- 1939年3月、リトアニアのメーメルを併合
- 1938年11月、ハンガリーが割譲を要求し、後に併合した地域
- 1939年3月、ハンガリーが併合した地域

領土拡張 1936年3月、ヒトラーはラインラントへ軍を進めた。ヒトラーはこの軍事行動によって、戦後の国際体制にドイツはもはや従わない、という意思を各国に示した。その後ヒトラーは領土拡張政策を推し進めてゆく。それは、第一次世界大戦で味わった敗北の屈辱を晴らすためでもあった。

おける社会ダーウィニズム」である。ヒトラーは、民族には優秀民族と「劣等民族」が存在し、両者は生存のために戦う関係にあると考えていた。ヒトラーの言う優秀民族とは「支配民族」のアーリア人である。そしてヒトラーは、ドイツ民族はアーリア人の血統を純粋に受け継いでいると考えていた。一方の劣等民族は黒人やスラヴ人、ジプシー、ユダヤ人などとし、ユダヤ人はとりわけ劣等だと位置づけていた。また、ヒトラーは自らの思想に基づきおもに次の3つの政治目標を掲げていた。

1 「民族共同体」の建設
　ドイツの伝統的な価値観を、すべてのドイツ民族が階級を超えて共有し、その価値観によって結びついたドイツ民族による共同体を作り上げる。

2 「指導者原理」に基づく統治
　ヒトラーは、民主的な活動によって政権の座に就いているものの、民主的な体制は脆弱で不安定なものだと考えていた。指導者原理とは権威主義の一種であり、ヒトラーは、唯一絶対の指導者があらゆる決定を行い、国民は個人の利益を優先させることなくその決定に従わなければならないとした。

3 「生存圏」の拡大
　ドイツ民族の生存と発展に必要となる食料や労働力、資源を確保するために領土を拡大する。ヒトラーは、領土の拡大はドイツ民族の極めて正当な権利であるとした。ヒトラーの生存圏拡大への動きは、やがて第二次世界大戦へとつながることになる。

国会議員選挙における獲得議席数　1930-1933年

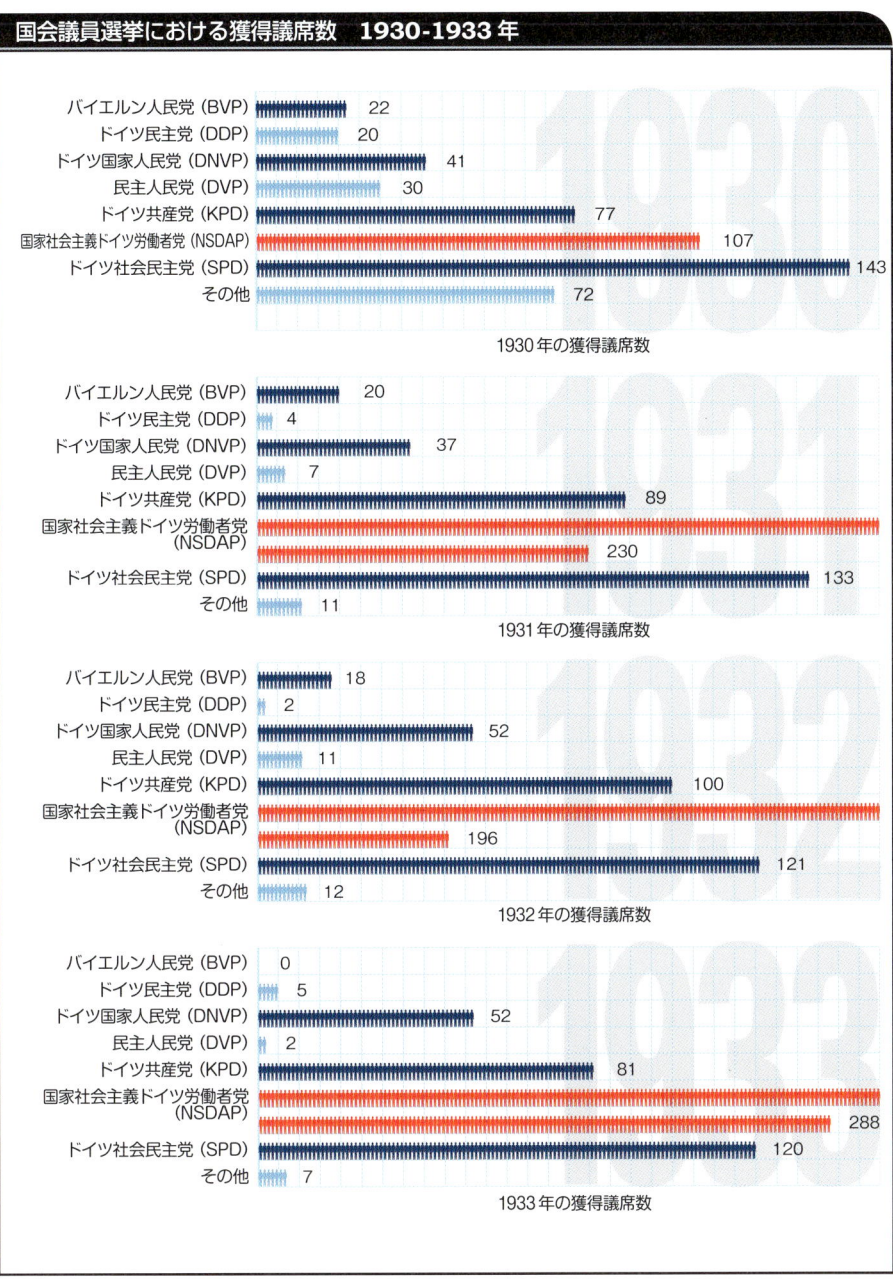

1930年の獲得議席数
- バイエルン人民党 (BVP): 22
- ドイツ民主党 (DDP): 20
- ドイツ国家人民党 (DNVP): 41
- 民主人民党 (DVP): 30
- ドイツ共産党 (KPD): 77
- 国家社会主義ドイツ労働者党 (NSDAP): 107
- ドイツ社民主党 (SPD): 143
- その他: 72

1931年の獲得議席数
- バイエルン人民党 (BVP): 20
- ドイツ民主党 (DDP): 4
- ドイツ国家人民党 (DNVP): 37
- 民主人民党 (DVP): 7
- ドイツ共産党 (KPD): 89
- 国家社会主義ドイツ労働者党 (NSDAP): 230
- ドイツ社民主党 (SPD): 133
- その他: 11

1932年の獲得議席数
- バイエルン人民党 (BVP): 18
- ドイツ民主党 (DDP): 2
- ドイツ国家人民党 (DNVP): 52
- 民主人民党 (DVP): 11
- ドイツ共産党 (KPD): 100
- 国家社会主義ドイツ労働者党 (NSDAP): 196
- ドイツ社民主党 (SPD): 121
- その他: 12

1933年の獲得議席数
- バイエルン人民党 (BVP): 0
- ドイツ民主党 (DDP): 5
- ドイツ国家人民党 (DNVP): 52
- 民主人民党 (DVP): 2
- ドイツ共産党 (KPD): 81
- 国家社会主義ドイツ労働者党 (NSDAP): 288
- ドイツ社民主党 (SPD): 120
- その他: 7

■政権獲得

　ナチスが党勢を拡大する一方、ヴァイマル政府は厳しい状況に置かれていた。少数与党であるため国会で法案を通すことが難しく、国会での議決を必要としない大統領令として法律を施行するなど、苦しい議会運営を余儀なくされていた。1930年春、パウル・フォン・ヒンデンブルク大統領によって、中央党のハインリヒ・ブリューニングが首相に任命され、新体制が敷かれた。しかし、ブリューニングが財政立て直しのための法案の成立を図るも失敗し、議会も解散となった。そして1930年9月に総選挙が行われたのだが、この選挙においてナチスが大躍進を果たした。

　ブリューニングは1932年5月、辞任に追い込まれた。政治情勢が混迷の度合いを深めるなか、代わって首相の座に就いたのは、軍の実力者クルト・フォン・シュライヒャー将軍の推薦を得た、中央党のフランツ・フォン・パーペンだった。そしてパーペンは政権を安定させるために、今や日の出の勢いのナチスに協力を求めた。そしてその見返りとしてヒトラーのふたつの要求に応じた。まずパーペンは国会を解散して総選挙を行うことを約束した。そして、ナチスの武装組織である親衛隊（SS）と突撃隊に出されていた禁止令を解除した。その後ドイツがたどった歴史を見れば、このパーペンの行為は大きな過ちだったと言わざるをえない。

　総選挙は1932年7月に行われた。この選挙でナチスは第一党に躍り出た。力を得たヒトラーは選挙後に首相の座も狙うが、その動きはパーペンらによって阻止された。この一件はナチスの士気の低下を招き、その影響もあって、再び行われた11月の選挙ではナチスは議席を減らした。しかしそれでも第一党の座は守った。その後、シュラ

イヒャー将軍がヒンデンブルク大統領を動かして、12月にパーペンを辞職へ追い込み、自らが新首相となった。一方裏切られたパーペンは、政権打倒を目指して密かにヒトラーと会い、共闘を求めた。その見返りとして、今回はヒトラーに首相の座を約束した。ただしパーペンには、自らが副首相に就任し、自分に近い保守派を多く閣僚に起用することで、ヒトラーを抑え込むことができるという目算があった。ヒンデンブルク大統領はヒトラーを好まなかったが、彼を首相に指名するようにというパーペンの説得を受け入れた。そして1920年代からの長い道のりを経て、1933年1月30日、ヒトラーはついに首相の座に就いたのである。

ドイツ労働戦線（DAF）の成員数 1933-1942年	
	成員数
1933年 12月	9,360,000
1934年 6月	約16,000,000
1935年 4月	約21,000,000
1939年 9月	約22,000,000
1942年 9月	約25,000,000

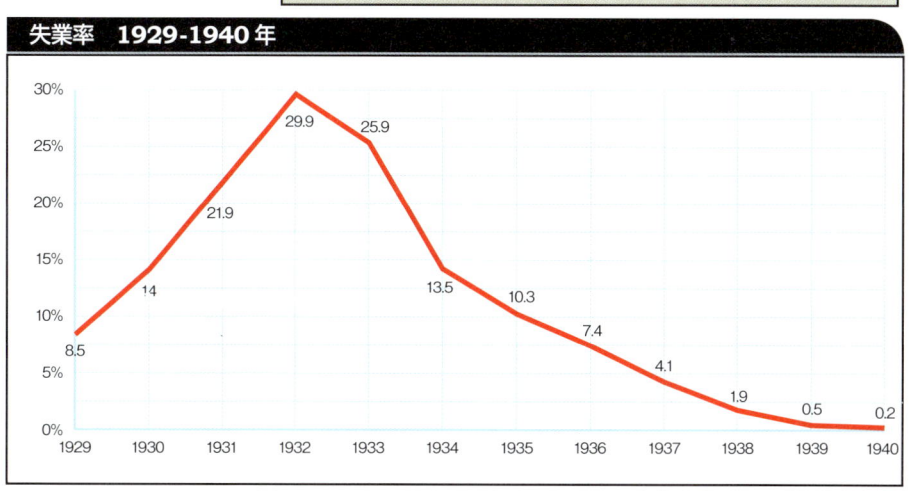

失業率 1929-1940年

権力掌握 1933年-1939年

> 首相となったヒトラーは、さまざまな権限を手中に収めていった。それと同時に国全体に自らの思想を広め、逆らう者はみな追放し、独裁体制を整えていった。

1933年から1939年にかけて、ヒトラーは自らの思想に基づいて社会を統制する「国家調整」を行った。それによってドイツの国のありさまは大きく変わることになるが、とくにヒトラーの首相就任からの数か月間の変化は著しかった。3月5日に行われた選挙において、ナチスは得票率44パーセントという高い支持を得て勝利した。同月、ヒトラーは立法権を国会から政権に委譲する「全権委任法」を国会において可決させた。また、これに先立つ1933年2月には、国会議事堂放火事件を受けて、政権の権限を強化する緊急令を公布している。さらに、敵対する政党を次々と解散に追い込み、労働組合も非合法化し、7月14日には「政党設立を禁止する法律」を制定し、ナチス以外の政党を禁止した。

■突撃隊の粛清

ヒトラーは一党独裁という体制を作ることに成功した。しかし、実業界や軍、公務員などの社会的影響力を持つ層の保守派は、ナチスの暴力的なやり方を快くは思っていなかった。とくに、エルンスト・レームが指揮する突撃隊の過激な活動に対する反発が強かった。ヒトラーは、政権を維持するためには保守派の支持は不可欠と考えていた。また、突撃隊がヒトラーに反逆するおそれもあった。そのためヒトラーは突撃隊幹部の粛清を決断し、1934年6月に

突撃隊（SA）指導者

指導者	在任期間
エミル・モーリス	1920-21
ハンス・ウルリヒ・クリンチェ	1921-23
ヘルマン・ゲーリング	1923
（指導者不在）	1923-25
フランツ・プフェッファー・フォン・ザロモン	1926-30
アドルフ・ヒトラー	1930-31
エルンスト・レーム	1931-34
ヴィクトール・ルッツェ	1934-43
ヴィルヘルム・シェップマン	1943-45

突撃隊の階級例

軍事

- 最高指導者（OSAF）
- 幕僚長
- 上級集団指導者
- 集団指導者
- 旅団指導者
- 上級指導者
- 連隊指導者
- 上級大隊指導者
- 大隊指導者
- 高級中隊指導者
- 上級中隊指導者
- 中隊指導者
- 高級小隊指導者
- 上級小隊指導者
- 小隊指導者
- 上級分隊指導者
- 分隊指導者
- 班指導者
- 上級突撃兵
- 突撃兵

衛生部

- 上級集団指導者
- 集団指導者
- 旅団指導者
- 上級指導者
- 連隊指導者
- 上級大隊指導者
- 大隊指導者
- 高級中隊指導者
- 上級中隊指導者
- 中隊指導者
- 急襲隊指導者
- 予備員

管理部

- 集団財務管理官
- 全国兵器管理官
- 下級集団財務管理官
- 兵器管理官
- 連隊財務管理官
- 大隊財務管理官
- 中隊財務管理官

突撃隊指導部　1932年

- 突撃隊（SA）
  - 幕僚長　エルンスト・レーム
    - 親衛隊全国指導者　ヒムラー
    - 総監　フォン・ウルリヒ
    - 特別任務集団幕僚部　クリューガー
    - 配置監督官　フォン・ヘラフ
    - 全国指導者学校　キューメ
    - 国家社会主義自動車軍団指導者　ヒューンライン
    - 国家社会主義航空軍団副指導者　ヒューンライン
    - 航空部部長　フォン・クラウサー
    - 国家社会主義航空軍団指導者　ツィーグラー
    - 突撃隊指導部法律顧問　リュットゲブルネ
  - 補給指揮官　ヒューンライン
  - 部隊付副官　ライナー
  - 特別任務突撃隊指導者　ベルクマン　グラーフ・フォン・シュプレティ
  - 幕僚部指導者　ヴェッケルレ
  - 防衛政策官　フォン・エップ
  - 青少年全国指導者　フォン・シーラッハ
  - 集団指導者（ハイランド）　フォン・エベルシュタイン
  - 親衛隊集団指導者（南部）　ヒルデブラント
  - 下級集団指導者（ミュンヘン＝オーバーバイエルン）　ヘルファー
  - 上級指導者　ヴァイス
  - 上級指導者　アウグスト・ヴィルヘルム
  - 上級指導者　フィリップ・フォン・ヘッセン
  - 広報部　ザイデル
    - 出版
    - 宣伝
    - 「突撃隊隊員」
    - 個人問題
    - 防空

- I部　フォン・クラウス
  - Ia　フォン・カールスハウゼン
  - Ib　フォン・フンボルト
  - N　ミュラー
  - M　クリューメル
  - KSt　ヴィルト

- 編制
- 配置
- パレード
- 強化・統計
- 訓練
- 規則
- 地図
- 情報
- 運輸
- 航空
- 防空
- 音楽
- スポーツ
- 通信
- 衣服・装備
- 記章
- 防衛同盟
- 国家社会主義学生同盟
- 四半期報告分析
- 突撃隊と親衛隊の連絡

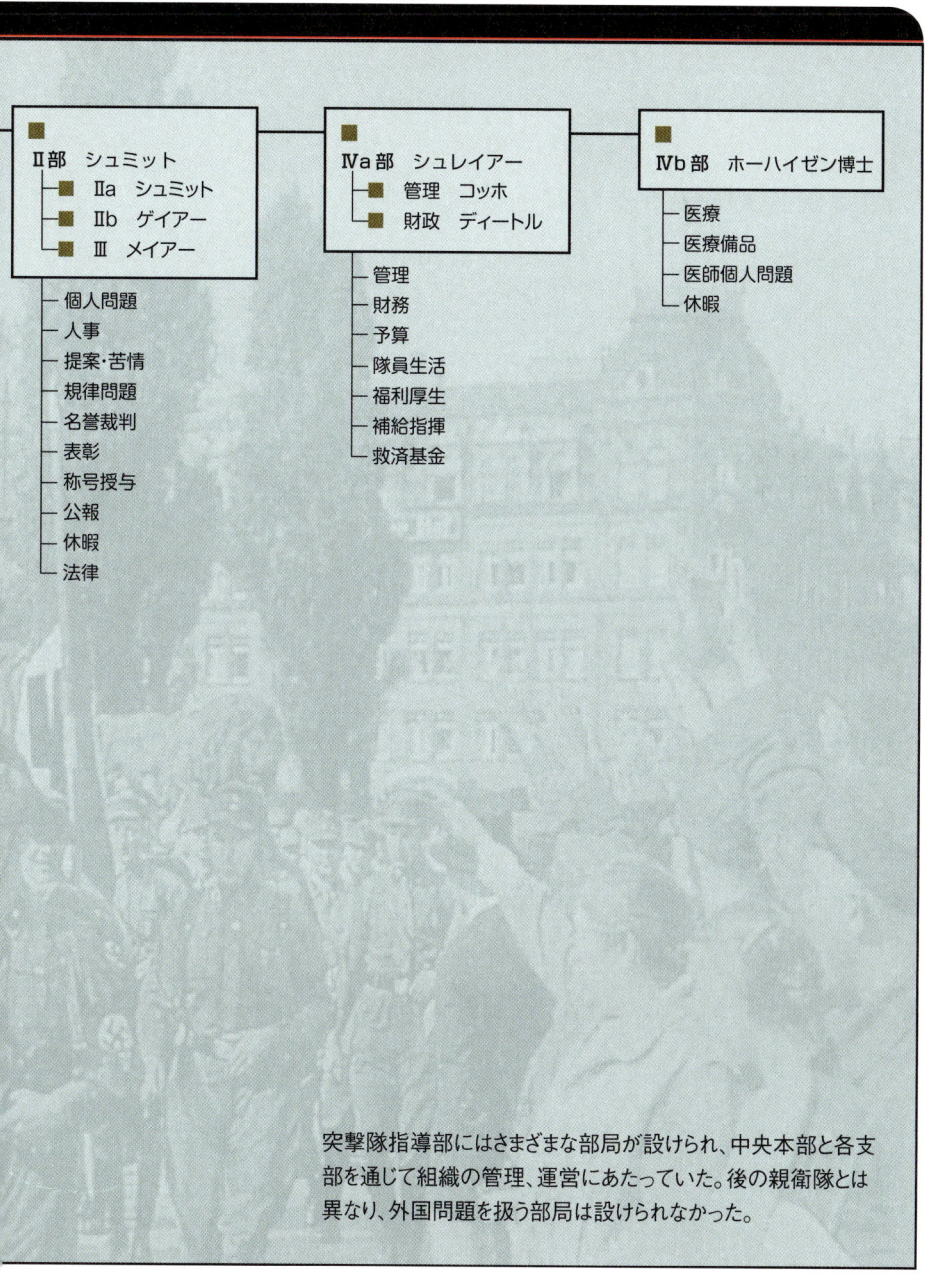

```
┌─────────────────────┐  ┌─────────────────────┐  ┌─────────────────────┐
│ II部  シュミット      │  │ IVa部  シュレイアー   │  │ IVb部  ホーハイゼン博士│
│  ■ IIa シュミット    │  │  ■ 管理 コッホ       │  │  ─ 医療              │
│  ■ IIb ゲイアー      │  │  ■ 財政 ディートル    │  │  ─ 医療備品          │
│  ■ III メイアー      │  └──────────┬──────────┘  │  ─ 医師個人問題      │
└──────────┬──────────┘             │              │  ─ 休暇              │
           │                         ├─ 管理                       
 ├─ 個人問題                          ├─ 財務
 ├─ 人事                              ├─ 予算
 ├─ 提案・苦情                         ├─ 隊員生活
 ├─ 規律問題                           ├─ 福利厚生
 ├─ 名誉裁判                           ├─ 補給指揮
 ├─ 表彰                              └─ 救済基金
 ├─ 称号授与
 ├─ 公報
 ├─ 休暇
 └─ 法律
```

突撃隊指導部にはさまざまな部局が設けられ、中央本部と各支部を通じて組織の管理、運営にあたっていた。後の親衛隊とは異なり、外国問題を扱う部局は設けられなかった。

「長いナイフの夜」事件（1934年6月29-30日）において処刑された人物（確認された人物の

氏名	職・階級	氏名	職・階級
オットー・バラーシュタット	外交官	?・ヘック	突撃隊連隊指導者
フリッツ・ベック	管理職	エドムント・ハイネス	突撃隊上級集団指導者 ナチ党国会議員
カール・ベルディング	突撃隊連隊指導者	オスカー・ハイネス	突撃隊上級大隊指導者
エルヴァルト・クッペル・ベルクマン		ロベルト・ハイザー	
ヴァイト・ウルリヒ・フォン・ボイルヴィツ	突撃隊中隊指導者	ハンス・ペーター・フォン・ハイデブレック	突撃隊集団指導者 ナチ党国会議員
アロイス・ビットマン	突撃隊分隊指導者	アントン・フライヘア・フォン・ホベルク＝ブーフヴァルト	親衛隊騎兵上級小隊指導者
フランツ・ブラズナー	突撃隊小隊指導者		
ヘルベルト・フォン・ボーゼ	フランツ・フォン・パーペンの秘書	エドガー・ユリウス・ユング	ジャーナリスト（ヒトラー批判演説の起草者）
フェルディナント・フォン・ブレドウ	陸軍少将	グスタフ・リッター・フォン・カール	元バイエルン州委員
A・チャリグ			
?・フォン・デア・デッケン		?・カムプハウゼン	都市技術者
ゲオルク・フォン・デッテン	突撃隊集団指導者 突撃隊政治部長 ナチ党国会議員	エウゲン・フォン・ケッセル	警察警部
		?・キルシュバウム	
		エーリヒ・クラウゼナー博士	プロイセン州内務省警察部部長 中央党カトリック行動団指導者
?・エンダー＝シューレン	突撃隊大隊指導者		
クルト・エンゲルハルト	突撃隊大隊指導者		
ヴェルナー・エンゲルス	突撃隊大隊指導者 ブレスラウ警察長官	ヴィリ・クレム	突撃隊旅団指導者
?・エンケル	突撃隊連隊指導者	ハンス・カール・コッホ	突撃隊旅団指導者
カール・エルンスト	ロスバッハ義勇軍隊員 突撃隊集団指導者 ナチ党国会議員	ハインリヒ・コーニヒ	突撃隊上級分隊指導者
		エヴァルト・コッペル	共産主義者
		?クラウゼ	突撃隊大隊指導者
エルンスト・マルティン・エヴァルト	ザクセン大管区指導者	フリッツ・リッター・フォン・クラウサー	突撃隊上級集団指導者 ナチ党国会議員
ハンス・ヨアヒム・フォン・ファルケンハウゼン	突撃隊上級指導者	フリードリヒ・カール・レンメルマン	ヒトラー・ユーゲント指導者
グスタフ・フィンク	親衛隊隊員	ゴットハルト・ランガーリンデマン博士	突撃隊上級小隊指導者
ヴァルター・フェルスター博士	弁護士		
?・ゲルト	突撃隊大隊指導者	カール・リピンスキー	突撃隊騎兵中隊指導者
フリッツ・ゲルリヒ	ジャーナリスト	?・マックス	
ダニエル・ゲルト	突撃隊上級中隊指導者	エルンスト・レームの運転手	
アレクサンダー・グラザー博士		?・マルクス	突撃隊連隊指導者
フライヘア・フォン・グッテンベルク		ヘルマン・マッタイス博士	突撃隊連隊指導者
		ヴァルター・フォン・モーレンシルト	
ハバー博士		?・ムラート	
ハンス・ハイン	突撃隊集団指導者 ナチ党国会議員	エドムント・ノイマイアー	突撃隊班指導者

第1章　第三帝国の歴史

THE THIRD REICH
■ 1 9 3 3 - 1 9 4 5 ■

氏名	職・階級	氏名	職・階級
ハインリヒ・ニクスドルフ	突撃隊猟兵隊指導者	コンラート・シュラグミュラー	突撃隊集団指導者
エルンスト・オベルフォーレン博士	国家主義系政党国会議員？		ナチ党国会議員
ラムベルドゥス・オステンドルプ	突撃隊猟兵隊指導者	ヨアヒム・シュロダー博士	突撃隊上級中隊指導者
オットー・ピエトルツォク	突撃隊大隊指導者	マックス・ヴァルター・オットー・シュルト	突撃隊中隊指導者
フリッツ・プライネス	親衛隊隊員	ヴァルター・シュルツ	ポンメルン突撃隊集団幕僚長
アダルベルト・プロブスト	ミュンヘン・カトリック青年団指導者 元バイエルン州議会議員	マックス・シュルツェ	突撃隊上級中隊指導者
		ハンス・シュヴァイクハルト	突撃隊連隊指導者
		エミル・ゼムバッハ	親衛隊上級指導者
ハンス・ランスホルン	突撃隊旅団指導者 グライヴィッツ警察長官	ハンス・グラーフ・フォン・シュプレティ=ヴァイルバッハ	突撃隊連隊指導者 特別任務突撃隊指導者
		オスカー・シュタブレ	メルカー義勇軍隊員
ロベルト・レー	共産主義者		ロスバッハ義勇軍隊員 国家社会主義学生同盟
エルンスト・レーム	突撃隊幕僚長 ナチ党国会議員		
パウル・レールバイン	フロントバン隊員	ベルンハルト・シュテムプフレ	カトリック教会神父
ヴィルヘルム・ザンダー	突撃隊幕僚指導者	グレゴール・シュトラッサー	ニーダーバイエルン=オーバープファルツ大管区指導者 組織全国指導者
エミル・ザースバッハ			
ヴィルヘルム・ザンダー	突撃隊旅団指導者		
マルティン・シェーツル	突撃隊連隊指導者		
ゲイゼリク・シェルル	突撃隊連隊指導者 国家社会主義学生同盟	オットー・シュトゥッケン	突撃隊上級中隊指導者
		？・ズルク	突撃隊連隊指導者
エーリヒ・シーヴェック	突撃隊上級小隊指導者	？・トーマス	突撃隊連隊指導者
エリザベート・フォン・シュライヒャー	フォン・シュライヒャー将軍の妻	オットマル・トイフル	突撃隊小隊指導者 警察委員
クルト・フォン・シュライヒャー	ドイツ国首相（1932-1933年）	エルヴィン・ヴィレイン博士	突撃隊
		マックス・ヴォゲル	突撃隊上級中隊指導者
ハンス・W・シュミット	突撃隊上級中隊指導者	ゲルト・ヴォス	シュトラッサーの秘書
テオドル・シュミット	突撃隊集団指導者	カール・エベルハルト・フォン・ヴェヒマル	突撃隊集団指導者
ヴィルヘルム・シュミット博士	音楽評論家（突撃隊集団指導者のシュミットと間違われて殺された）	ウド・フォン・ヴォイルシュ	
		カール・ツェンター	レームとハイネスの仲間
ヴィルヘルム・エドゥアルト・シュミット	突撃隊集団指導者	エルネスティネ・ツォレフ	
		アレックス・ツヴァイク	
アウグスト・シュナイトフーバー	突撃隊上級集団指導者 ミュンヘン警察長官 ナチ党国会議員	ジャネット・ツヴァイク	
ヴァルター・ショッテ			

親衛隊に命じ、レームをはじめ多数の突撃隊幹部とその他ナチスにとって不都合な人物らを逮捕、処刑した。

突撃隊の不穏分子を一掃したヒトラーは、さらなる国家調整を進めていった。1934年8月にヒンデンブルク大統領が死去すると、首相の職権に大統領の職権を統合し、ドイツ国総統となった。また軍の指揮権を掌握するための第一歩として、軍に、総統ヒトラーへの忠誠を誓わせた。同じく1934年に「ドイツ国の再建に関する法律」を制定し、強い自治権を有していた各州の政府を中央政府の支配下に置いた。

ヒトラーはこうした政治的な事案と平行して、経済の立て直しにも取り組んだ。まず、財政家として実業界から手腕を認められていたヒャルマル・シャハトを経済大臣に起用した。そして、労使関係を安定させるために賃金調整などを行い、雇用を創出するために、アウトバーン建設といった大規模公共事業を推進した。また、1930年代半ばには、ヴェルサイユ条約を破棄して再軍備宣言を行った。

■戦争への道

ヒトラーは条約破棄後、軍備拡張に乗り出した。1937年には軍備拡張に異を唱えるシャハトを解任し、新しい経済大臣として右腕のヘルマン・ゲーリングを任命した。そして1938年2月4日、国防軍を直接指揮する権限を手に入れた。ヒトラーは戦争への道を突き進んでいた。それを批判する者は親衛隊やゲシュタポに捕らえられ、ナチスが操る司直の手によって容赦なく罰せられた。一方、ヒトラーの姿勢を支持し、戦争へと向かうヒトラーに従う国民も少なくなかった。

領土拡張 1939年-1942年

> ヒトラーという人物は、ひどく不安定で、決して愉快とは言えない男だったのだろう。しかし、例えば戦争中の軍の指揮においては、鋭い眼力と大胆さを見せた人物でもあったようだ。ただしそれも、戦争前半までのことである。

1939年9月、ヒトラー率いるドイツはポーランドへ侵攻した。この侵攻が引き金となって第二次世界大戦が始まるのだが、ヒトラーの領土拡張への動きはポーランド侵攻以前にすでに始まっていた。まず1935年、住民投票によってザールラントをドイツへ復帰させた。翌年の3月には、

アドルフ・ヒトラー

ヒトラーは演説の巧みさで知られていた。彼は演説によって聴衆を引きつける術を心得ていた。

生年月日	1889年4月20日
没年月日	1945年4月30日
生地	オーストリア=ハンガリー帝国 ブラウナウ・アム・イン
両親	アロイス・ヒトラー クララ・ペルツル
兄弟姉妹	グスタフ（1885-87） イーダ（1886-88） オットー（1887-?） エドムント（1894-1900） パウラ（1896-1960）
異母兄弟姉妹	アロイス（1882-1956） アンゲラ（1883-1949）
没地	ドイツ ベルリン
身長	175cm
体重	79.5kg
軍歴	第16バイエルン予備連隊（1914-20） 国防軍最高司令官（1938-45）
勲章	二級鉄十字勲章（1914） 一級鉄十字勲章（1918） 戦傷章（1917）
逮捕歴	1923年、反逆罪で禁固5年の判決を受け、ランツベルク刑務所にて9か月間服役
政治歴	1919年 ドイツ労働者党（DAP）に入党 1921年 国家社会主義ドイツ労働者党（NSDAP）議長に就任 1933年 ドイツ国首相に就任 1934年 ドイツ国総統となることを宣言

ドイツ軍がラインラントに進駐してラインラントの再武装を行った。なお、同年始まったスペイン内戦（1936年－1939年）では、ドイツはフランコのファシズム政権を支援している。1938年3月にはオーストリアへ進駐し、ヒトラーがかねてより支援していた反政府のオーストリア・ナチスの働きもあって、合邦（アンシュルス）に成功した。ヒトラーが続いて狙ったのはチェコスロヴァキアだった。しかしそれまで事態を静観していたイギリスとフランスがついに非難の声を上げ、ヒトラーとの会談の場を設けた。この会談でイギリスとフランスは、ズデーテンラントのドイツへの割譲は許したが、その代わりにそれ以上の土地を要求しないという条件をヒトラーに呑ませた。イギリス首相ネヴィル・チェンバレンは会談によって「平和がもたらされた」と成果を語った。ところがその後の1939年3月、ドイツはチェコスロヴァキアのボヘミアとモラヴィアも占領し、さらにスロヴァキアを保護国とした。ヒトラーは、増強した軍事力を背景に、とどまることなく領土拡張を進めていったのである。

■ポーランド侵攻と西ヨーロッパ占領

　1939年から1940年にかけてドイツは勝利を重ねていった。ドイツ軍の諸兵連合部隊は、戦術において敵軍よりもはるかに優れていたし、ドイツ軍には鍛えられた有能な士官が揃っていた。ただ、ドイツ軍は兵力がじゅうぶんとは言えない状態だったため、当初は、ポーランド軍は別として、イギリス軍とフランス軍にはそう簡単には勝てないだろうと考えられていた。しかし、ドイツ軍は機動力を生かした大胆な戦術によって、ヒトラー自身も信じられないほど順調に勝利を収めていった。

　ドイツのポーランド侵攻は1939年9月1日に始まっ

ナチス政権の主要人物

氏名	生没年	主な役職
アルトゥール・アクスマン	1913-96	青少年全国指導者
ヘルベルト・バッケ	1896-1947	農業食糧大臣
ヴェルナー・フォン・ブロムベルク	1878-1946	国防大臣
マルティン・ボルマン	1900-45	ヒトラーの個人秘書　党官房長官
フィリップ・ボウラー	1899-1945	「安楽死計画」責任者
ヴァルター・ブーフ	1883-1949	党最高裁判所所長
ヴィルヘルム・カナリス	1887-1945	国防軍情報部部長
ルドルフ・ディールス	1900-57	ゲシュタポ初代局長
ユリウス・ドルプミュラー	1869-1945	運輸大臣
アドルフ・アイヒマン	1906-62	「ユダヤ人移住局」局長
ヘルマン・エッサー	1900-81	党創設者のひとり
ハンス・フリッチェ	1900-53	ラジオ放送局局長
ヴァルター・フンク	1890-1960	経済大臣
パウル・ヨーゼフ・ゲッベルス	1897-1945	国民啓蒙・宣伝大臣　総力戦全権責任者
ヘルマン・ゲーリング	1893-1946	航空大臣　「四カ年計画」全権責任者　国会議長　プロイセン州首相　プロイセン州内務大臣
フランツ・ギュルトナー	1881-1941	法務大臣
ヴァルター・リヒャルト・ルドルフ・ヘス	1894-1987	副総統
ラインハルト・ハイドリヒ	1904-42	国家保安本部（RSHA）長官
ハインリヒ・ヒムラー	1900-45	親衛隊全国指導者　内務大臣　全ドイツ警察長官　ドイツ民族性強化国家委員
アドルフ・ヒトラー	1889-1945	党首　ドイツ国総統
ヴィルヘルム・ケプラー	1882-1960	経済顧問
ハンス・カール	1887-1941	宗教大臣
ハンス・ハインリヒ・ランメルス	1879-1962	総統官邸官房長官　無任所大臣
ロベルト・ライ	1890-1945	組織全国指導者　ドイツ労働戦線（DAF）全国指導者
ハインリヒ・ミュラー	1901-45	ゲシュタポ局長
アルトゥール・ネーベ	1894-1945	刑事警察（クリポ）長官
コンスタンティン・フライヘア・フォン・ノイラート	1873-1956	外務大臣
ヨアヒム・フォン・リッベントロップ	1893-1946	軍縮全権代表　外務大臣
エルンスト・レーム	1887-1934	突撃隊幕僚長
ベルンハルト・ルスト	1883-1945	教育大臣
フリッツ・ザウケル	1894-1946	労働力配置総監
ヒャルマル・シャハト	1877-1970	ドイツ国立銀行総裁　経済大臣　戦争経済総監
ヴァルター・シェレンベルク	1910-52	国外諜報局局長
バルドゥール・フォン・シーラッハ	1907-74	青少年全国指導者
ゲルトルート・ショルツ＝クリンク	1902-1999	国家社会主義女性同盟女性全国指導者
フランツ・クサヴァー・フォン・シュヴァルツ	1875-1947	財政全国指導者
シュヴェリン・フォン・クロージク	1887-1952	大蔵大臣
フランツ・ゼルテ	1882-1952	労働大臣
アルベルト・シュペーア	1905-81	軍需・軍事生産大臣
フリッツ・トート	1891-1942	兵器・弾薬大臣

た。なおソ連軍も、8月23日に締結された独ソ不可侵条約に基づき、9月17日に東側からポーランドへ侵攻している。ドイツは、ポーランド軍の反撃に苦戦する場面もあったものの確実に軍を進め、9月28日には、抵抗を続けていた残存部隊を降伏に追い込んだ。ヒトラーは戦いに勝利すると、ただちに支配体制を整えた。ドイツによる過酷なポーランド支配は、これより5年半続くことになる。

イギリスとフランスはドイツのポーランド侵攻を受けて、1939年9月3日にドイツに宣戦布告を行った。しかしそれからしばらくは、両陣営ともに慎重で、西部戦線には目立った戦闘は起こらなかった。本格的な戦闘が始まったのは、ドイツ軍がデンマークとノルウェーへの侵攻を開始した1940年4月9日からである。ドイツ軍はまずデンマークを侵攻後わずか数時間で降伏させた。ノルウェーでは、イギリス軍を中心とする連合国軍の反撃を受け、ナルヴィク海戦ではドイツ海軍が駆逐艦10隻を失ったが、ドイツ軍は果敢に攻め続け、連合国軍がほかの戦線へ兵力を移動させたこともあり、6月にノルウェーに勝利した。

また、スカンディナヴィア半島において戦闘を繰り広げるさなかの5月10日に、ベルギー、オランダ、フランスへも侵攻を開始した。フランスのドイツ軍は要塞マジノ線を迂回し、行軍は不可能とされていたアルデンヌの森林地帯を抜け、マース川を渡り、イギリス海外派遣軍（BEF）をはじめとする連合国軍を撃破しながらフランス北部の田園地帯を一気に進んだ。追い詰められたイギリス海外派遣軍は5月27日から6月4日にかけて、ダンケルクの浜から本国へ撤退。そしてフランス軍はもはやなすすべもなく6月22日に降伏した。ドイツ軍は、わずか6週間で3つの国を占領し、イギリス軍には大いなる屈辱を与えた。ヒトラーは、ヨーロッパの大半を占領下に置くという、ドイツが第一次世界大戦ではなしえなかったことを、瞬く間

にやってのけたのである。

■ソ連侵攻

　ヒトラーは西ヨーロッパのほぼすべての国を屈服させた。そして多くの国民から熱狂的な支持も得て勢いに乗るヒトラーは、続いてイギリス本土上陸を目指し、イギリス空軍との空中戦に入った。しかし、後にバトル・オブ・ブリテンと呼ばれるようになるこの戦いにおいて、ヒトラーは最初の敗北を味わうことになった。ドイツ空軍総司令官ヘルマン・ゲーリングは、イギリス空軍を壊滅させると豪語して戦いに臨んだ。そしてはじめのうちは両軍互角の状況だったが、1940年の9月に入るころにはドイツ空軍の敗北が決定的となった。またこのころにはヒトラーの関心は、イギリス上陸から、来たるべきソ連との戦いへと完全に移っていた。

　ヒトラーが戦争の最終目標としていたのは、ソ連の征服だった。ソ連にまで生存圏を拡大することができれば、果てしなく広がる大地の豊富な資源を得ることができるからだ。そしてソ連はヒトラーにとって、共産主義とユダヤ主義を体現する国であり、思想の上でもソ連との戦いには必ず勝利しなければならなかった。ソ連侵攻はバルバロッサ作戦と名づけられ、1941年6月22日に開始された。なお、この作戦は、同盟国イタリアのバルカン半島侵攻と北アフリカ侵攻の支援を行わなければならなくなったため、当初の予定よりも遅れて始まった。

　ドイツ軍が同盟国の軍とともにソ連へ向け国境を越えると、ドイツ軍の侵攻に備えていなかったソ連赤軍は混乱をきたした。合計300万人の将兵を、フィンランド湾から黒海まで南北に大きく展開させるドイツ軍は、ソ連軍の混乱に乗じてぐんぐんと進撃し、作戦開始から3か月間で、

200万人のソ連軍兵士を捕虜とし、ソ連西部とウクライナの主要工業地帯の大部分を占領した。そしてモスクワまであと一歩というところまで迫った。しかしここでソ連軍が本格的な反撃を開始し、加えて厳しい冬が訪れたため、ドイツ軍は前進を阻まれた。

　やがて戦いは消耗戦に陥った。広大なソ連での補給は困難を極め、ドイツ軍は当初の勢いを失ってしまった。しかし1942年6月には、クリミア半島からウクライナ東部の占領と、ソ連の生命線カフカス地方の油田の奪取を目指して「青作戦」に乗り出した。そして9月までに南部のソ連軍をヴォルガ川西岸のスターリングラードまで押し戻し、ドイツ軍は再び大きく前進した。しかしこれが、東部戦線におけるドイツ軍の最後の前進ともなるのである。

敗北と崩壊　1942年-1944年

> ドイツは戦争開始から1942年にかけて支配地域を大きく広げた。しかし、東部戦線では1942年の冬に入るとソ連軍が優勢となり、スターリングラードにおける戦いでドイツ第6軍が敗北すると、戦況はひたすら悪化の一途をたどっていった。

　ヒトラーは、ドイツが勝利を重ねるにつれ、ドイツは無敵であるという幻想にとらわれていったのではないだろうか。ヒトラーは1941年12月にアメリカへ宣戦布告するが、世界に冠たる工業力を有するアメリカに戦争を仕掛けたのも、ドイツは負けぬと信じるがゆえだったのではないか。しかしアメリカとの開戦後の1942年から、各戦線においてドイツ軍の後退が始まった。

THE THIRD REICH
1933-1945

■敗北の始まり

　大西洋では開戦以来、ドイツ海軍の潜水艦Uボートが連合国軍に脅威を与えていた。しかし連合国軍の新型兵器投入や戦略変更によって形勢はしだいに不利となり、1943年からはUボートが多数撃沈されるようになった。北アフリカ戦線では、1942年10月23日より、モンゴメリー将軍率いる連合国軍の反攻を受け、エル・アラメインの戦いでドイツ軍はチュニスまで後退した。11月8日には、アメリカ軍を主力とする連合国軍がモロッコとアルジェリアに上陸したため、ドイツ軍は東西から挟まれる格好となった。そして1943年には勝算は無いと判断して北アフリカから撤退した。シチリア島でも連合国軍の上陸を受け、抵抗したものの最後には島を放棄し、イタリア本土へ退却した。

　東部戦線では、ほかの戦線よりもさらに深刻な状況が生まれつつあった。ドイツ軍は1942年冬から、スターリングラード占領を目指して攻撃を開始した。しかしソ連軍は市街に立てこもり、ドイツ軍の猛撃に対し粘り強く抵抗を続けた。そして11月19日から20日にかけて大反撃を行い、ドイツ第6軍を包囲した。エーリヒ・フォン・マンシュタイン陸軍元帥率いる第11軍が第6軍の救出を試みるも、ソ連軍の包囲環を突き崩すことはできなかった。そして1943年1月31日、第6軍の残存部隊は凄惨な戦いの末に降伏した。

■戦力の衰え

　ドイツはスターリングラードにおける戦いで第6軍を失った。なお、ヒトラーは第6軍に対し、満足な補給を

行わないままスターリングラードの死守を命じており、そのことが敗北の原因のひとつとなった。ドイツにとって1個軍の喪失は大きな打撃だった。またこの戦いの敗北は、国民の士気の低下にもつながった。一方勢いに乗ったソ連軍は、アメリカからの武器貸与などによって装備を強化しながら部隊を前進させていった。ドイツ軍はソ連軍の進撃を阻止すべく、1943年7月から8月にかけ、クルスクの戦いにおいて装甲部隊を中心としたツィタデレ作戦を遂行するが、作戦は失敗に終わった。ドイツ軍はその後も阻止を試みるが、ソ連軍は一歩一歩着実に西へと進み、1943年末にはドニエプル川を渡り、クリミア半島ではドイツ第17軍を撃退した。1944年1月には、900日間におよんでいたドイツ軍の包囲からレニングラードを解放。そして4月には各部隊がポーランドやハンガリーとの国境まで到達した。

■本土攻撃

1942年になると、アメリカとイギリスの航空部隊によるドイツ本土への空爆も始まった。イギリス空軍はおもに工業地帯への夜間爆撃を行い、アメリカ軍の爆撃機隊は日中の爆撃を担っていた。空爆作戦では、連合国側にも多数のパイロットや爆撃機を失うなどの損害が出たが、ドイツが受けた損害はそれとは比べも

主な都市の空爆による被害

都市名	破壊された面積の割合 (%)
ベルリン	33
ブレーメン	60
ケルン	61
ドルトムント	54
ドレスデン	59
ドゥイスブルク	48
デュッセルドルフ	64
エッセン	50
フランクフルト・アム・マイン	52
ハンブルク	75
ハノーヴァー	60
カッセル	69
マンハイム	64
ミュンヘン	42
ニュルンベルク	51
シュトゥットガルト	46
ヴッパータル	94
ヴュルツブルク	89

のにならないほど大きかった。例えば1942年5月31日には、イギリス空軍がそれまでで最大規模となる1000機の爆撃機でケルンを攻撃しており、この空爆では死者は比較的少なかったものの、およそ4万人の市民が住む家を失っている。1944年2月にはドレスデンの街が、火災旋風が巻き起こるほどの猛爆を受けて破壊され、およそ10万人が犠牲となった。

　1943年から1944年のあいだにドイツの主要都市はほぼすべて空爆を受け、なかには破壊しつくされてまさに廃墟と化した都市もあった。防衛にあたっていたドイツ空軍は、とくに連合国軍が長距離戦闘機を導入した1944年の春以降、その戦力に圧倒され、毎月25パーセントずつ戦闘機を失ってゆくというありさまだった。しかし、ここでひとつ指摘しておかなければならないことがある。それ

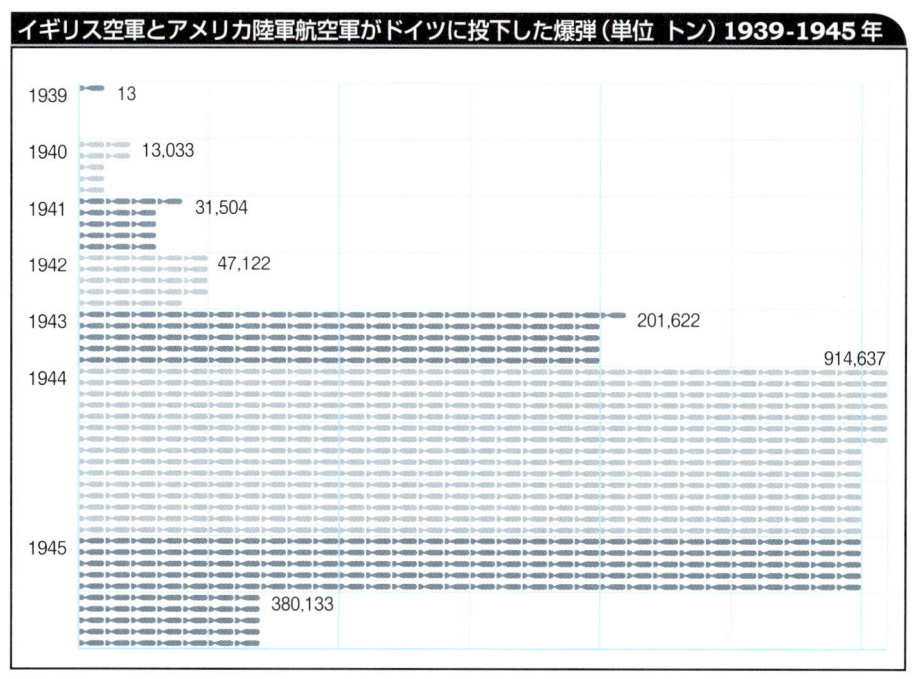

イギリス空軍とアメリカ陸軍航空軍がドイツに投下した爆弾（単位 トン）1939-1945年

年	トン
1939	13
1940	13,033
1941	31,504
1942	47,122
1943	201,622
1944	914,637
1945	380,133

は、空爆によって甚大な被害を受けながらも、多くのドイツ国民が、国を守りぬこうという気持ちを戦争末期まで強く持ち続けたこと、そして高い工業生産力を維持していたということだ。

■ 包囲網

1944年6月6日、連合国軍のノルマンディ上陸作戦開始によって、再び西ヨーロッパに戦線が開かれた。連合国軍はドイツ軍を破って上陸を果たし、海岸堡を構築した。その後フランス内陸部へ進撃して8月にパリを解放し、9月半ばにはドイツとの国境まで迫った。ドイツ軍は1944年9月にアルンヘムにおいて連合国軍の空挺部隊を撃退したものの、12月のアルデンヌ地方における反攻作戦は、

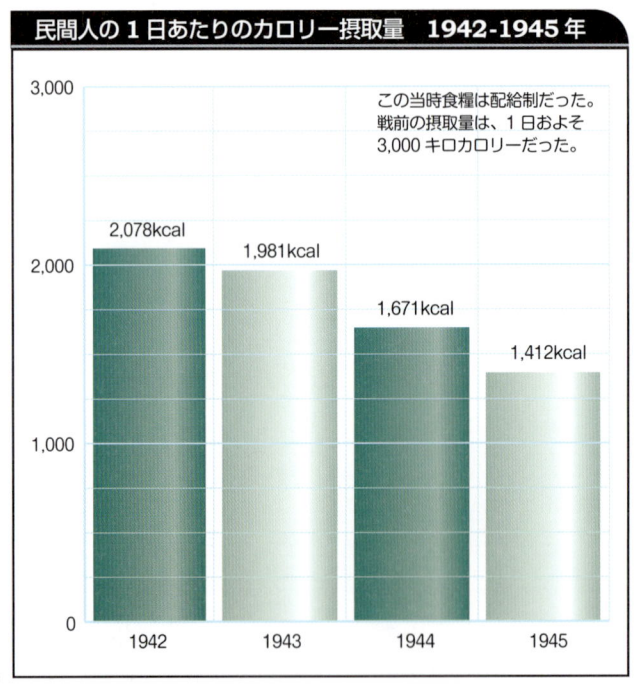

戦力を消耗しただけの虚しい結果に終わった。そしてこれが西部戦線におけるドイツ軍の最後の反撃となった。

　東部戦線では、ソ連軍のバグラチオン作戦によって、ドイツ軍の戦力は兵数200万人、戦車4000両、火砲2万4000門にまで低下した。かたやソ連軍はベロルシアを奪回し、ポーランド東部のドイツ軍も撃退。その後もとどまることなく進み、1945年2月にはベルリン郊外へ達した。そして同じころ、西方からも連合国軍がドイツ中心部へ迫りつつあった。

終焉　1945年とその後

> 戦争末期、ドイツは凄惨な様相を呈していた。1945年の冬、プロイセン州東部のドイツ国民はソ連軍を恐れて西へ逃れ始めるが、そのうちの30万人は途上で命を落としたといわれている。

　ドイツの支配者となったヒトラーは、その栄光の日々を「千年王国」の始まりであると考えていた。第三帝国は、神聖ローマ帝国のように幾世紀にもわたって栄えるだろうとの思いが彼にはあったようだ。しかし第三帝国は、ヒトラーの首相就任からわずか12年で破滅した。

　1945年3月31日、ソ連軍はベルリンへの攻撃を開始し、空爆ですでに甚大な被害を受けていたベルリンの街を、無数の砲弾によってさらに破壊していった。それに対してドイツ国民は抵抗を続けた。それは、ドイツの首都をなんとしても守りたいという気持ちがあったからだろう。しかし、ただ恐怖に駆られて戦いを続けた者たちもいただろう。ドイツ国民はソ連軍に捕らえられることを恐れてい

た。また、ナチスの保安組織を恐れてもいた。戦わない者は保安組織から敗北主義者と見なされ、処刑されたからだ。

ヒトラーは、1945年4月30日、官邸の総統地下壕において拳銃自殺を遂げた。ヒトラーの遺体は、同じく自殺した愛人のエヴァ・ブラウンの遺体とともに官邸の庭で焼却された。世界を戦渦に巻き込んだ男の無残な最期だった。そして5月7日にドイツが降伏し、ヨーロッパにおける戦争は終結した。この戦争におけるドイツの犠牲者は300万人を超え、負傷者の数も500万人にのぼった。

■大量殺害の実態

第二次世界大戦末期、連合国によって、ドイツ占領地域の強制収容所で行われていた大量殺害の実態が明らかにされていった。1945年1月27日、ポーランドのアウシュヴィッツ＝ビルケナウ収容所がソ連軍によって解放された。連合国は、1942年の時点ですでにナチスの大量殺害計画を知っており、1944年はじめには、アウシュヴィッツ＝ビルケナウ収容所でガスを使用した大量殺害が行われているとの情報も得ていたのだが、収容所の解放によって、いわゆるホロコーストの戦慄の実態が、ついに白日のもとにさらされることになった。

ナチスは、およそ600万人のユダヤ人を殺害したといわれている。また、ジプシーや同性愛者、「政治犯」、ソ連軍捕虜なども多く殺害している。特別行動隊（アインザッツグルッペン）と呼ばれる、武装親衛隊隊員を中心に編制された部隊は、占領地域においてユダヤ人らを殺害することを任務としていた。反ユダヤ主義の地元住民や警察が部隊に協力することもあった。ソ連では120万人、バルト諸国では23万人のユダヤ人が特別行動隊によって殺害されている。ヒトラーのひとつの夢は「ユダヤ人の存在しな

いドイツ国」を作ることであり、大量殺害によってその夢の実現を目指していた。

　第二次世界大戦においてドイツは非道なことを行った。そのため連合国の人間はドイツに対して復讐心を抱くようになった。とりわけソ連軍兵士の復讐心は強く、ドイツ国民に対して激しい報復を行った。ソ連の戦争犠牲者の数は2500万人にのぼった。また、1945年から1949年にかけて行われたニュルンベルク裁判も、報復の色を帯びた軍事裁判だった。

　この裁判でまず法廷に引き出されたのは、ナチス政権の

ニュルンベルク裁判における訴因

訴因1	侵略戦争共同謀議
訴因2	平和に対する犯罪
訴因3	戦争犯罪
訴因4	人道に対する犯罪

＊訴因3は、捕虜の虐待や奴隷労働者の使用といった通常の戦争犯罪を主に含む。
　訴因4は、大量殺害（ホロコースト）に関する犯罪を主に含む。

ニュルンベルク裁判における主な被告と評決及び判決

被告	訴因1	訴因2	訴因3	訴因4	判決
マルティン・ボルマン	無罪	ー	有罪	有罪	絞首刑
カール・デーニッツ	無罪	有罪	有罪	ー	禁固10年
ハンス・フランク	無罪	ー	有罪	有罪	絞首刑
ヴィルヘルム・フリック	無罪	有罪	有罪	有罪	絞首刑
ハンス・フリッチェ	無罪	ー	無罪	無罪	無罪
ヴァルター・フンク	無罪	有罪	有罪	有罪	終身刑
ヘルマン・ゲーリング	有罪	有罪	有罪	有罪	絞首刑（刑執行前に自殺）
ルドルフ・ヘス	有罪	有罪	無罪	無罪	終身刑
アルフレート・ヨードル	有罪	有罪	有罪	有罪	絞首刑
エルンスト・カルテンブルンナー	無罪	ー	有罪	有罪	絞首刑
ヴィルヘルム・カイテル	有罪	有罪	有罪	有罪	絞首刑
エーリヒ・レーダー	有罪	有罪	有罪	ー	終身刑
アルフレート・ローゼンベルク	有罪	有罪	有罪	有罪	絞首刑
フリッツ・ザウケル	無罪	無罪	有罪	有罪	絞首刑
ヒャルマル・シャハト	無罪	無罪	ー	ー	無罪
アルトゥル・ザイス＝インクヴァルト	無罪	有罪	有罪	有罪	絞首刑
アルベルト・シュペーア	無罪	無罪	有罪	有罪	禁固20年
ユリウス・シュトライヒャー	無罪	ー	ー	有罪	絞首刑
コンスタンティン・フォン・ノイラート	有罪	有罪	有罪	有罪	禁固15年
フランツ・フォン・パーペン	無罪	無罪	ー	ー	無罪
ヨアヒム・フォン・リッベントロップ	有罪	有罪	有罪	有罪	絞首刑
バルドゥール・フォン・シーラッハ	無罪	ー	ー	有罪	禁固20年

中枢にいた人物たちであり、ヘルマン・ゲーリング、ルドルフ・ヘス、アルフレート・ヨードル、ヨアヒム・フォン・リッベントロップ、カール・デーニッツ、アルベルト・シュペーア、マルティン・ボルマン、ヴィルヘルム・カイテルなどが挙げられる。なお、ヘルマン・ゲーリングは死刑執行前に自殺し、マルティン・ボルマンは行方不明だったため欠席裁判となった。それから、ユダヤ人の大量殺害計画にかかわった特別行動隊の主要隊員や親衛隊の幹部らも裁かれている。

　ニュルンベルク裁判の被告の多くは、死刑か長期の禁固刑に処せられた。海外に逃亡し告発を免れた者もいたが、「ホロコーストの設計者」と呼ばれたアドルフ・アイヒマンは、逃亡先のアルゼンチンでイスラエルの情報部員に捕らえられ、その後1962年にイスラエルで死刑に処されている。なお、ドイツの科学者や技術者は、第二次世界大戦中その優秀さを世界に示した。そのため戦後、ロケット開発、兵器開発、宇宙開発においてしのぎを削っていたアメリカとソ連が、ドイツ人科学者らの獲得を競った。

■ドイツのゆくえ

　戦争が終結すると、アメリカ、イギリス、フランス、ソ連の4か国はただちにドイツを分割占領した。しかし、アメリカを中心とする西側諸国は、ドイツの工場設備などの資産による賠償は受けたものの、第一次世界大戦後のようにドイツに莫大な賠償金を課すことはなく、むしろ経済的に援助して復興を促した。戦後すぐにソ連との対立を深めたアメリカには、対立の最前線となる西部ドイツを早期に復興させて、伸張する共産主義に対抗しようという政治的な思惑があった。また、占領状態が長引けば、そのぶん占領経費がかさみ、たいへんな負担となる。そうした事情

戦争による損失
第一次世界大戦後のドイツは、国土の周辺部を多少失いはしたものの、れっきとした独立国のままだった。しかし第二次世界大戦後は、連合国によって分割統治されることになった。ドイツ国民が最後まで頑強に抵抗したこともあり、連合国はドイツを完全に無力化する必要があると考えたのだ。アメリカ、イギリス、フランス、ソ連の4か国は、ドイツを大きく4つに分けてそれぞれが占領した。そしてベルリンも4分割し、それぞれが占領した。しかしベルリンの分割占領は後に大きな問題を引き起こすことになった。ドイツ東部はポツダム協定によりポーランドに編入された。

もあり、アメリカは 1947 年から、マーシャル・プランに基づき、西部ドイツへの援助を開始した。援助の額は最終的には 31 億ドルに達した。西部ドイツはこうした援助を受けながら経済再建を進め、やがて戦後の荒廃から復興した。

一方ソ連が占領した東部ドイツは、共産主義のもとで西部ドイツとは違う道をたどることになった。アメリカとソ連というふたつの大国の対立から始まった、いわゆる冷戦によって、ドイツは東西に分断されてしまった。それは、ヒトラーが夢見てやまなかった、ドイツ民族がひとつになって営む民族共同体とは、まるで異なるドイツの姿だった。

連合国による戦後ドイツの分割占領　1945 年

- ● 連合国管理理事会所在地
- ● 占領軍司令部所在地
- ― 1937 年現在のドイツ国境
- ポツダム協定によりドイツが失った地域
- ザールラント

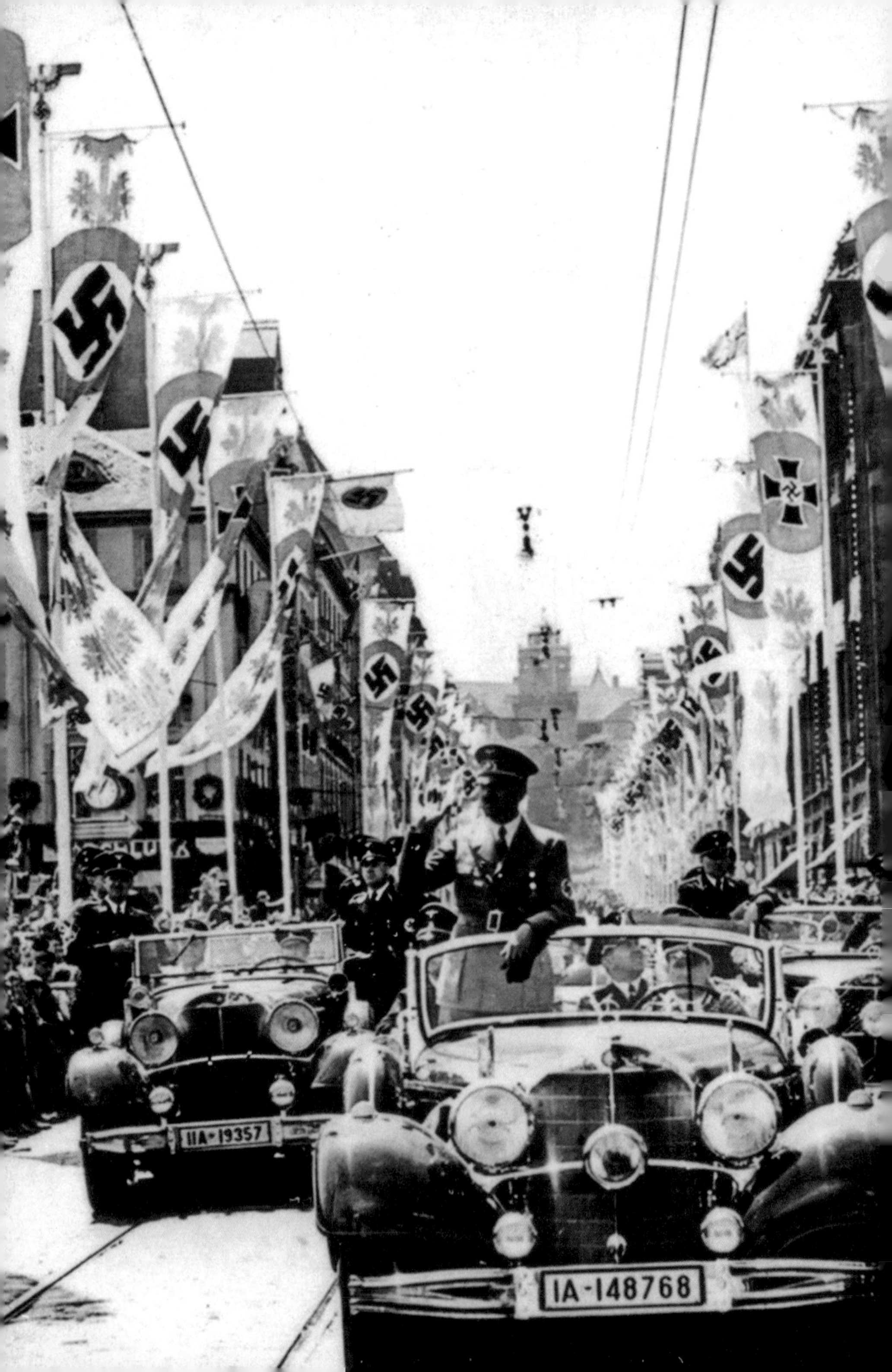
IIA-19357
IA-148768

第2章 領土

　領土の拡大は、ヒトラーが掲げていた大きな目標のひとつだった。ヒトラーは政権の座に就く以前から、より広い生存圏を得ることがドイツ繁栄の鍵だと考えていた。

　ヒトラーは1933年に政権に就くと、その目標に向けて動き始めた。彼はまず、国が一丸となるために、強い自治権を有していた各州の政府を中央政府の支配下に置いた。次に、ヴェルサイユ条約によって失われていた領土を取り戻し、さらに、ドイツ系の人びとが多く暮らす周辺国の地域を併合した。

　そしてその後、東方と西方へ向けて軍事侵攻を開始した。生存圏の獲得に向けて本格的な戦いに乗り出したのである。

ドイツとオーストリアの合邦（アンシュルス）の後、オーストリアの首都ウィーンの街を自動車でパレードするヒトラー。1938年3月

併合

> ドイツは、第一次世界大戦の講和条約によって領土の一部を失った。そのなかには主要な工業地帯も含まれていたため、経済活動も制限されることになった。そのため国民は、講和条約の縛りからドイツが解放されることを願っていた。

　ドイツは1919年6月28日、ヴェルサイユ条約に調印した。そしてこの条約に基づき、エルザスとロートリンゲンをフランスへ、オイペンとマルメディをベルギーへ、北シュレスヴィヒをデンマークへ割譲した。さらにポーゼン、西プロイセン、オーバーシュレジエンをポーランドへ割譲した。その結果、東プロイセンはいわゆるダンツィヒ回廊によって隔てられるかたちとなった。また、ドイツとオーストリアの合併が禁じられた。石炭の産地であるザールラントは国際連盟の管理下に置かれ、工業地帯のルール地方を含むラインラントは非武装地帯と定められた。ラインラントのルール地方は、1923年には、ドイツの賠償金支払いの遅滞を理由にフランスとベルギーが占領した。
　ドイツ領東アフリカ、サモア、マーシャル諸島といったドイツの植民地は連合国の委任統治領となり、エルベ川、オーデル川、ライン川などの重要河川は、どこの国の船舶も自由に航行できるよう解放された。連合国によるこうした一連の処理は、ドイツにとってたいへん屈辱的なものだった。
　連合国はとりわけドイツ西部のライン川沿いに広がるラインラントを重視し、非武装地帯とした。北部や中部が農業地帯であるのに対し、ラインラントは、ドイツの軍事力を支えていた工業の一大中心地だったからだ。

■領土拡張への動き

　1935年、ザールラントがドイツに復帰した。1月13日にザールラントの帰属を決定する住民投票が行われ、90パーセント以上の住民がドイツ帰属を求めたからだ。同年3月16日、ヒトラーはヴェルサイユ条約の軍備制限条項を破棄し、再軍備宣言を行った。そして1936年3月7日、ドイツ軍がラインラントへ進駐した。ヒトラーによる初めての大規模な軍事行動に国際社会は動揺した。しかし、フランスをはじめ各国はそれぞれの国の事情により、ドイツ軍の進駐を容認した。

　ラインラントの再武装に成功したヒトラーは、続いてオーストリアの併合へ向けて動き出した。ヒトラーにとってオーストリア併合は必ず達成しなければならないことだった。その理由のひとつは、オーストリアを押さえれば、チェコスロヴァキアやバルカン半島方面へ軍を進めやすくなるからだ。

　オーストリアでは以前より、オーストリア・ナチスがドイツへの併合を求めて活動を行っており、それを支持する

主な都市の人口　1933年

都市名	人口	都市名	人口
アルトナ	242,000	ハレ	209,000
アウクスブルク	177,000	ハンブルク	1,129,000
ベルリン	4,243,000	ハノーヴァー	444,000
ボーフム	315,000	カッセル	175,000
ブレーメン	323,000	キール	218,000
ブレスラウ	625,000	ケーニヒスベルク	316,000
ケムニッツ	351,000	ライプツィヒ	714,000
ケルン	757,000	マクデブルク	307,000
ドルトムント	541,000	マンハイム	275,000
ドレスデン	642,000	ミュンヘン	735,000
デュイスブルク	440,000	ニュルンベルク	410,000
デュッセルドルフ	499,000	オーバーハウゼン	192,000
エッセン	654,000	シュテッティン	271,000
フランクフルト/マイン	556,000	シュトゥットガルト	415,000
ゲルゼンキルヘン	333,000	ヴッパータル	409,000

ドイツの領土 1938-1940年

国民も多く存在していた。ヒトラーは、オーストリアの政情が極めて不安定だったこともあり、オーストリア・ナチスを通じてオーストリアの内政にしだいに影響力を持つようになった。1936年7月には独墺協定を結んで影響力をさらに強め、併合へ向けて圧力をかけていった。それに対しオーストリア政府が、合邦か独立かを決定する国民投票を実施しようとしたが、独立派の勝利を恐れたヒトラーは、軍事圧力をかけてオーストリア首相に投票中止を迫り、辞任にまで追い込んだ。そして1938年3月11日にオーストリア・ナチスのアルトゥル・ザイス゠インクヴァ

THE THIRD REICH
1933-1945

拡大する領土
橙色の線は戦争開始前のドイツの国境を示している。チェコスロヴァキア西部のズデーテンラントとオーストリア全土がすでにドイツ領として組み込まれている。1940年に入ると、ドイツはさらに広い土地を獲得する。新しく領土となった地域の行政区は、帝国大管区と呼ばれた。オーストリアには7つの帝国大管区が設けられた。ズデーテンラントはそのままひとつの帝国大管区となった。ポーランドの西部地域にはヴァルテラント帝国大管区、北部地域にはダンツィヒ＝西プロイセン帝国大管区が設けられた。

ルトを首相に立て、翌日には10万の軍勢を越境させてオーストリアを占領した。そして3月13日、ドイツとオーストリアの合邦（アンシュルス）を正式に発表した。

■ズデーテンラント

　オーストリアが併合されると、チェコスロヴァキアのドイツ系住民のあいだで、ドイツとの統合を求める声が強まった。チェコスロヴァキアのドイツ系住民の数は300万人を越え、人口の23パーセントにのぼっていた。ドイツとの国境沿いに位置するズデーテンラントにはドイツ系住民がとくに多く、この地域では、チェコスロヴァキアからの分離とドイツへの併合を求めるズデーテン・ドイツ人党が活発な運動を展開していた。ヒトラーはズデーテン・ドイツ人党を支援し、1937年11月29日、チェコ議会から脱退させた。そして、ドイツ系住民がドイツへの復

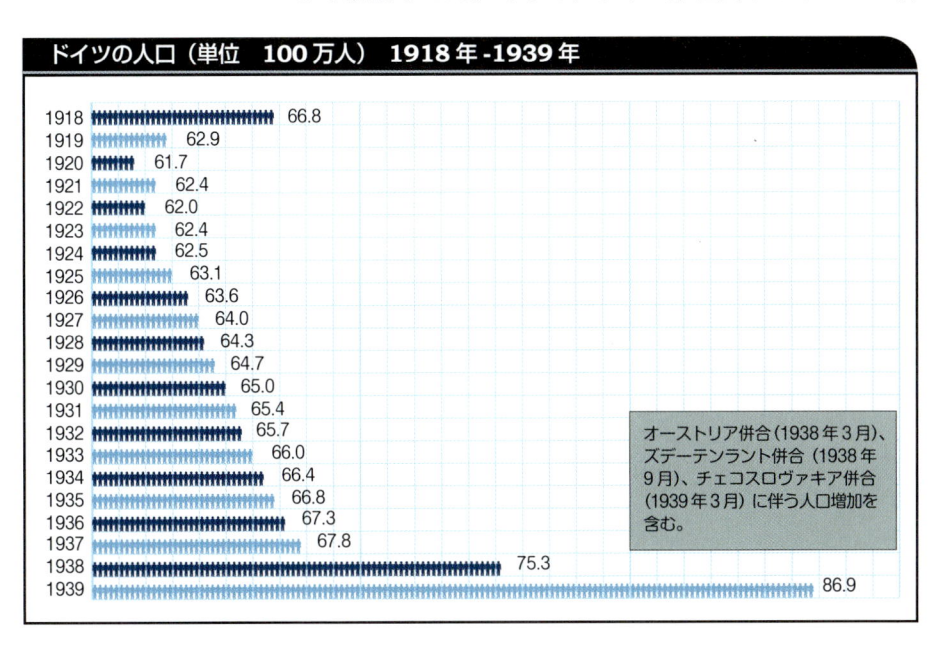

ドイツの人口（単位　100万人）　1918年-1939年

年	人口
1918	66.8
1919	62.9
1920	61.7
1921	62.4
1922	62.0
1923	62.4
1924	62.5
1925	63.1
1926	63.6
1927	64.0
1928	64.3
1929	64.7
1930	65.0
1931	65.4
1932	65.7
1933	66.0
1934	66.4
1935	66.8
1936	67.3
1937	67.8
1938	75.3
1939	86.9

オーストリア併合（1938年3月）、ズデーテンラント併合（1938年9月）、チェコスロヴァキア併合（1939年3月）に伴う人口増加を含む。

帰を求めるのは当然だとして、ズデーテンラントの割譲をチェコスロヴァキアに要求した。ヒトラーは軍事侵攻も辞さない構えを見せ、チェコスロヴァキアとのあいだは一触即発の状態となった。1938年9月、イギリス首相ネヴィル・チェンバレンが戦争を回避するために両国の仲裁に入った。しかしヒトラーは再度割譲を求め、9月22日には侵攻する意思を示した。そのためチェコスロヴァキアは割譲交渉に応じるが、国内から反発を受けて内閣は総辞職を余儀なくされた。そしてその後の駆け引きの末、1938年9月30日にミュンヘン協定が締結され、ズデーテンラントのドイツへの割譲が決定した。

さらにヒトラーは、1939年3月15日、ボヘミアとモラヴィアへ軍を進め占領した。なお、ズデーテンラントには帝国大管区が設けられ、ボヘミアとモラヴィアはベーメン・メーレン保護領として統治されることになった。

主な州の人口 1941年8月

州	人口
アンハルト州	431,000
バーデン州	2,502,000
バイエルン州	8,222,000
ブレーメン州	450,000
ブラウンシュヴァイク州	603,000
ハンブルク州	1,711,000
ヘッセ州	1,469,000
リッペ州	187,000
メクレンブルク州	900,000
オルデンブルク州	578,000
プロイセン州	45,328,000
ザールラント州	842,000
ザクセン州	5,231,000
シャウンブルク゠リッペ州	53,000
テューリンゲン州	1,743,000
ヴュルテンベルク州	2,896,000

帝国大管区の人口　1941年8月

管区名	人口
ケルンテン帝国大管区	449,000
ダンツィヒ゠ヴェストプロイセン帝国大管区	2,228,000
ニーダードナウ帝国大管区	1,697,000
ザルツブルク帝国大管区	257,000
シュタイアーマルク帝国大管区	1,116,000
ズデーテンラント帝国大管区	2,943,000
ティロル゠フォアアールベルク帝国大管区	486,000
オーバードナウ帝国大管区	1,034,000
ウィーン帝国大管区	1,929,000
ヴァルテラント帝国大管区	4,583,000

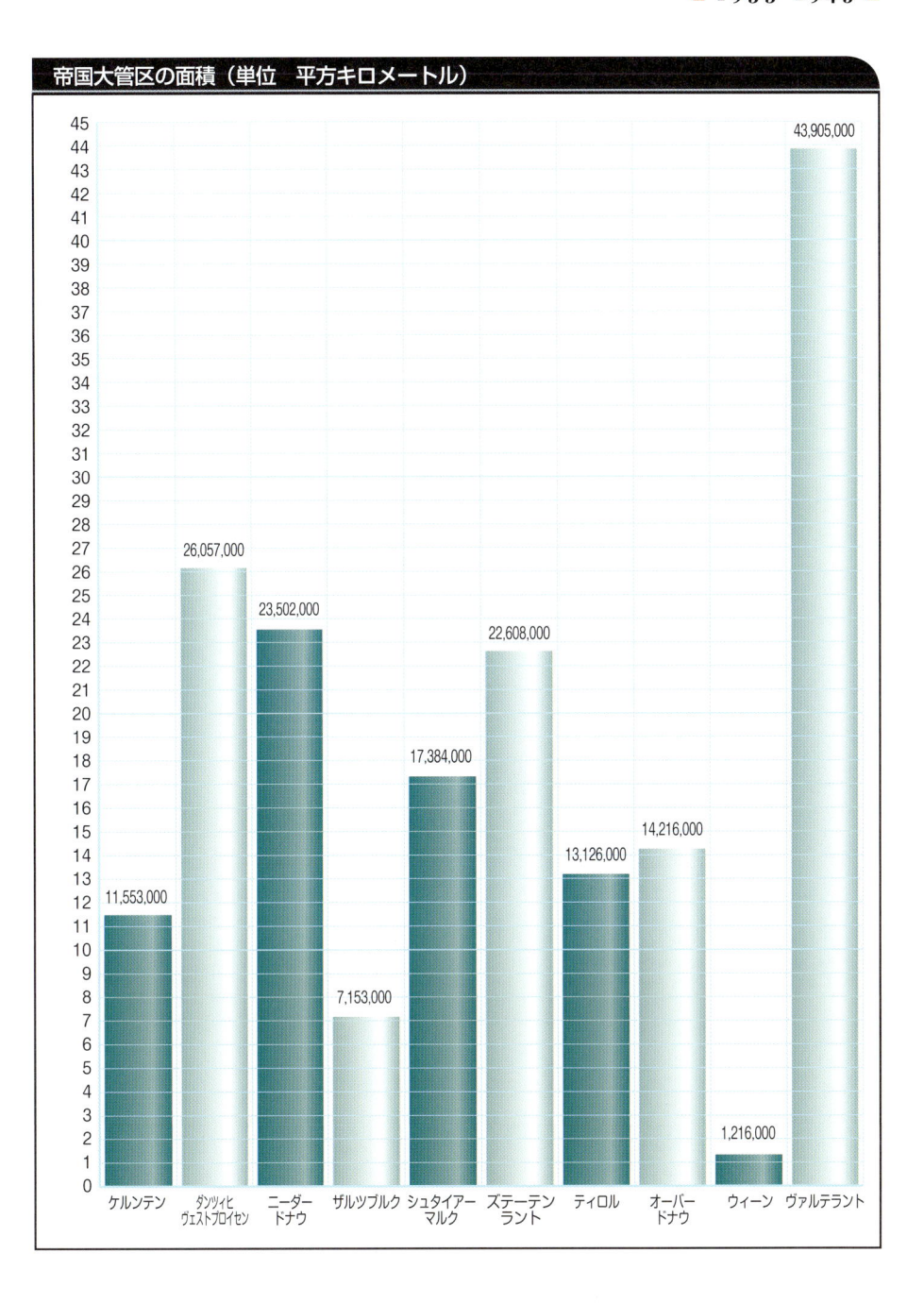

帝国大管区の面積（単位　平方キロメートル）

大管区	面積
ケルンテン	11,553,000
ダンツィヒ・ヴェストプロイセン	26,057,000
ニーダードナウ	23,502,000
ザルツブルク	7,153,000
シュタイアーマルク	17,384,000
ズテーテンラント	22,608,000
ティロル	13,126,000
オーバードナウ	14,216,000
ウィーン	1,216,000
ヴァルテラント	43,905,000

■ ポーランド侵攻

　これまでのヒトラーの領土拡大への動きは、流血をともなうものではなかった。しかし1939年9月、彼はついに武力行使に踏み切った。ポーランド侵攻を開始したのである。ヒトラーはまず、東プロイセンを本土と隔てていたダンツィヒ回廊を軍に占領させ、国土の分断という屈辱を晴らした。それからさらに軍を進めてワルシャワを征圧した。ヒトラーにとってポーランドの占領は、最終目標であるソ連征服へ向けた足固めの意味もあった。

　占領地域には、ヴァルテラント帝国大管区とダンツィヒ＝西プロイセン帝国大管区が設けられた。このふたつの行政区だけで人口は680万人にのぼった。ドイツはポーランド侵攻によって広く豊かな土地と人的資源を得たのである。

ポーランドの占領体制

> ポーランドにおける占領体制は、ほかの地域のものと比べて特異だった。ドイツは、ポーランド西部は併合したが、中部の地域は、ポーランド総督府と呼ばれる機関のもとに置いた。

　ドイツには、ポーランド人に対する強い差別意識が存在していた。ポーランドの中部を併合せず、ポーランド総督府というものを設置した事実がそのことを物語っている。ナチスは多くのポーランド人をポーランド総督府領に強制移住させ、奴隷のように働かせていた。ポーランド総督府

分断された国家
ドイツは、占領したポーランドをいくつかの行政区に分けて統治した。ソ連侵攻後占領した地域には、ふたつの帝国弁務官区を設けた。ポーランド東部とバルト諸国、ロシア西部、ベロルシア、ウクライナの一部はオストラント帝国弁務官区となった。ウクライナ西部はウクライナ帝国弁務官区となったが、区域はウクライナ東部へも広げられる計画だった。

THE THIRD REICH
1933-1945

ドイツ占領下のポーランド 1939年-1942年

スウェーデン
バルト海
ラトヴィア
○リガ
○クライペダ（メーメル）
リトアニア
オストラント帝国弁務官区
○カウナス（コヴォノ）
○ヴィリニュス
ダンツィヒ
○カリーニングラート（ケーニヒスベルク）
東プロイセン
○オルシュティン
○ミンスク
ダンツィヒ＝ヴェストプロイセン帝国大管区
ドイツ
○グロドノ
ビアウィストク
○ビアウィストク
○ビドゴシチ（ブロンベルク）
ツヘナウ
○ツヘナウ
○イノヴロツワフ（ホーエンザルツァ）
○ポズナン（ポーゼン）
●ワルシャワ
ヴァルテラント帝国大管区
ワルシャワ管区
○カリシ
ポーランド総督府
ウクライナ帝国弁務官区
ウッチ（リッツマンシュタット）
リッツマンシュタット
○ラドム
○ルブリン
ラドム管区
ルブリン管区
○ザモシチ
○ドゥブナ
○カトヴィッツ
カトヴィッツ
○クラクフ
○リヴィウ（レンベルク）
クラクフ管区
ガリシア
チェコスロヴァキア

0　150 km
0　75 miles

― 1939年9月1日以前のポーランド国境
--- ドイツとソ連の占領地域の境界
　　ドイツ民政区域
　　オーバーシュレジエンへ編入された地域
　　ドイツへ併合された地域
　　1939年11月にスロヴァキアへ編入された地域
　　1938年にポーランドへ、1939年10月にオーバーシュレジエンへ編入された地域

領はいわば巨大な奴隷収容所だった。この地域は、クラクフ、ワルシャワ、ルブリン、ラドムの4つの行政区に分けられ、ハンス・フランクが総督として指揮を執っていた。面積は9万6000平方キロメートルあり、ワルシャワや首都であるクラクフといった都市が含まれていたため、人口は1200万人にのぼっていた。また、1941年6月からのソ連侵攻によってドイツ領となった東ガリシアが、後に総督府領に組み込まれガリシア行政区となった。

ポーランド総督府領の人びとはたいへん過酷な環境下に置かれていたため、1944年にソ連軍によって解放されるまでに、400万人が亡くなった。

西ヨーロッパの占領 1940年-1944年

> 西ヨーロッパにおける占領体制は、東ヨーロッパのものほど厳しくはなく、既存の政府が存続を許される場合もあった。しかし行政の実権はドイツの手中にあった。

ヒトラーの西ヨーロッパ諸国に対する姿勢は、東ヨーロッパに対するそれとは違っていた。ヒトラーは、東ヨーロッパの人びとのことを「人間以下」の存在と見なしていた。一方、西ヨーロッパの人びとのことは優秀なアーリア人の子孫であると考えていた。とりわけ北欧人は、ドイツ人と同じく、アーリア人の血を純粋に受け継いでいるとしていた。そのためヒトラーは、西ヨーロッパの人びとに対しては、アーリア系の血統を有する者にしか入隊を認めていなかった親衛隊へ入ることを許している。

のみこまれるヨーロッパ
ドイツは1940年から1942年にかけて西ヨーロッパの大半を占領下に収めた。フランスでは一部地域を「自由地区」として、ヴィシー政権による統治を許したが、それも暫定的な措置であり、1942年11月には軍を進めて占領した。軍事戦略上重要な地域には軍政が敷かれた。

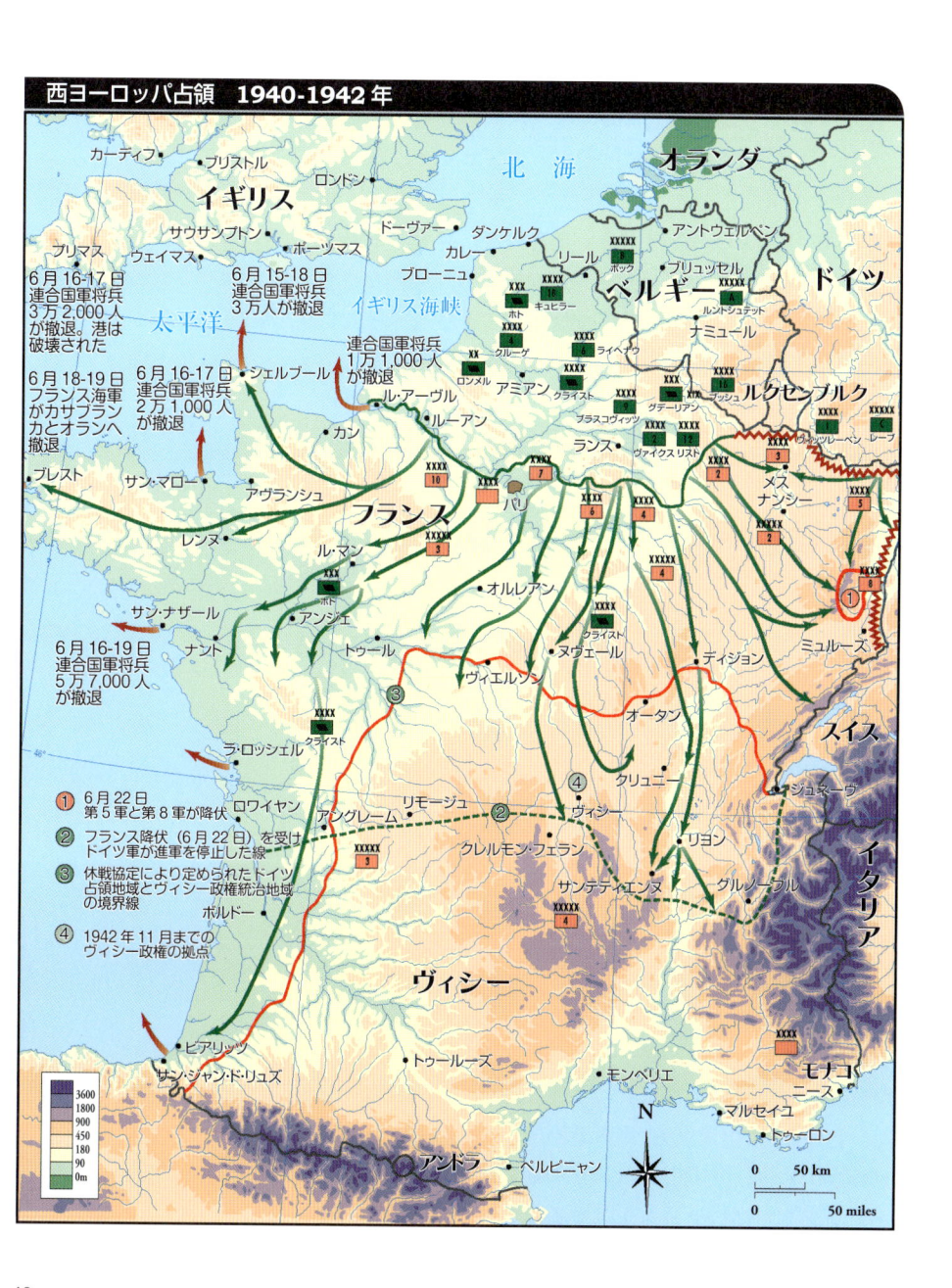

THE THIRD REICH
1933-1945

西ヨーロッパ占領　1940-1942年

凡例:
① 6月22日 第5軍と第8軍が降伏
② フランス降伏（6月22日）を受けドイツ軍が進軍を停止した線
③ 休戦協定により定められたドイツ占領地域とヴィシー政権統治地域の境界線
④ 1942年11月までのヴィシー政権の拠点

注記:
- 6月16-17日 連合国軍将兵 3万2,000人が撤退。港は破壊された
- 6月18-19日 フランス海軍がカサブランカとオランへ撤退
- 6月15-18日 連合国軍将兵 3万人が撤退
- 6月16-17日 連合国軍将兵 2万1,000人が撤退
- 連合国軍将兵 1万1,000人が撤退
- 6月16-19日 連合国軍将兵 5万7,000人が撤退

主要地名:
カーディフ、ブリストル、ロンドン、プリマス、サウサンプトン、ウェイマス、ポーツマス、ドーヴァー、ダンケルク、カレー、ブローニュ、シェルブール、ル・アーヴル、カン、サン・マロー、アヴランシュ、ルーアン、ランス、アミアン、リール、アントウェルペン、ブリュッセル、ナミュール、ルクセンブルク、メス、ナンシー、ミュルーズ、ブレスト、レンヌ、サン・ナザール、ナント、アンジェ、ル・マン、トゥール、オルレアン、パリ、ヌヴェール、ディジョン、オータン、ラ・ロッシェル、ロワイヤン、アングレーム、リモージュ、ヴィシー、クレルモン・フェラン、サンテティエンヌ、リヨン、グルノーブル、ジュネーヴ、ボルドー、ビアリッツ、サン・ジャン・ド・リュズ、トゥールーズ、モンペリエ、マルセイユ、トゥーロン、ニース、モナコ、アンドラ、ペルピニャン

国名:
イギリス、オランダ、ベルギー、ドイツ、フランス、スイス、イタリア、ヴィシー

海域:
北海、イギリス海峡、大西洋

標高凡例 (m): 3600, 1800, 900, 450, 180, 90, 0m

0　50 km
0　50 miles

49

■占領体制

　デンマークでは、ドイツの占領下に置かれた後も、クリスチャン10世が王位にとどまり、デンマーク政府が引き続き行政を担うことになった。ただ、ドイツの全権大使が強い影響力を持ち、政権運営や産業政策に対する干渉がしだいに強まり、実質的にはドイツが統治する状態となった。
　ノルウェーの場合は、既存の政府はイギリスへ逃れて亡命政権を樹立し、それに代わって1942年2月1日、ノルウェーの国会議員で親ナチスだったヴィドクン・クヴィスリングが、ヒトラーの承認を得て首相に就任した。しかし、実権はノルウェー担当の帝国弁務官ヨーゼフ・テアボーフェンらドイツ側が握っていた。
　ドイツは、ほかの西ヨーロッパの国では比較的厳しい占領体制を敷いた。ベルギーでは、マルメディ、オイペン、ザンクト・フィートを1940年5月18日に併合し、残る地域はフランスのノール、パ＝ド＝カレーと合わせて軍の統治下に置いた。この沿岸地域に軍政を敷いたのは、この地域から、連合国軍が反撃に向けて上陸を試みる可能性があったからだ。
　フランスでは、国土の3分の2を占める北部と西部を「占領地区」として軍の統治下に置いた。エルザス・ロートリンゲン（アルザス・ロレーヌ）はドイツの大管区に統合した。南部は「自由地区」としてフランス政府による統治を認めた。フィリップ・ペタン元帥が首相を務めるフランス政府は、フランス中部のヴィシーに首都を置いていたことからヴィシー政権と呼ばれ、ドイツに協力する姿勢をとった。しかし「自由地区」も軍事戦略上重要性が増したため、1942年11月11日、ヒトラーの命により軍が占領した。
　オランダでは、オーストリア首相アルトゥル・ザイス＝

インクヴァルトが帝国弁務官として行政の監督にあたった。オランダにおける占領政策はほかの国のものと比べて暴力的だった。ドイツはオランダの多くの資産を奪ったほか、10万4000人にのぼるユダヤ系オランダ人を強制収容所へ送っている。

ソ連侵攻

> ドイツにとってソ連はとても魅力的だった。その領土は際限なく広がり、豊富な鉱物資源が眠り、労働力として使用できる人的資源は無尽蔵だったからである。

　ドイツは領土拡張政策に基づき、1939年にポーランドへ侵攻し、1941年にはソ連征服に乗り出した。こうした東方への領土拡張に関連して、北東ドイツ研究共同体の顧問を務めていたオットー・レッシェ博士が、1939年9月に論文を書いている。次の文章は『ドイツ東方の人口と政治を安定させるための基本方針』と題されたその論文から抜粋したものである。

1）土地の獲得
　1　獲得した土地を、民族の国土として千年先まで保有するためには、その土地に定住しなければならない。
　2　ヨーロッパにおいて、ドイツ国の存続がおびやかされることがあってはならない。ドイツ国はポーランドを征服し、広く穏やかな土地を獲得した。よってドイツ国は将来1億5000万人まで人口を増やすことが可能となった。ドイツ国はその程度まで人口を増やす必要がある。人口の多い国は、戦いを勝ち抜いてゆくことができ

るからである。

2）土地への定住

1　獲得した土地は、ドイツ国民のためにのみ役立てられるべきである。ドイツ国民はただそのために戦い、血を流してきたのだ。異質なものは獲得した土地から取り除かなければならない。ドイツ民族とは異質の民族、異質の集団はまとめて外の土地へ移住させなければならない。

ドイツの知識人のなかには、東方への領土拡張を肯定する者が少なくなかった。とくにソ連に対しては、征服すべきとの考えが強かった。それは、スターリンが君臨するソ連の共産主義と非ドイツ的な文化が、ドイツに「感染」すると恐れていたからでもある。なお、ソ連は1939年にフィンランドに戦争を仕掛けるが、冬戦争と呼ばれるその戦いでフィンランド軍を相手に苦戦した。ソ連軍では戦いの前に大粛清が行われており、有能な人材が多く失われていた。ヒトラーが最終的にソ連侵攻を決断した理由のひとつは、冬戦争でのソ連軍の戦いぶりを見て、強いと言われるソ連軍も評判ほどではないようだ、と考えたからである。

■総力戦

バルバロッサ作戦は、それまでの戦史に例を見ない規模の陸上作戦となった。それは、西ヨーロッパとは違ってソ連が広大だったからだ。ドイツ軍は、東プロイセン、ポーランド、ハンガリー、ルーマニアの東部国境から侵攻を開始しているが、バルト海から黒海に至る国境線の長さは1600キロメートルにおよんだ。モスクワはモスクワ・ハ

バルバロッサ作戦
1941年6月22日-11月
― ドイツ軍の進撃経路
■ 6月22日のソ連軍の配置
● ソ連軍部隊が包囲された地域
← ソ連軍の反撃経路
― 8月末のドイツ軍の前線
― 10月のドイツ軍の前線
■ 10月のソ連軍の配置

バルバロッサ作戦
この一大侵攻作戦において、ドイツ軍が攻略目標としていた都市ははるか遠方に位置していた。しかしロシアの大地は草原や湿地、沼沢地が混在し、さらに河川が縦横に流れており、行軍は容易ではなかった。また兵站線が長く延び、補給にも苦労した。ベロルシア南部とウクライナ北部にはプリピャチ湿原が広がっていた。作戦後半に入るとこの地帯でパルチザン活動が活発になった。

THE THIRD REICH
1933-1945

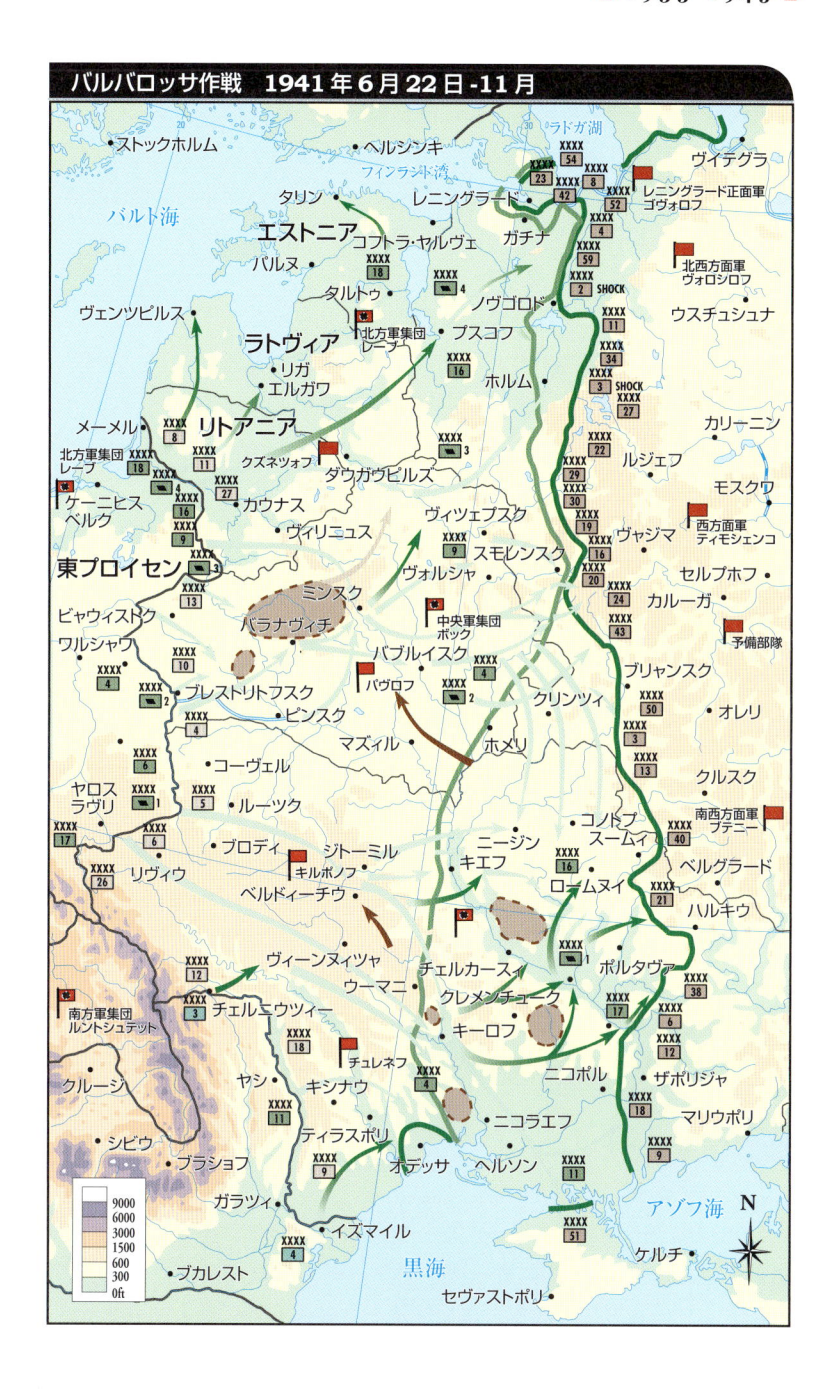

バルバロッサ作戦　1941年6月22日-11月

イウェイ沿いに東へ 1300 キロメートル、ウクライナ方面の要衝はそれよりさらに遠方に位置していた。そのためソ連との戦いでは、西ヨーロッパ諸国との戦いのように短期に決着をつけるというわけにはいかなかった。そのため兵站がより重要となった。

途方もなく広い土地を攻略するために、ドイツ軍は3つの軍集団を編制し、各軍集団の攻略目標を定めた。まず北方軍集団は、東プロイセンから侵攻を開始し、北東のリトアニア、ラトヴィア、エストニアへと部隊を進め、そこからロシア北部へ入り、レニングラードを目指す。中央軍集団は、ポーランドから国境を越え、ベロルシアを抜けてロシアへ入り、スモレンスクを経由してモスクワへ向かう。南方軍集団はウクライナ、キエフ、ハリコフ、それにクリミア半島とカフカス地方の攻略を目標とした。

バルバロッサ作戦は 1941 年 6 月 22 日に開始されたが、ドイツ軍は各戦線において次々とソ連軍を撃破していった。そして半年とたたないうちにモスクワ近郊に迫り、レニングラードを包囲し、南部ではキエフとハリコフを占領した。

ところが、12 月に入るとロシアの大地が凍り、ドイツ軍は思うように部隊を進めることができなくなった。さらに、ソ連軍が大反撃を開始したため、モスクワに迫っていた部隊をはじめ各戦線のドイツ軍部隊は大きく押し戻された。しかしソ連軍の反撃は長くは続かず、勢いは急速に衰えてゆき、1942 年に入るとドイツ軍が再び攻勢に出た。

■広がる占領地域

1942 年、ドイツ軍は「青作戦」を発動してウクライナ東部へ進攻し、さらにスターリングラードまで進んでいる。ドイツの東方における占領地域は、この作戦時に最も

南部進攻の失敗
1942 年、ドイツ軍は油田の奪取を目指し、遠くカフカスまで軍を進めた。しかし 1943 年初めにスターリングラードのドイツ軍が敗北し、ソ連軍の西方への進撃が始まると、カフカスのドイツ軍は包囲されるおそれが出てきたため、やむなく撤退した。その後もソ連軍の攻勢を受けて後退を続け、兵力を消耗しながら、ついにはバルバロッサ作戦を開始した国境線まで押し戻された。

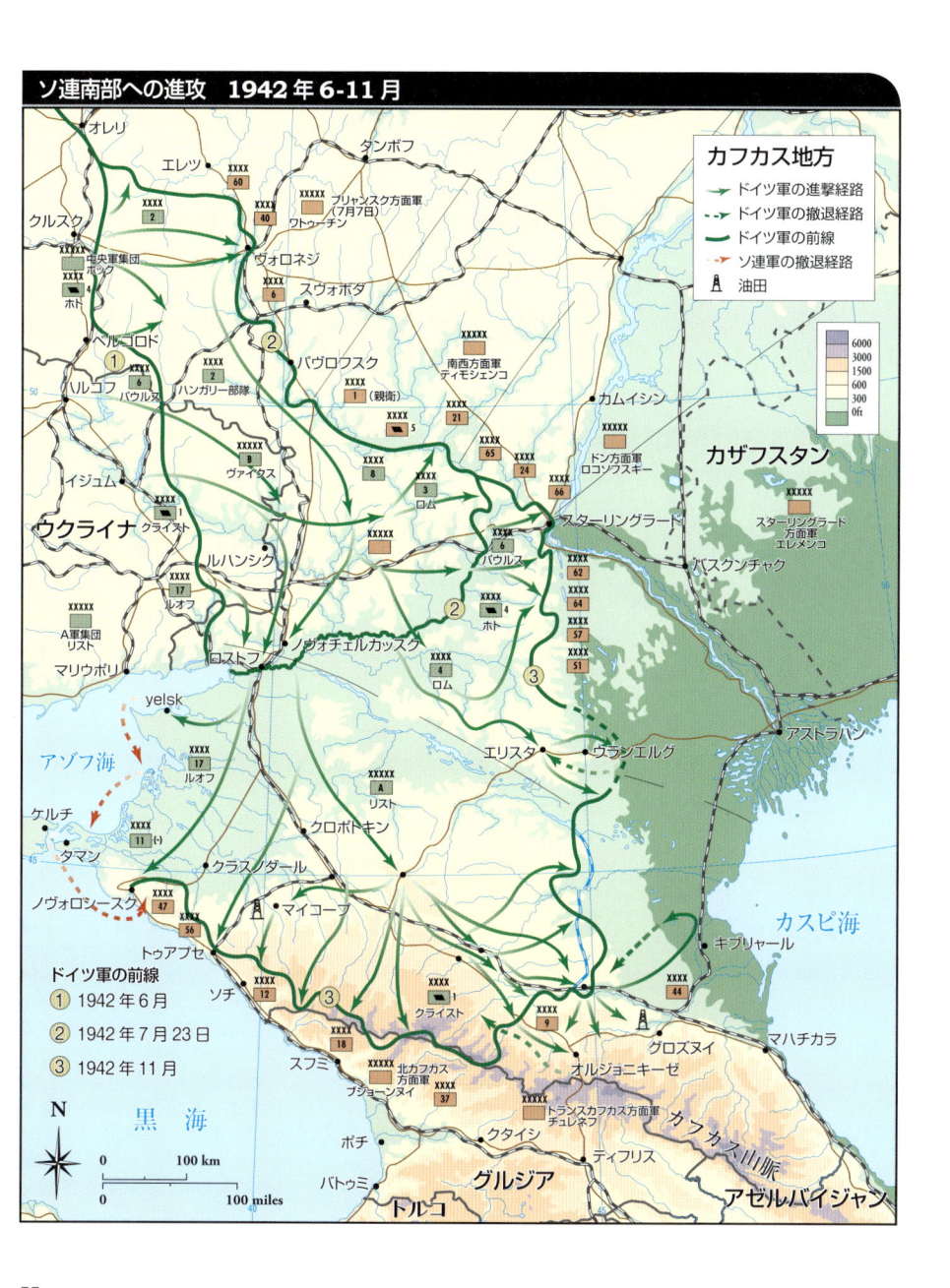

THE THIRD REICH
■ 1933-1945 ■

ソ連南部への進攻　1942年6-11月

カフカス地方
- → ドイツ軍の進撃経路
- --→ ドイツ軍の撤退経路
- — ドイツ軍の前線
- --→ ソ連軍の撤退経路
- ⛽ 油田

ドイツ軍の前線
- ① 1942年6月
- ② 1942年7月23日
- ③ 1942年11月

広がった。ドイツは軍事作戦の遂行と平行して、広大な占領地域を統治する体制を整えていった。

■帝国弁務官区

ソ連侵攻後に占領した地域は、「大ドイツ国」を形成する新たな領土として、オストラント帝国弁務官区とウクライナ帝国弁務官区というふたつの行政区に分けられ、アルフレート・ローゼンベルクが大臣を務める東方占領地域省の管轄下に置かれた。

オストラント帝国弁務官区は、1941年7月17日の総統令に基づいて設けられ、ヒンリヒ・ローゼがオストラント帝国弁務官に就任した。バルト諸国、ポーランド東部、ベロルシア西部、ウクライナの一部からなるこの地区は、効率的に統治するために、さらにいくつかの行政単位に分けられていた。まず、エストラント（エストニア）総監督区、レットラント（ラトヴィア）総監督区、リタウエン（リトアニア）総監督区、ヴァイスルテニエン（ベロルシア）総監督区の4つの総監督区に分けられ、地区の長としてそれぞれに総監督官が置かれた。そして総監督区の下にさらに主監督区と監督区が設けられ、それぞれに主監督官、監督官が置かれた。

オストラント帝国弁務官区は民政地区とされたが、軍事戦略上重要な地域だったため、実際には、行政におけるさまざまな権限を軍が握っていた。また、ユダヤ人政策とパルチザン対策においては、親衛隊が強い権限を有していた。

親衛隊が指揮する特別行動隊は、オストラント帝国弁務官区においても、ユダヤ人の大量殺害を行っている。ドイツは、ドイツ人とドイツ国外に居住する民族ドイツ人を、バルト諸国などの東方地域へ入植させる東方植民政策を進めていた。ユダヤ人大量殺害という忌まわしい行為は、そ

占領地域の統治
ドイツは、地域によって異なる方法で統治した。いくつかの地域には軍政を敷いた。もともとドイツ領だった地域やドイツ系住民が多く暮らす地域は、併合して帝国大管区を置いた。なお、ドイツが同盟を結んだ国々は、南部、南東部、北部からドイツを囲むように位置しており、緩衝地帯としての役割も果たしていた。

THE THIRD REICH
1933-1945

の政策の一環として、ドイツ人入植者のための土地や住居を確保するために行われたものでもあった。

■ウクライナ帝国弁務官区

ウクライナ帝国弁務官区は、ドイツの占領下に入った

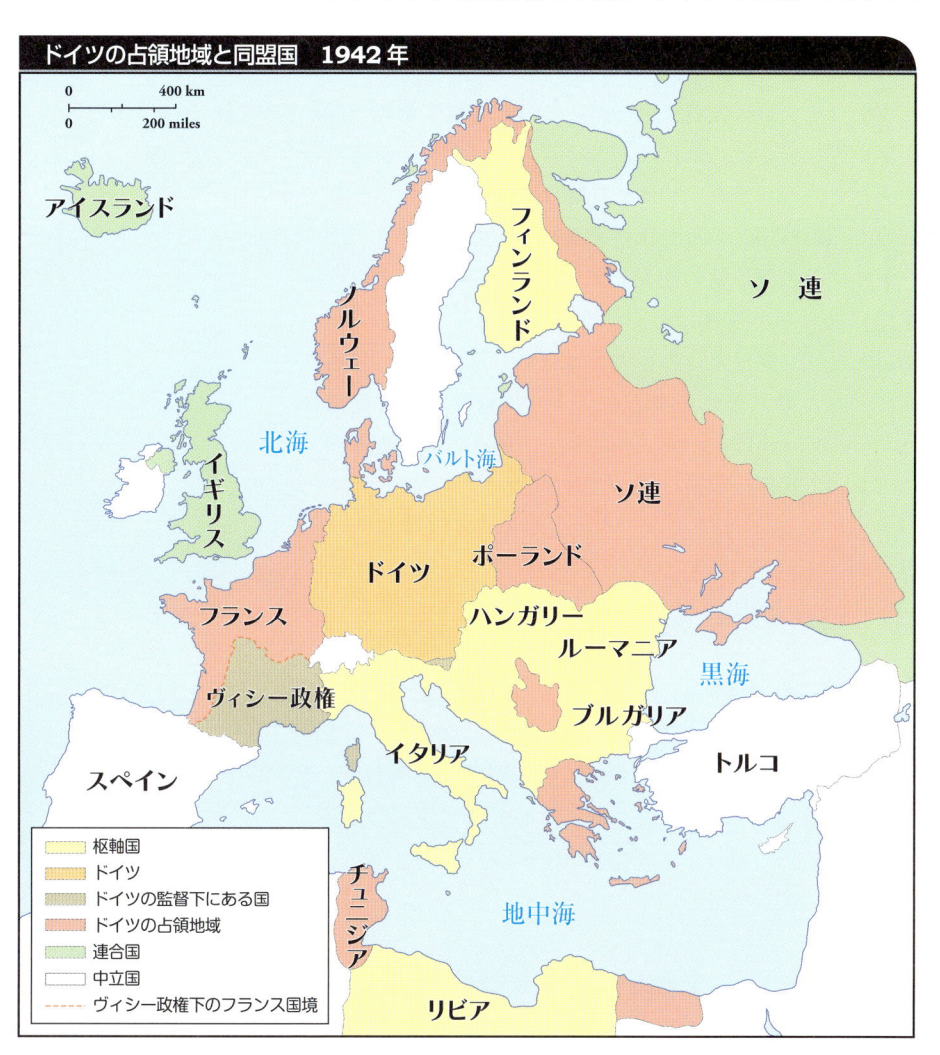

ドイツの占領地域と同盟国　1942年

凡例：
- 枢軸国
- ドイツ
- ドイツの監督下にある国
- ドイツの占領地域
- 連合国
- 中立国
- ヴィシー政権下のフランス国境

ウクライナの地域からなっていた。この地区の面積は、1943年のはじめには、34万7042平方キロメートルにまで広がり、人口は1700万人に増加した。ウクライナ帝国弁務官にはエーリヒ・コッホが就任した。そしてオストラント帝国弁務官区と同様に、総監督区、主監督区、監督区に分けられた。総監督区は、キエフ、ドニプロペトロフスク、ジトーミル、ニコラエフ、ヴォリニア、ポドリア、クリミアである。

　ウクライナ帝国弁務官区においても、行政の権限の多くを軍が握っていた。軍は1942年初頭に宗教への寛容策も導入している。また、特別行動隊はユダヤ人の殺害や強制収容所への移送といった任務を遂行した。

　ドイツは占領地域の拡大によってさらなる労働力と資源を手に入れた。ソ連のいくつかの工場地帯も手中に収めた。ただ、ソ連は多くの軍需工場をいち早く東部へ移転させていたため、それらの工場はドイツによる収奪を免れた。そしてソ連は領土奪回への戦いに備え、疎開させた工場において兵器の製造を続けた。

中央集権国家

> ドイツは1942年までに、ノルウェーから北アフリカ、フランスから黒海東岸部にわたる広大な地域を占領下に収めた。占領地域では既存の政治体制が作り変えられたが、それはドイツ本国においても同じであり、ナチスの政権獲得にともない、新しい政治体制が作り上げられた。

　これまでドイツの領土拡張の過程をたどってきたが、ここでは、ナチス政権下のドイツの政治体制について見てお

きたい。ナチスが政権獲得に向けて活動を展開していたヴァイマル共和政期、ドイツの政治情勢はたいへん不安定だった。当時ドイツでは、各州がそれぞれの思惑に従って政治権力を行使しており、それが国の政治に混乱を招くひとつの原因となっていた。

■中央集権

　ドイツはもともと、さまざまな王国や公国が集まって成立した連邦国家であり、各構成国は自治権を有していた。ヴァイマル共和政期に移ってもそのような体制は受け継がれ、各州がそれぞれ強い政治権力を持ち続けていた。また、州の政治には、地元の特定の階級や勢力の意向が、州議会を通じて強く反映されていた。ブランデンブルク、メクレンブルク、ポンメルン、東プロイセン、ザクセン、シュレジエンといった東北部の農業地域では、ユンカーと呼ばれる地主貴族が絶大な力を振るっていた。なお、軍や官界においても、ユンカー出身者は中心的な存在となっていた。一方、中部や西部の工業地域では、労働者階級が強い影響力を持っていた。

　ヒトラーは、州が各々の利益のためだけに動くような、国の内部がばらばらな状態では、ドイツは弱くなるばかりだと考えていた。そして彼は、ドイツがひとつにまとまり、ナチスの思想に基づいて動くことを望んでいた。

　ヒトラーは首相に就任すると、3つの法律を制定した。まず、1933年3月31日に「州と国家の同一化に関する第一法律」を、続いて4月7日に「州と国家の同一化に関する第二法律」を制定し、州の立法権を国に移すことなどを定めた。また、18名の地方長官を選定し、州行政の監督者として各州に送り込んだ。さらに1934年1月30日に「ドイツ国再建に関する法律」を制定して州議会を解

散させた。これらの法律によってすべての州は、中央政府に従属する機関として位置づけられることになった。

　ナチス政権下のドイツで実質的に地方行政を担っていたのは大管区である。その長は大管区指導者と呼ばれた。大管区は、ナチスの党の行政区として1926年に設けられたもので、初期のころは32の大管区が置かれていたが、その数は1945年までに42に増えた。

■帝国大管区

　1930年代後半に併合された地域には、帝国大管区と称される行政区が設けられた。ドイツと同じく州で構成される連邦国家だったオーストリアには、ウィーン帝国大管区をはじめ、ニーダードナウ、オーバードナウ、シュタイアーマルク、ケルンテン、ザルツブルク、ティロル＝フォアアールベルクという7つの帝国大管区が設けられた。なお、オーストリアではドイツとの合邦によって、オーストリアという名称はしだいに消されていった。例えば、オーストリアの各州の名称は、各帝国大管区の名称としてそのまま使用されたが、オーバーオーストリアとニーダーオーストリアという州の名称は、オーバードナウとニーダードナウに変更された。ズデーテンラントはほぼ全域がひとつの帝国大管区となり、ポーランドにも、1939年の侵攻後にふたつの帝国大管区が設けられた。

■ドイツの人口

　ドイツは、周辺地域を併合したことにより人口が増加した。その数は1941年8月には7300万人になり、最終的には9000万人にまで増えた。併合地域の住民は貴重な労働力となった。ドイツ本土では、併合地域の人びとを出

再編
地図は、1944年時点の大管区と帝国大管区を示している。この後ソ連軍によって、東部からしだいに占領されてゆく。そのためドイツの人口は大きく減少した。占領された地域のひとつであるヴァルテラント帝国大管区は、1939年の時点でザクセン大管区などに次ぐ460万の人口を擁していた。なお、オストプロイセン大管区も人口の多い地域だったが、1945年初め、住民の多くがソ連軍を恐れて西へ逃れている。

THE THIRD REICH
1933-1945

大管区と帝国大管区　1944年

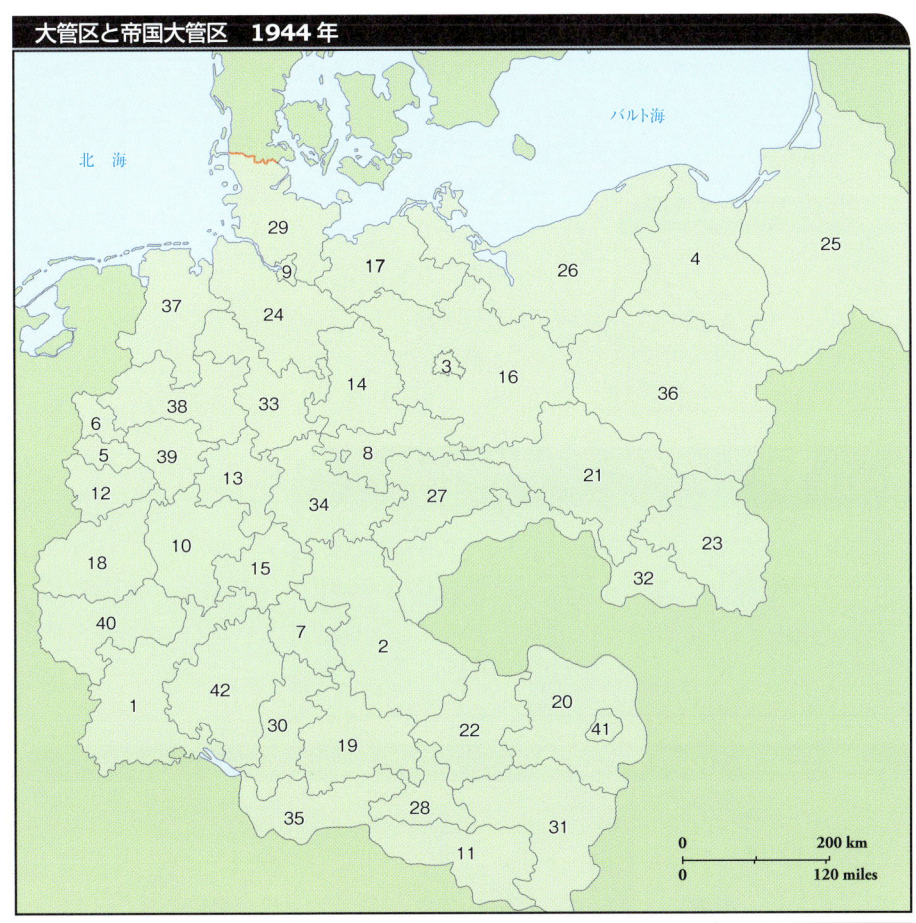

1　バーデン大管区	16　マルク＝ブランデンブルク大管区	30　シュヴァーベン大管区
2　バイエルン＝オストマルク大管区	17　メクレンブルク大管区	31　シュタイアーマルク帝国大管区
3　ベルリン大管区	18　モーゼルラント帝国大管区	32　ズデーテンラント帝国大管区
4　ダンツィヒ＝ヴェストプロイセン帝国大管区	19　ミュンヘン＝オーバーバイエルン大管区	33　ジュートハノーヴァー＝ブラウンシュヴァイク大管区
5　デュッセルドルフ大管区	20　ニーダードナウ帝国大管区	34　テューリンゲン大管区
6　エッセン大管区	21　ニーダーシュレジエン大管区	35　ティロル＝フォアアールベルク帝国大管区
7　フランケン大管区	22　オーバードナウ帝国大管区	36　ヴァルテラント帝国大管区
8　ハレ＝メルゼブルク大管区	23　オーバーシュレジエン大管区	37　ヴェーザー＝エムス大管区
9　ハンブルク大管区	24　オストハノーヴァー大管区	38　ヴェストファーレン＝ノルト
10　ヘッセン＝ナッサウ大管区	25　オストプロイセン大管区	39　ヴェストファーレン＝ジュート
11　ケルンテン帝国大管区	26　ポンメルン大管区	40　ヴェストマルク大管区
12　ケルン＝アーヘン大管区	27　ザクセン大管区	41　ウィーン大管区
13　クルヘッセン大管区	28　ザルツブルク帝国大管区	42　ヴュルテンベルク＝ホーエンツォレルン大管区
14　マクデブルク＝アンハルト大管区	29　シュレスヴィヒ＝ホルシュタイン大管区	
15　マイン＝フランケン大管区		

稼ぎ労働者として受け入れる場合もあったし、強制的に本土へ連行する場合もあった。

　ドイツの人口は、20世紀に入ってから増加してはいたものの、30歳以下の人口比率は低下傾向にあった。10歳から20歳までの人口を例にとってみると、1910年の時点では全人口の20.3パーセントを占めていたが、1934年には15.8パーセントに低下し

男性の人口　1939年	
年齢	人口
15-20	3,137,429
21-34	8,885,775
35-44	5,695,510
45-65	6,902,034

ドイツに編入された地域とポーランド総督府領の人口 1941年9月	
地域名	人口
エルザス	1,300,000
ポーランド総督府領	約17,000,000
ロートリンゲン	約700,000
ルクセンブルク	290,000
ニーダーシュタイアーマルク、南ケルンテン、オーバークライン	約700,000
計	20,000,000

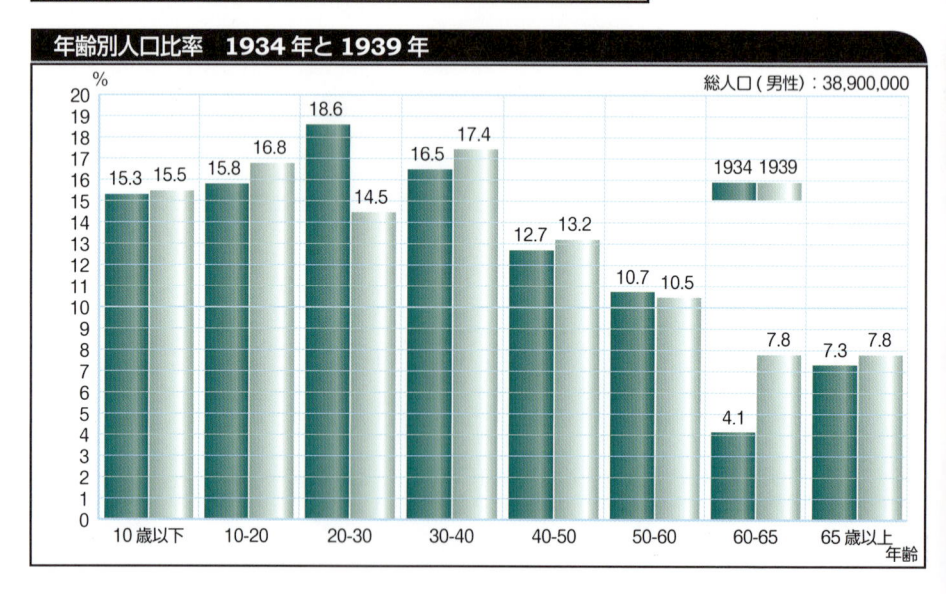

年齢別人口比率　1934年と1939年

総人口(男性)：38,900,000

年齢	1934	1939
10歳以下	15.3	15.5
10-20	15.8	16.8
20-30	18.6	14.5
30-40	16.5	17.4
40-50	12.7	13.2
50-60	10.7	10.5
60-65	4.1	7.8
65歳以上	7.3	7.8

大管区と帝国大管区の人口（単位 100万人） 1939年

大管区	人口
バーデン大管区	2.5
バイエルン＝オストマルク大管区	2.3
ベルリン大管区	4.4
ダンツィヒ＝ヴェストプロイセン帝国大管区	2.3
デュッセルドルフ大管区	2.3
エッセン大管区	1.9
フランケン大管区	1.1
ハレ＝メルゼブルク大管区	1.6
ハンブルク大管区	1.7
ヘッセン＝ナッサウ大管区	3.1
ケルンテン帝国大管区	0.5
ケルン＝アーヘン大管区	2.4
クルヘッセン大管区	1.0
マクデブルク＝アンハルト大管区	1.8
マイン＝フランケン大管区	0.8
マルク＝ブランデンブルク大管区	3.0
メクレンブルク大管区	0.9
モーゼルラント帝国大管区	1.4 （1942年までコブレンツ＝トリーア大管区）
ミュンヘン＝オーバーバイエルン大管区	1.9
ニーダードナウ帝国大管区	1.7
ニーダーシュレジエン大管区	3.3
オーバードナウ帝国大管区	1.1
オーバーシュレジエン大管区	4.3
オストハノーヴァー大管区	1.1
オストプロイセン大管区	3.3
ポンメルン大管区	2.4
ザクセン大管区	5.2
ザルツブルク帝国大管区	0.3
シュレスヴィヒ＝ホルシュタイン大管区	1.6
シュヴァーベン大管区	0.9
シュタイアーマルク帝国大管区	1.1
ズデーテンラント帝国大管区	2.9
ジュートハノーヴァー＝ブラウンシュヴァイク大管区	2.1
テューリンゲン大管区	2.4
ティロル＝フォアアールベルク帝国大管区	0.5
ヴァルテラント帝国大管区	4.6
ヴェーザー＝エムス大管区	1.8
ヴェストファーレン＝ノルト	2.8
ヴェストファーレン＝ジュート	2.7
ヴェストマルク大管区	1.9
ウィーン大管区	1.9
ヴュルテンベルク＝ホーエンツォレルン大管区	3.0

た。1939年は16.8パーセントだった。0歳から10歳までの人口比率も同様の傾向だった。若年層の人口比率の低下には、第一次世界大戦とそれに続く社会、経済の混乱が大きく関係していたと考えられる。第三帝国が千年も続くことを夢見ていたヒトラーは、このような状況をたいへん憂慮していた。

　ドイツの人口に関する事柄をもうひとつ紹介しておく。ドイツの都市部で生活する人の割合は、例えば1871年では全人口の5.4パーセントだった。定住者の数は10万人である。それが1925年には26.6パーセント、1939年には31.6パーセントにまで増加した。とくにナチスが政権に就いてから都市部の人口が大幅に増えた。それは、ナチスの経済政策によって都市部を中心に雇用が生まれ、労働者が流入したからである。

占領と搾取　1939年-1945年

> 1939年から1945年にかけて、多くの国や地域がドイツの占領下に置かれ、そこに暮らしていた人びとの生活はさまざまに変化した。人によっては占領前とさほど変わらない生活を送ることができた。しかし一方で、奴隷のような境遇に陥る者もいた。

　ヒトラーは、1941年7月16日に開かれた国防軍最高司令部の会議の席で、占領した地域に関し次のようなことを語っている。この時期、ドイツはすでにソ連西部の広い地域を占領していた。

「獲得した土地はまず平定し、つぎに管理する体制を整

え、その後、ドイツ国のために役立てる。我々は、巨大なケーキを上手にドイツ国のものにしてゆかなければならない」

「巨大なケーキ」をドイツ国のものにするとは、占領地域の人や工業原料、天然資源を、ドイツのために利用し尽くすということである。

■占領地域の環境

　占領地域の人びとが置かれていた環境はさまざまだったが、基本的に西ヨーロッパの人びとは、スラヴ人など東方地域の人びとのように差別的な扱いを受けることはなかった。西ヨーロッパでは、住民や宗教や土地の政府に対する、ナチスや軍の姿勢は違っていた。とはいえ、西ヨーロッパの人びとも、かなり理不尽な目にあってはいたようだ。フランスでは、ドイツ兵士が軍用手票を使用して、肉、野菜、酒などの食料品から革製品といったものまで買い占めてしまうため、物価が高騰し、住民の暮らしを圧迫した。ガソリンは、軍や工場へ優先的に供給されたため、一般にはほとんど手に入らなかった。また運転免許証の発行が制限され、パリでも7000人が発行を受けたにすぎなかった。それに免許証が発行されたとしても、ガソリンが無いのだから、結局たいていの人は車を使用することができなかった。アテネのタクシー運転手などは、人力車のように自ら車を引っぱって営業を続けた。また夜間は外出禁止令が出されていたため仕事をすることができなかった。

　占領地域では住民が1日に摂取する食物のカロリー量が大幅に減少した。フランスの成人男性の場合、占領前は1日に平均2500キロカロリーの食物を摂取していたが、1941年には1500キロカロリーにまで減った。戦争後期に入り、連合国軍による空爆が始まるころには摂取量はさ

らに減少した。

　極度の栄養不足と飢えに苦しんだ地域もあった。ギリシアでは、1400万の家畜と何千トンもの農作物が徴発された結果、住民が飢餓状態に陥った。1941年から1942年にかけての冬には、伝染病が蔓延したこともあり、20万人以上が命を落としている。ギリシアでは、イギリス海軍の海上封鎖による食糧補給路遮断によって飢餓が発生したこともあった。オランダでは戦争末期に3万人の餓死者が出た。

　ポーランド、ベロルシア、ロシア西部、ウクライナといった東方地域では、ドイツは非情な行為を繰り返した。例え

ポーランド総督府の行政区画　1940年

行政区名		行政区	
ガリシア地区 (中心都市レンベルク)	ブジュジャニ チョルトコフ ドロホビッチ ゴロデンカ カルッシュ カミオンカ コロメア レンベルク・グルデク レンベルク ラワ＝ルスカ ザンボル スタニスラフ ストルイ テルノポリ ゾーロチウ	ルブリン地区 (中心都市ルブリン)	ビャワ・ポドラスカ ビウゴライ ヘウム フルビエシュフ ジャヌフ・ルベルスキ クラスニスタフ ルブリン プワヴィ ラジン ザモシチ
		ラドム地区 (中心都市ラドム、キエルツェ、チェンストホヴァ)	ブスコ イェンドジェユフ イウジャ キエルツェ コンスキエ オパトゥフ ピオトルクフ ラドム ラドムスコ トマショウ
クラクフ地区 (中心都市クラクフ)	デンビツァ ヤロスワフ クラクフ クロスノ ミエフフ ノイマルクト ノヴィ・ソンチ プシェムイシル ジェシュフ サノク タルヌフ	ワルシャワ地区 (中心都市ワルシャワ)	ガルヴォリン グルジェツ ウォヴィッチ ミンスク オストルフ シェドルツェ ソハチェフ ソコウフ ワルシャワ

ばドイツ国民の住居を確保するために、各地の町や村の住民を家から追い出した。凍てつくような寒さのなかでも容赦しなかった。また、村人らのパルチザン活動に対する報復として、村を破壊することもあった。場合によっては村人を残らず殺害した。ベロルシアでは、5000とも9000ともいわれる家屋を壊し、600もの村々において村人を虐殺している。こうした行為は、武装親衛隊ばかりでなく

ドイツの行政区　1942年12月

民政地区

- ビアウィストク民政地区
- エルザス民政地区（ストラスブルク）
- ケルンテン及びクライン民政地区（クラゲンフルト）
- ロートリンゲン民政地区（メス）
- ルクセンブルク民政地区
- ニーダーシュタイアーマルク民政地区（グラーツ）

軍政地区

- クレタ要塞軍政地区
- 南フランス軍政地区（リヨン）
- ベルギー＝北フランス軍政地区（ブリュッセル）
- フランス軍政地区（パリ）
- サロニカ＝エーゲ軍政地区
- セルビア軍政地区（ベオグラード）
- 南ギリシア軍政地区

帝国大管区

- アルペン＝ドナウ帝国大管区
- ダンツィヒ＝ヴェストプロイセン帝国大管区（グダニスク）
- ズデーテンラント帝国大管区（リベレツ）
- ヴァルテラント帝国大管区（ポーゼン）
- ヴェストマルク帝国大管区（ザールブリュッケン）

州

- アンハルト州
- バーデン州（カールスルーエ）
- バイエルン州
- ニーダーザクセン州
- ブレーメン州
- ハンブルク州
- ヘッセン州（ダルムシュタット）
- リッペ州
- メクレンブルク州（シュヴェリン）
- オルデンブルク州
- プロイセン州
- ザクセン州（ビュッケブルク）
- テューリンゲン州（ヴァイマル）
- ヴュルテンベルク州

帝国弁務官区

- オランダ帝国弁務官区（ハーグ）
- ノルウェー帝国弁務官区（オスロ）
- オストラント帝国弁務官区（リガ）
- ウクライナ帝国弁務官区（ロヴノ）

その他

- ポーランド総督府（クラクフ）
- ベーメン・メーレン保護領（プラハ）

軍によっても為されていた。軍は、1941年6月1日、東方での戦いを開始するにあたって兵士らに指導書を配布しているが、それには次のような一文が記されていた。「ドイツ国の国防軍あるいは民間人が、敵国の民衆に犯罪行為を行ったとしても、罪に問われることはない」

■資源獲得

ドイツは占領した土地にドイツ人を入植させることにしていたが、その際、ひとりのドイツ人入植者に対してふたりの地元の住民を、下働きとして付ける計画だった。例えばミンスクには5万人のドイツ人を入れ、そのドイツ人のもとで10万人の住民を働かせる予定だった。そして、下働きとして選んだ住民以外は移住させるか、食糧を与えずに、飢えやそれにともなう病気で死に至らせるか、直接殺害するつもりだった。この計画によって、ベロルシアでは1941年から1945年のあいだに住民の3分の1が亡くなった。ユーゴスラヴィアでは100万人が犠牲となっている。

資源に乏しい国だったドイツは、占領地域の各種資源を貪欲に自国のものにしていった。フランスでは、中部と南部の炭田と、豊富な鉄鉱石を埋蔵する東部一帯を押さえ、ポーランドでは石炭、鉄鉱石、鉛、亜鉛、それに石油精製工場と合成石油製造工場を、ベーメン・メーレン保護領ではマンガンなどを手に入れた。ソ連は、石炭、石油、鉄鉱石、銅、亜鉛といった天然資源はもちろん、牛、豚、羊、大麦、小麦、とうもろこし、からす麦といった農産物が豊富だった。また、こうした資源や工場のほかに各国の商船を接収した。フランスからは100万トン以上の商船を接収している。

ドイツにとっては、物的資源だけでなく人的資源も貴重

資源獲得
ドイツは占領下に置いた諸国に対し、さまざまな資源や戦争資金、労働力の提供を求めた。ドイツはとくに石油を望んだ。また、各種工場を接収した。接収した工場のうち主要なものは、国営企業「ヘルマン・ゲーリング国家工場」が運営した。

THE THIRD REICH
1933-1945

だった。経済力を維持し、戦争を継続するためには多くの労働力が必要だったからだ。ドイツは戦争中、じつに多くの人びとをドイツのための労働に従事させた。

ドイツ及び同盟国の占領地域の資源　1940-1945年

凡例
- 枢軸国とその占領地域（1942年）
- 炭田と工業地帯
- その他の工業地帯
- 石油精製工場
- 合成石油製造工場
- 戦争による各国の損害額（単位　100万ライヒスマルク）　7,716
- ドイツが接収した商船のトン数（単位　1,000トン）　170

天然資源
- 鉛
- クロム
- 亜鉛
- 鉄鉱石
- ボーキサイト
- マグネサイト
- 亜鉛
- 石油
- 銅
- マンガン

主要地名・数値：
- ノルウェー 1,278 / 951.8
- スウェーデン（中立）
- フィンランド 126
- デンマーク 488.1
- ソ連 8,883 / 10.6
- イギリス 99.9
- オランダ
- ドイツ 7,716 / 417.2
- ベルギー 4,517 / 75.8
- フランス 25,848 / 1,047.7
- スイス（中立）
- オーストリア
- ハンガリー 51
- ルーマニア 12
- ユーゴスラヴィア 678 / 46.1
- ブルガリア 27
- イタリア 1,432
- アルバニア 29
- ギリシア 3,758 / 170
- トルコ（中立）

0　400 km
0　200 miles

■ **外国人労働者**

　外国人労働者の数は年々増えていった。1944年には、工場や農場で働く外国人は、一般労働者が530万人、捕虜が180万人となり、ドイツの全労働者の24パーセントを占めていた。戦争期間を通した外国人労働者の数は、合計で1200万人にのぼった。外国人労働者はおもに、採鉱や建設といった肉体労働に従事したが、まれに、科学や工学分野の仕事に就く者もいた。

　外国人労働者は、4つの労働者集団に分類されていた。そのひとつは、枢軸国やノルウェー、デンマークなどの占領地域から、出稼ぎ労働者としてやって来るドイツ系の外国人労働者の集団である。ドイツ系労働者は優遇され、丁寧な扱いを受けていた。その割合は全外国人労働者のうちの数パーセントで多くはなかった。外国人労働者の大部分を占める残りの集団は、ソ連をはじめとする東方地域出身の労働者集団と、そのほかの地域出身の労働者集団、そして戦争捕虜の集団だった。これらの外国人労働者のなかに

外国人労働者数　1945年1月

国名	労働者	捕虜	政治犯	計
バルト諸国	130,000	—	—	130,000
ベルギー	183,000	63,000	8,900	254,900
ブルガリア	2,000	—	—	2,000
チェコスロヴァキア	140,000	—	—	140,000
オランダ	274,000	—	2,300	276,300
ギリシア	15,000	—	—	15,000
ハンガリー	10,000	—	—	10,000
イタリア	227,000	400,000	—	627,000
ルクセンブルク	14,000	—	1,000	15,000
ポーランド	851,000	60,000	—	911,000
ルーマニア	5,000	—	—	5,000
ロシア	1,900,000	600,000	11,000	2,511,000
ウクライナ	764,000	750,000	—	1,514,000
ユーゴスラヴィア	230,000	—	—	230,000
その他	50,000	—	—	50,000
計	4,795,000	1,873,000	23,200	6,691,200

は、極めて過酷な労働環境に置かれる者もいた。強制労働に従事させられたすえ、死に至る者も少なくなかった。ポーランドの強制収容所では、ユダヤ人を中心とする何百万人もの囚人が労働により死亡している。ソ連兵捕虜は300万人が命を落とした。アウシュヴィッツ近郊のIGファルベン社の工場では、3万人が亡くなっている。IGファルベンのほか、シーメンス、BMW、ダイムラー・ベンツ、メッサーシュミットといったドイツの名立たる企業が、多くの外国人労働者を強制労働に従事させて利益を上げていた。

　外国人労働者の待遇はさまざまだったが、西ヨーロッパからの労働者は、基本的に賃金の支払いを受けていた。なかにはドイツ人労働者と同等の賃金を得る者もいた。ただし、外国人労働者にも所得税がかけられた。一方、東ヨーロッパからの労働者は、その多くが劣悪な環境のもと、無報酬で働かされた。賃金が支払われることもあったが、額は多くてもドイツ人労働者の賃金の半分程度だった。

■兵力の喪失

　ドイツは占領地域から多くの利益を得ていた。しかし占領地域の拡大は、利益と同時に、少なからぬ損害をドイツにもたらしてもいた。例えばドイツは、占領地域の住民から激しい抵抗を受けていた。住民による抵抗運動は各地で起こった。そしてその抵抗運動を鎮圧するために、軍は多くの兵力を割かなければならなかった。ユーゴスラヴィアではパルチザン対策のために35個師団を割いた。ソ連でも同規模の部隊をパルチザン対策のために回さなければならなかった。ソ連のパルチザンの数は1943年には15万人にまで膨らみ、各地で激しい活動を展開した。こうした抵抗の鎮圧のために、ドイツ軍の貴重な兵力が失われていった。

Bismarck

第3章 経済

　ヒトラーは多くの国民から支持されていた。その理由のひとつは、ヒトラーがドイツの経済を復活させたからだ。ヒトラーが政権に就いた1933年1月、ドイツはウォール街大暴落に端を発した経済不況のただなかにあり、失業者の数は600万人に達していた。しかしそれから6年後、その数は30万2000人にまで減少した。

　ヒトラーのもとでドイツの雇用状況は大きく改善され、失業による国民の不安は解消された。しかしその一方で、国民の経済活動は国によって統制され、労働者の権利は制限された。また、ヒトラーが進める軍備拡張によって、国家財政が健全さを失っていた。

ブロム・ウント・フォス社の造船所において、盛大なファンファーレとともに進水する戦艦〈ビスマルク〉。1939年、ハンブルク

経済と雇用 1933年-1939年

> 1933年、ヒトラーはドイツの経済再建に乗り出した。そして、折からの世界経済の回復も追い風となり、ドイツ経済は復興を果たした。

　1930年代はじめのドイツ社会は、たいへん深刻な状況に置かれていた。失業者の数は600万人に達し、農村の人びとの生活は窮迫していた。銀行は経営が厳しく、大きな事業などへの融資は不可能な状態だった。また、輸入超過で貿易赤字が膨らみ、輸入資金は減少する一方で、工業原料などの物資を外国から購入することが困難になりつつあった。このようなありさまだったから、国民は国の経済が回復することを待ち望んでいた。

■シャハトの政策

　ヒトラーもまた、ドイツ経済の早急な回復を望んでいた。ヒトラーのさまざまな計画、とりわけ軍備拡張計画を進めるためには、しっかりとした経済基盤がなければならないと考えていたからだ。

　経済再建のための政策の立案には、ヒトラーを中心として複数の専門家が携わった。そのうちのひとりが、ヒャルマル・シャハト博士だった。シャハトは、1933年にヒトラーから指名されてドイツ国立銀行総裁となり、その翌年、経済大臣に就任した。シャハトは有能な財政家であり、1920年代から1930年代はじめにかけてドイツの通貨を管理し、インフレ対策などで手腕を発揮していた。ただ、シャハトはナチスの党員ではなく、そのため政権内での立場は決して強いものではなかった。

シャハトは、過去の自らの経験に基づいて政策を立案し、実行に移していった。彼はまず、産業界への投資を呼び込むための金利の引き下げ、企業活動を促進するための税制改革を行った。財政難に陥っていた地方政府に対しては、借金の返済猶予を認めるという措置を取り、国が大量に株式を買い上げて株式市場の活性化を図った。

そして、失業者対策として公共事業を推進した。1934年から、公共施設の建設、道路の建設と修復、森林再生といった事業に巨額の予算を投じ、1934年の末までに170万人分の雇用を創出した。アウトバーンの建設も大々的に進められ、初年だけで8万4000人分の雇用が生まれた。こうした公共事業が大幅に増えたこともあり、国の予算は1933年から1936年のあいだに、全体で70パーセント増加した。

なお、ナチス政権下のドイツの労働者組織、ドイツ労働戦線（DAF）は、雇用の保障に努めることで、政府の失業者対策を支えていた。1933年、ナチスはヴァイマル共和政期からの労働組合をすべて非合法化し、それに代わるものとしてドイツ労働戦線を設立した。組織の指揮を執っ

ロベルト・ライ

ドイツ労働戦線全国指導者

生年月日	1890年2月15日
没年月日	1945年10月25日
生地	ヘッセン州ニーダーブライデンバッハ
没地	ニュルンベルク（自殺）
学歴	理学部卒業
職歴	1920年、IGファルベン社に入社
軍歴	戦闘機パイロットとして第1次世界大戦に従軍
ナチス入党年	1923年

ナチス入党後の主な経歴

1925年	南ラインラント大管区指導者に就任
1928年	プロイセン州議会議員に当選
1930年	国会議員に当選
1932年	組織全国指導者に就任
1933年	ドイツ労働戦線全国指導者に就任

ていたのはロベルト・ライである。労働戦線への加入は任意とされていたが、労働戦線の一員でない者は、仕事を得づらいなど就労において不利だったため、基本的に労働者は労働戦線に加わった。労働戦線は、労働者にある程度の賃金が支払われるよう調整し、労働時間を定めた。また、労働者用の娯楽施設の整備や従業員食堂の設置といった福利厚生の充実を図り、できる限り雇用を保障した。しかし

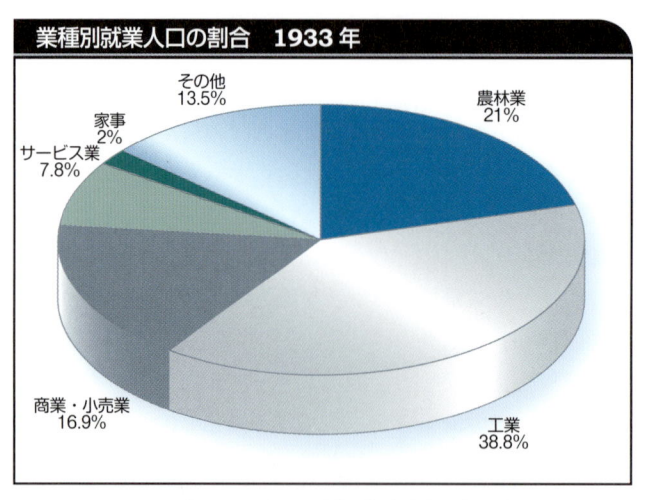

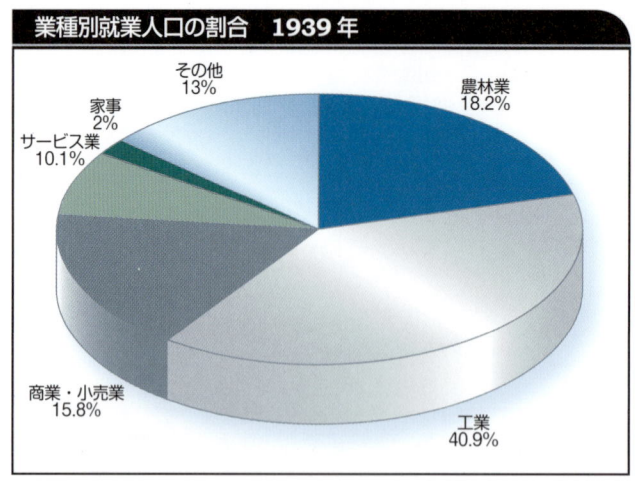

業種別就業人口の割合　1933年

- 農林業 21%
- 工業 38.8%
- 商業・小売業 16.9%
- サービス業 7.8%
- 家事 2%
- その他 13.5%

業種別就業人口の割合　1939年

- 農林業 18.2%
- 工業 40.9%
- 商業・小売業 15.8%
- サービス業 10.1%
- 家事 2%
- その他 13%

THE THIRD REICH
■ 1 9 3 3 - 1 9 4 5 ■

ドイツ労働戦線の成員数　1933 - 1942年

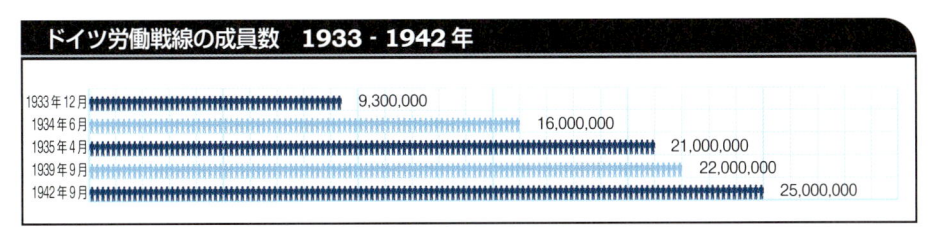

1933年12月	9,300,000
1934年6月	16,000,000
1935年4月	21,000,000
1939年9月	22,000,000
1942年9月	25,000,000

平均時給指数　1925-40年

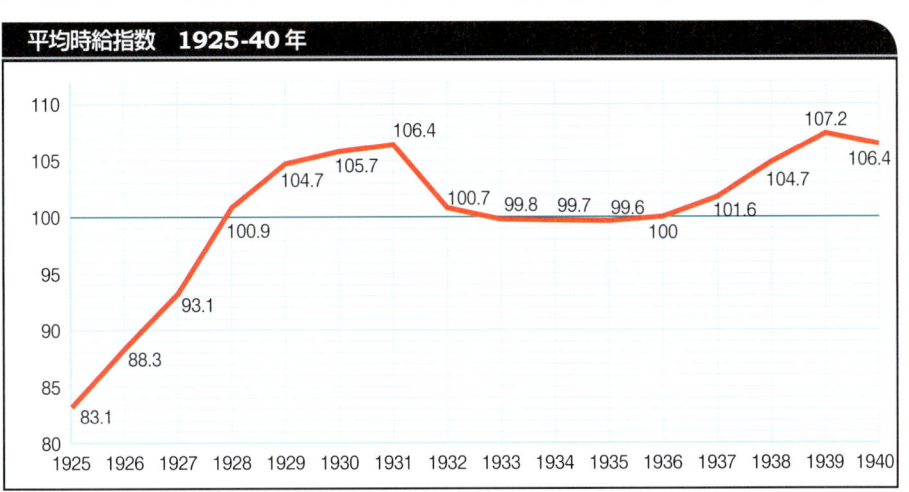

年	指数
1925	83.1
1926	88.3
1927	93.1
1928	100.9
1929	104.7
1930	105.7
1931	106.4
1932	100.7
1933	99.8
1934	99.7
1935	99.6
1936	100
1937	101.6
1938	104.7
1939	107.2
1940	106.4

平均週給指数　1925-40年

年	指数
1925	83.2
1926	85.1
1927	92.3
1928	102.2
1929	103.6
1930	99.2
1931	95.1
1932	88.5
1933	92.5
1934	96.7
1935	97.6
1936	100
1937	103
1938	107.5
1939	111.1
1940	110

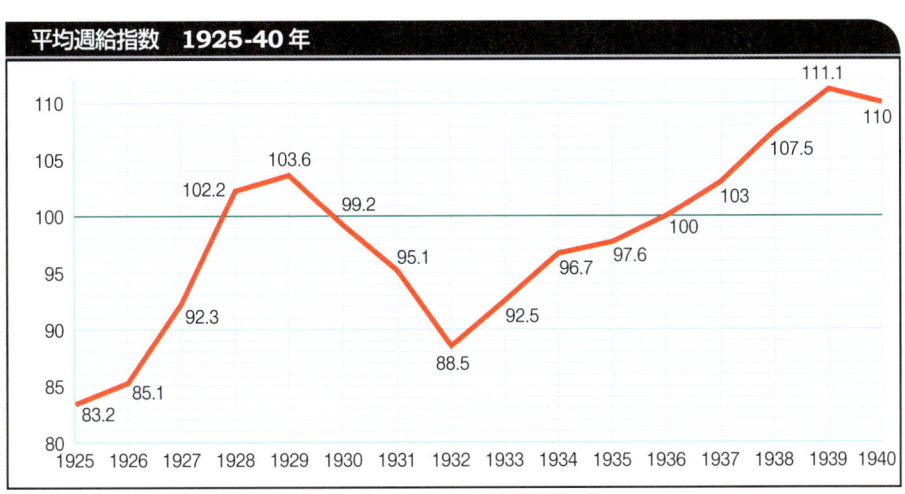

その代わりに、労働者に対して、与えられた仕事を忠実に行うことを強く求め、生産性の向上を目指した。

1934年には下部組織として国家労働奉仕団（RAD）が設立された。国家労働奉仕団は全国に労働管区を設け、18歳から25歳までの男性を6か月以上の労働奉仕活動に従事させた。労働奉仕団には女子部も存在した。戦争が始まると軍の後方支援も行い、対空砲部隊などを結成して実戦に加わることもあった。

■自給自足と軍備拡張

ドイツの経済は、失業者の数も1934年1月には330万人に、1936年1月には250万人にまで減少するなど、順調に回復していた。ところが、1930年代の半ばごろからシャハトとヒトラーは政策をめぐって衝突するようになった。

ヒトラーは、自身の政策として、自給自足経済（アウタルキー）の構築と軍備拡張を進めていた。ヒトラーが自給自足を目指そうと思ったのは、ドイツは輸入に依存する国であり、それがドイツの弱点のひとつと見ていたからだ。第一次世界大戦では、イギリス海軍による海上封鎖で輸入が止まり、ドイツは物資の不足に陥った。ヒトラーは、あらゆる工業原料や物資を自国で賄いたいと考えていた。しかしドイツは資源に乏しいため、自給自足を実現するにはじゅうぶんな資源を生み出す土地を獲得する必要があった。つまり、生存圏を拡大しなければならなかった。

この生存圏の拡大に向けた戦いを見据え、ヒトラーはもうひとつの政策、軍備拡張を進めていた。彼は、1936年8月に次のような言葉を書き留めている。「我々は、できる限り早く、ドイツ国の軍を世界一流の軍に作り上げなければならない。そうしなければ、ドイツ国の未来は失われ

る」

■ ヒトラーとの対立

　シャハトは、ヒトラーの政策にしだいに懸念を抱くようになった。まず、ヒトラーは経済活動の統制を進めていたが、もともと自由市場を志向するシャハトは、行き過ぎた統制はドイツ経済に好ましくないと考えていた。そして軍備拡張政策も問題視するようになった。というのも、軍備拡張のための予算が膨大な額にのぼり、国の財政を圧迫していたからだ。軍事費が国内純生産に占める割合は、

各軍の軍事費（単位　100万ライヒスマルク）1934-1939年

会計年度	陸軍	空軍	海軍
1934-1935年	815	642	496
1935-1936年	1,041	1,035	695
1936-1937年	2,435	2,225	1,161
1937-1938年	3,537	3,258	1,478
1938-1939年	9,465	6,026	1,756

消費財産業における男性労働者数の推移　戦前　1940年

業種	戦前	1940年6月1日
醸造業	71,742	56,720
窯業	57,013	44,202
衣類製造業	54,302	40,598
食品製造業	169,478	151,015
ガラス製造業	70,909	58,492
革製品製造業	126,515	87,437
冶金業	116,371	94,991
製紙業	43,987	35,047
印刷業	149,300	125,019
酒造業	17,571	21,891
製糖業	24,926	24,432
織物業	424,795	294,819
木工業	217,833	167,351

出典：Richard Overy, War and Economy in the Third Reich

1933年は6.3パーセントだったが、1936年には19.4パーセントに達した。また、ヒトラーが工業原料の自給を目指して進めていた合成石油の生産などはたいへんコストがかかった。ヒトラーが進める政策によって財政赤字は膨らむ一方だった。そのためシャハトはヒトラーに対して政策の見直しを求め、消費財産業への投資の強化や輸入の拡大を積極的に進めるべきだと訴えた。

このシャハトの訴えを、ヒトラーは一蹴した。そして1936年、自身の政策を「四カ年計画」としてまとめ、計画の全権責任者に腹心のヘルマン・ゲーリングを指名した。しかしゲーリングは経済に関してはまったくの素人だった。

■四カ年計画

自給自足経済と軍備拡張を柱とする「四カ年計画」は、1936年から1940年までのドイツの経済計画として発表された。この計画に異を唱えたシャハトは、閑職に追いやられることになった。一連の「大砲かバターか」の経済論議における勝者は、バターに資金を投じるべきと主張したシャハトではなく、ドイツに必要なのは大砲であるとするヒトラーとゲーリングだった。シャハトの理性的な判断は退けられ、軍事が優先されることになったのである。ゲーリングは1936年、次のように語っている。「諸君は大砲よりもバターを望むのか？ 我々は油脂よりも金属を輸入すべきではないのか？」

■財政危機

1937年、シャハトは経済大臣としてドイツの経済復興に尽力しながらも辞任に追い込まれ、代わってゲーリング

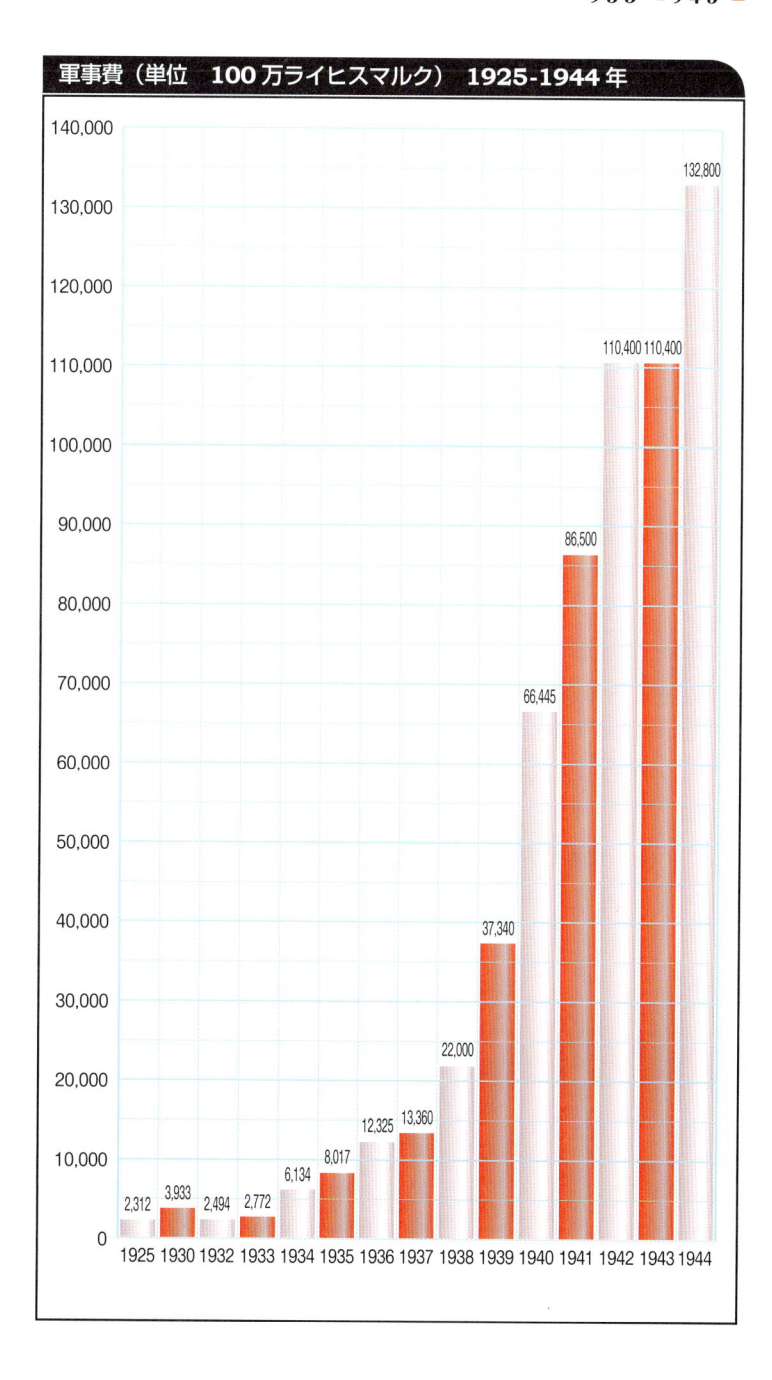

THE THIRD REICH 1933-1945

軍事費（単位 100万ライヒスマルク） 1925-1944年

年	軍事費
1925	2,312
1930	3,933
1932	2,494
1933	2,772
1934	6,134
1935	8,017
1936	12,325
1937	13,360
1938	22,000
1939	37,340
1940	66,445
1941	86,500
1942	110,400
1943	110,400
1944	132,800

が新しい経済大臣となった。その後ドイツは、シャハトが危惧していたとおりの方向へと向かっていった。1939年には、国家財政はいつ破綻してもおかしくないような状況に陥った。国の収支を見ると、収入は、1933年からの合計で620億ライヒスマルクだが、支出は1015億ライヒスマルクにのぼっている。ドイツは1939年に軍事侵攻に踏み切るが、それを決断するに至ったのは、財政上の理由もあったからではないだろうか。戦争は、財政赤字を解消するためのひとつの手立てであるからだ。ただ、「四カ年計画」が始動して以降、財政は悪化の一途をたどったものの、雇用状況は、巨額の財政支出が続けられたことによって引き続き改善されていった。失業者の数は、1937年1月には180万人、1938年1月には100万人に減少した。そして1939年には、公共事業などに加えて軍による大々的な新兵募集が行われたこともあり、その数は30万2000人にまで減り、ほぼ完全雇用が達成された。

■ブルーカラーとホワイトカラー

ナチスは、写真を使ってプロパガンダを行う際、ヒトラーが各界のお偉方やホワイトカラーと一緒に写っているものよりも、肉体労働者とともにいる姿を写した写真を好んで使用した。それは、総統もまたひとりの労働者である、ということを示すためだった。これはナチスの社会主義的な一面が表れている例である。また、ロベルト・ライは、ヒトラーをたたえる写真集『アドルフ・ヒトラー』（1936年）に次のような一文を寄せている。

「我々が行う仕事は、すべて民族共同体のための仕事である。よって仕事というのは尊いものである。そして、仕事というのはみな同等であり、その価値に何ら違いはない。

総支配人の仕事も、道路清掃人の仕事もともに立派である。大切なのは、どのような仕事に携わっているのであれ、しっかりと働くということだ。働かない者は、民族共同体において敬われることはない。そして働く者は、その仕事がいかなるものでも卑しまれることはない。肉体を使って働く者も、頭脳を使って働く者も、働く者は尊ばれるのである」

ライはこのように述べることで、ナチスはブルーカラーの仕事にもホワイトカラーの仕事と同等の価値を置いてい

各種労働者の徴兵数　1941年6月

労働者	徴兵数
農業労働者	1,114,986
建設労働者	584,588
一般労働者	604,928
金属加工労働者	827,363
運送労働者	485,897
ホワイトカラー	907,974
その他（学卒者など）	2,121,944

出典：Richard Overy, War and Economy in the Third Reich

失業者数の推移　1932-1939年

	1932	1933	1934	1935	1936	1937	1938	1939
1月	6,041,900	6,013,600	3,300,000	2,973,500	2,520,400	1,853,700	1,051,700	301,800
2月	6,128,400	6,000,900	3,372,600	2,764,100	2,514,800	1,610,900	946,300	196,300
3月	6,034,100	5,598,800	2,798,300	2,401,800	1,937,100	1,245,300	507,600	134,000
4月	5,739,000	5,331,200	2,608,600	2,233,200	1,762,700	960,700	422,500	93,900
5月	5,582,600	5,038,600	2,528,900	2,019,200	1,491,200	776,300	338,300	69,500
6月	5,475,700	4,856,900	2,480,800	1,876,500	1,314,700	648,400	292,000	48,800
7月	5,392,200	4,463,800	2,426,000	1,754,100	1,169,800	562,800	218,300	38,300
8月	5,223,800	4,124,200	2,397,500	1,706,200	1,098,400	509,200	178,700	33,900
9月	5,102,700	3,849,200	2,281,800	1,713,900	1,035,200	469,000	155,900	77,500
10月	5,109,100	3,744,800	2,226,600	1,828,700	1,177,400	501,800	163,900	79,400
11月	5,355,400	3,714,600	2,352,600	1,984,400	1,197,100	572,600	152,400	72,500
12月	5,772,900	4,059,000	2,604,700	2,507,900	1,478,800	994,700	455,600	104,400
平均	5,575,400	4,804,400	2,718,300	2,151,000	1,592,600	912,300	429,400	104,200

出典：Richard Overy, The Penguin Historical Atlas of the Third Reich

る、ということを示そうとしたのだろう。ところで、ドイツにおけるブルーカラーとホワイトカラーの数の変化を見ると、1928年から1939年のあいだでは、ブルーカラーの数は10パーセント、ホワイトカラーは25パーセント増えている。

　ホワイトカラーの方が数が伸びているが、その理由のひとつは、ナチスが政権に就いてから、国の管理、運営、会計などを行う公務員の大幅な増員を行ったからだ。数々の政策の実施と経済の活性化にともなって、中央においても地方においても、行政機関や司法機関の業務が拡大し、人員が必要となったのである。また各企業においても、経営規模の拡大によって管理職の数が増えた。収入について見てみると、1936年の場合、ホワイトカラーの平均収入の方がブルーカラーの平均収入より50パーセント多くなっている。ただし戦争が始まると両者の収入の差はしだいに無くなっていった。

　徴兵においては、1941年6月の場合、ブルーカラーは361万7762人が徴兵されている。一方ホワイトカラーは90万7974人である。ブルーカラーの方が圧倒的に多く召集を受け、兵役に就いていたことが分かる。

■女性労働者

　戦争が始まると、女性も重要な労働力となった。ただ、ヒトラーは女性が外に出て働くことを望んでいなかった。彼は1934年のニュルンベルク党大会において次のようなことを述べている。

　「公の場は、男性の世界である。そして男性は公の場において、共同体のために全身全霊を捧げなければならない。女性は、夫と子どものために尽くさなければならない。女

戦中の業種別労働者数（単位100万人） 1939-1944年

業種	1939	1940	1941	1942	1943	1944
農業	11.1	10	9.3	9.3	9	8.7
工業・運輸業	18.5	15.9	15.2	13.8	13.3	12.5
商業	4.6	3.7	3.4	3.1	2.9	2.7
サービス業	2.7	2.6	2.6	2.4	2.3	2.2
軍人	0.7	0.7	0.8	1.2	1.3	1.3
家事	1.6	1.5	1.5	1.4	1.4	1.4

農業と工業における女性労働者数 1925-1944年

年	農業	工業	計
1925	4,970,000	2,988,000	11,478,000
1933	4,649,000	2,758,000	11,479,000
1939	4,880,000	3,310,000	12,701,000
1940	5,689,000	3,650,000	14,386,000
1941	5,369,000	3,677,000	14,167,000
1942	5,673,000	3,537,000	14,437,000
1943	5,665,000	3,740,000	14,806,000
1944	5,756,000	3,636,000	14,897,000

業種別女性労働者数 1939-1944年9月

	1939	1940	1941	1942	1943	1944
農林業	4,880,000	5,689,000	5,369,000	5,673,000	5,665,000	5,756,000
工業	3,310,000	3,650,000	3,677,000	3,537,000	3,740,000	3,636,000
商業・小売業・運輸業	2,227,000	2,183,000	2,167,000	2,225,000	2,320,000	2,219,000
サービス業	954,000	1,157,000	1,284,000	1,471,000	1,719,000	1,748,000
家事	1,560,000	1,511,000	1,473,000	1,410,000	1,362,000	1,287,000

出典：Tim Kirk, Longman Companion to Nazi Germany

女性就業率 1939-1944年

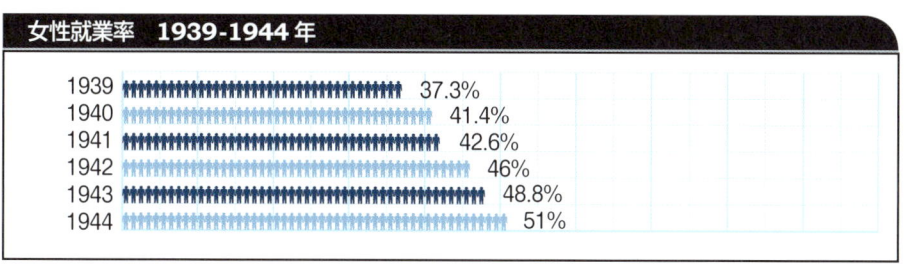

- 1939　37.3%
- 1940　41.4%
- 1941　42.6%
- 1942　46%
- 1943　48.8%
- 1944　51%

性の世界は家庭である。このふたつの世界に隔たりはない。男性と女性が互いに寄り添うように、ふたつの世界は寄り添い、相補って、完全な世界を形作るのである」

　ヒトラーは女性が家庭に居ることを理想としていた。しかし現実はヒトラーの思い通りにはいかなかった。戦争が始まると多くの女性が外に出て働くようになった。徴兵によって労働力が不足するようになったからだ。労働力はまず外国人労働者によって補われたが、それでも足りず、女性が動員されるようになった。女性の就業率は 1939 年は 37 パーセントだったが、1944 年には 51 パーセントに増加した。

　女性はおもにサービス業や事務、農村の仕事などに就いた。農村でも徴兵によって男性労働者の数が減り続けたため、女性は重要な働き手となった。

商業と工業　1933 年 -1945 年

> ドイツの商工業は、ナチス政権のもとで活気を取り戻していった。しかし、企業は自由に経済活動を行っていたわけではなく、みなナチスの統制下に置かれていた。

　ナチスが商工業に対して行った政策のひとつは、中産階級に所属する手工業企業の保護である。保護政策が進められたのは、社会のなかでひとつの勢力を形成していた手工業者からの支持を獲得したいという、ヒトラーの政治的な思惑もあったからだ。ナチスは保護政策のひとつとして、大型百貨店が新たな店舗を開くことを禁じ、営業内容にも制限を設けた。例えば、理髪サービスを提供したり、パン

や菓子を売ったりすることを禁じた。そうすることで地元の理髪店やベーカリーの営業活動を守ろうとした。なお、百貨店が規制の対象となったのは、百貨店の多くがユダヤ人によって経営されていたからでもある。また、各官公庁に対して、制服や備品などはそれぞれ地元の手工業者から購入するよう指導した。また、労働組合を非合法化して労使の協調を図った。

ただしナチスは、手工業者の技術については厳しく、1935年からは、マイスター試験に合格して免許状を取得している者にのみ営業を許可するようになった。

■大企業

ナチスは手工業企業の保護に力を入れていたが、ナチス

所得税、法人税、物品税の徴収総額（単位　100万ライヒスマルク）　1938-1943年

	1938	1939	1940	1941	1942	1943
所得税・法人税	8,186	12,227	14,490	19,185	21,808	21,954
物品税	3,356	3,734	3,929	4,148	4,160	4,177

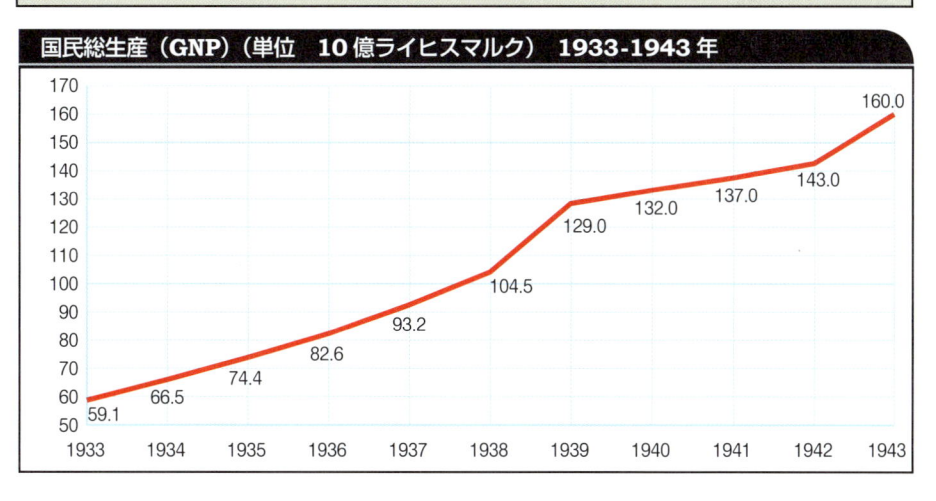

国民総生産（GNP）（単位　10億ライヒスマルク）　1933-1943年

1933	1934	1935	1936	1937	1938	1939	1940	1941	1942	1943
59.1	66.5	74.4	82.6	93.2	104.5	129.0	132.0	137.0	143.0	160.0

が国の企業のなかでもっとも重視していたのは、軍備拡張と自給自足経済を推進するうえで欠かせない、大企業だった。ゲーリングの指揮のもとに「四カ年計画」が始動すると、大企業に重きを置く姿勢はより顕著になった。リヒアルト・グルンベルガーは著書『第三帝国の社会史』のなかで次のような指摘を行っている。「ドイツの手工業企業の数は、1931年から1936年のあいだに20パーセント増加して165万社になった。ところがそれ以降は減少に転じ、戦争が始まる前までに全体の11パーセントの企業が姿を消した」

「四カ年計画」では、クルップ社、IGファルベン社、ティッセン社、マンネスマン社といった一部の大企業に集中的に投資が行われた。そして1936年には、産業製品の70パーセントがこれらの大企業や国営企業によって生産されるようになった。4年前を見るとその割合は40パーセント程度である。また、鉄鋼業界はゲーリングが設立した「ヘルマン・ゲーリング国家工場」によって牛耳られていた。この企業はドイツ国内のみならず、オーストリア、ポーランド、フランスでも工場経営を手がけていた。

各国の自動車生産量(単位 1,000台) 1925-1938年

	1925	1926	1927	1928	1929	1930	1931
フランス	177	192	191	224	248	222	197
ドイツ	56	42	106	133	140	85	70
イタリア	40	55	65	55	60	48	30
イギリス	153	180	212	212	239	237	225
アメリカ	4,266	4,301	3,401	4,359	5,358	3,356	2,390

	1933	1934	1935	1936	1937	1938
フランス	189	181	165	204	201	227
ドイツ	118	186	248	303	331	340
イタリア	40	45	48	45	71	67
イギリス	286	342	404	461	507	447
アメリカ	1,920	2,753	3,946	4,454	4,508	2,489

出典:Society of Motor Manufactures and Traders, The Motor Industry of Great Britain: 1938, League of Nations, Review of World Production, 1925-31

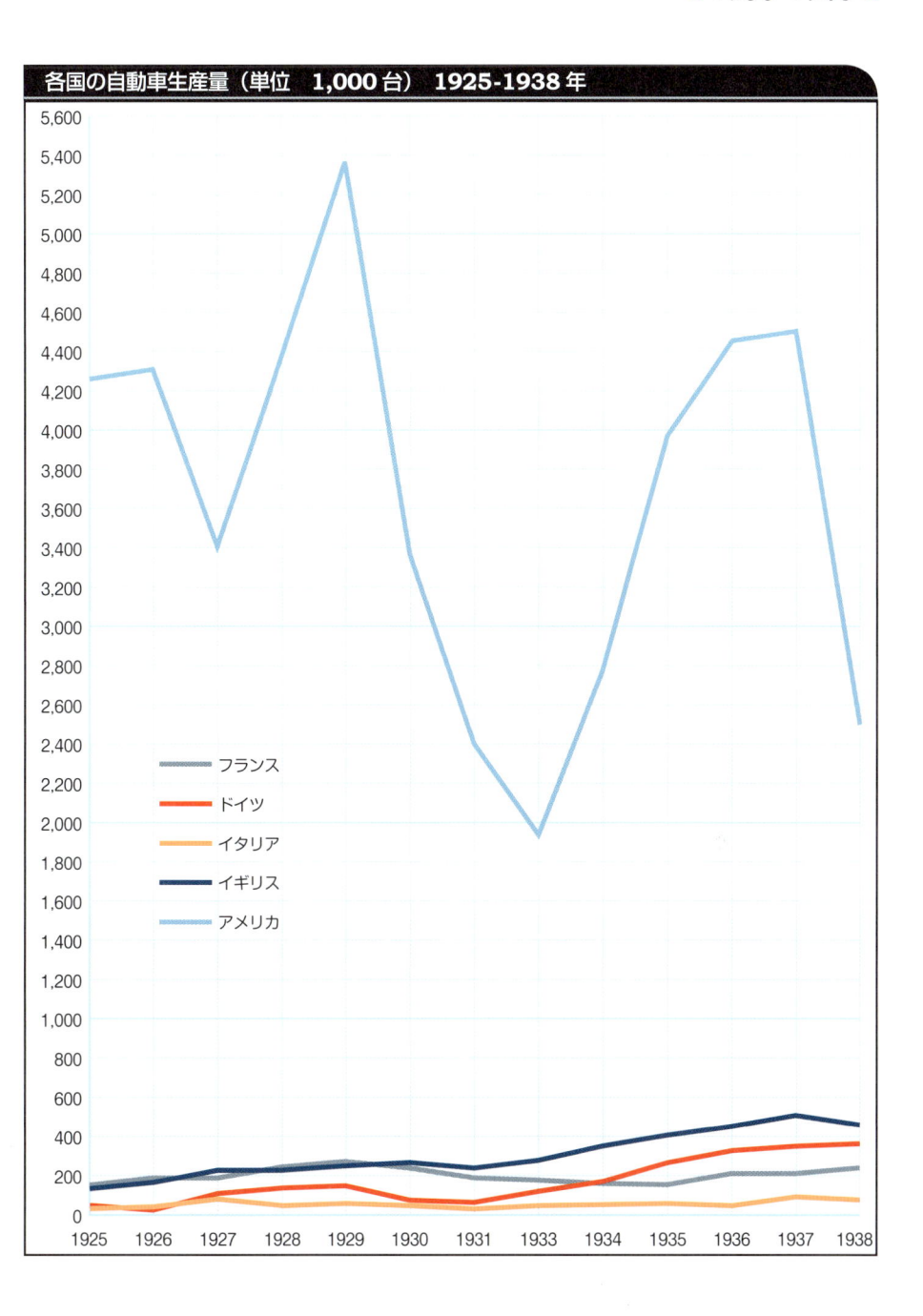

各国の自動車生産量（単位 1,000台） 1925-1938年

| | フランス | ドイツ | イタリア | イギリス | アメリカ |

ナチス政権下のドイツでは、一部大企業が市場を寡占していた。しかし、大企業は利益ばかりを得ていたわけではなかった。ナチスは「計画経済」体制を敷いていたソ連ほどではなかったが、経済活動の細部にまで干渉した。企業は国の政策に沿った設備投資や生産を行うよう強く求められ、合成石油製造といった非効率な事業も負わされた。そして年を経るにつれ、自給自足を実現するための工業原料の生産や軍需品生産をますます要求されるようになった。

■自給自足は達成されたか

　ナチスの自給自足経済推進により、さまざまな物の生産量が増加していった。工業原料では、アルミニウムの場合、1939年から1942年にかけて、19万9400トンから24万5300トンに増加している。原油の産出量は、同期間で310万トンから660万トンに、鉄鉱石の産出量は221万トンから540万トンに増えた。そのほかの各種原料の生産量や産出量もおおむね増加している。
　資本財の生産量は、1928年から1944年のあいだに100パーセント伸びた。しかしこのように生産量は伸び

石油燃料の生産量と輸入量の総量 （単位　1,000トン）　1940-1945年						
	1940	1941	1942	1943	1944	1945
航空燃料	966	910	1,472	1,917	1,105	12
自動車燃料	2,130	2,284	2,023	1,937	1,477	139
ディーゼル燃料	1,482	1,726	1,493	1,793	1,260	180

原油産出量、合成石油生産量、原油輸入量 （単位　100万トン）1939-1945年							
	1939	1940	1941	1942	1943	1944	1945
原油産出量	3.1	4.8	5.7	6.6	7.6	5.6	わずか
合成石油生産量	2.2	3.2	3.9	4.6	5.6	3.9	わずか
原油輸入量	5.2	2.1	2.8	2.4	2.7	0.9	わずか

アルミニウム生産量 （単位　1000トン） 1939-1944年	
年	生産量
1939	199.4
1940	211.2
1941	233.6
1942	245.3
1943	250
1944	245.3

たものの、国が必要とする量にはつねに足りない状態だった。不足分は輸入せざるをえず、工業原料の場合、戦争が開始された1939年の時点で30パーセントを輸入に頼っていた。生産量は、連合国軍から空爆を受けるようになっても伸び、それは戦争末期まで続いた。しかしそれでも、ドイツは自給自足の状態に至ることはできなかった。

■軍需品生産

1939年に戦争が始まると軍需品の生産量が増加した。そして軍需産業に従事する労働者の数も増え、全労働者に占める割合は、1939年から1943年のあいだに21.9パーセントから61パーセントになった。

ただ、軍需品の生産は必ずしも順調に進んでいたわけではなかった。その原因のひとつには、ゲーリングが軍備拡張政策の責任者としての力量に欠けていたことが挙げられ

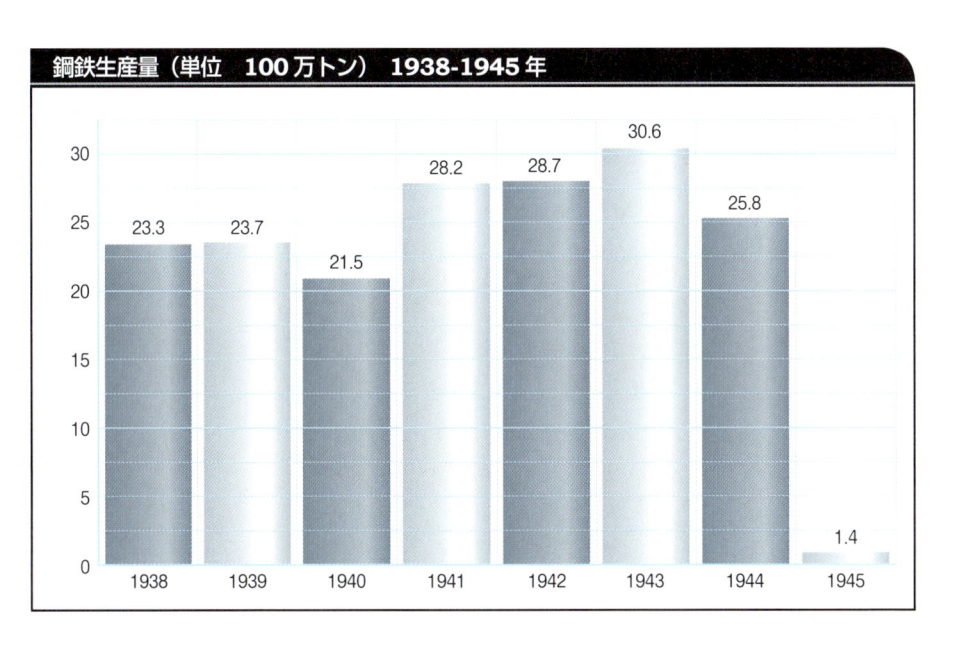

鋼鉄生産量（単位 100万トン）1938-1945年

年	生産量
1938	23.3
1939	23.7
1940	21.5
1941	28.2
1942	28.7
1943	30.6
1944	25.8
1945	1.4

る。また、生産に関係する各組織が、予算や資源の配分をめぐって対立していたことも、生産を妨げる要因となっていた。

　1942年に入り、連合国軍がしだいに優勢となり始めると、軍需品の増産が急務となった。そこでヒトラーは1942年2月、党の主任建築家だったアルベルト・シュペーアを軍需大臣に任命し、その仕事を任せた。シュペーアはヒトラーの期待に応えて新しい生産態勢を築き、小型武器から航空機にいたるあらゆる軍需品の生産量を押し上げた。

　しかしそれでも不足をじゅうぶんに補うことはできなかった。また、シュペーアは軍需大臣として大きな権限を有していたものの、効率的な生産を妨げる原因のひとつだった幹部の対立をすべて解消することはできなかった。親衛隊全国指導者ハインリヒ・ヒムラーは、占領地域において独自の行動を取っていたし、大管区指導者のなかにもシュペーアに協力しようとしない者がいた。もしもドイツが軍需品の生産量をもっと伸ばすことができていたら、戦争の結果は違ったものになっていたのかもしれない。

兵器生産

> ドイツの兵器生産量は、1933年から1941年にかけて順調に増加し、とくに1942年から1944年にかけては飛躍的な伸びを見せた。しかしドイツの兵器生産においては、関係組織の対立や、不必要な開発計画による資源の浪費といった問題が存在していた。

　ドイツは第一次世界大戦後、ヴェルサイユ条約によって

資本財生産指数　1928-1944 年

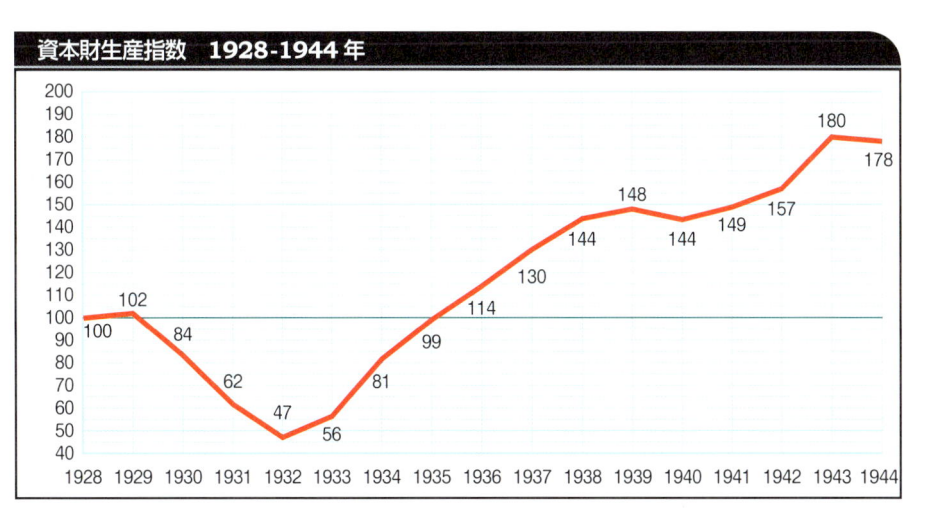

年	指数
1928	100
1929	102
1930	84
1931	62
1932	47
1933	56
1934	81
1935	99
1936	114
1937	130
1938	144
1939	148
1940	144
1941	149
1942	157
1943	180
1944	178

消費財生産指数　1928-1944 年

年	指数
1928	100
1929	97
1930	91
1931	82
1932	74
1933	80
1934	93
1935	91
1936	98
1937	103
1938	108
1939	108
1940	102
1941	104
1942	93
1943	98
1944	93

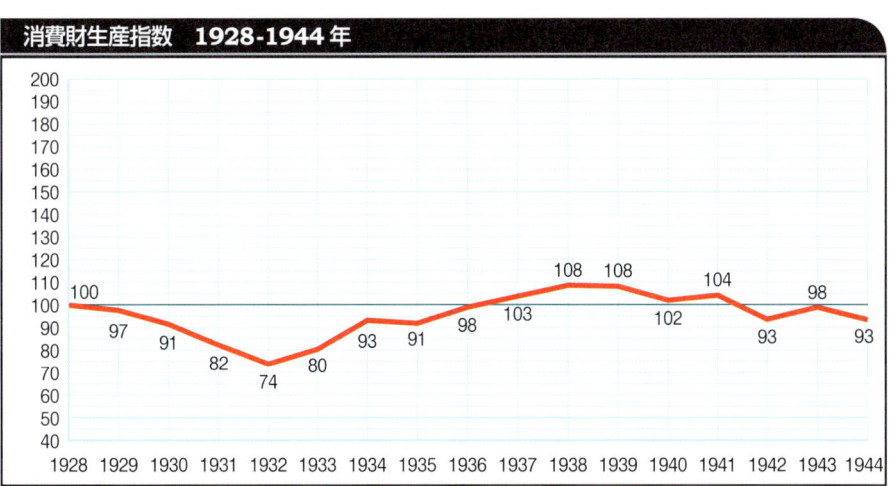

軍需産業に従事する労働者の割合　1939-1943 年

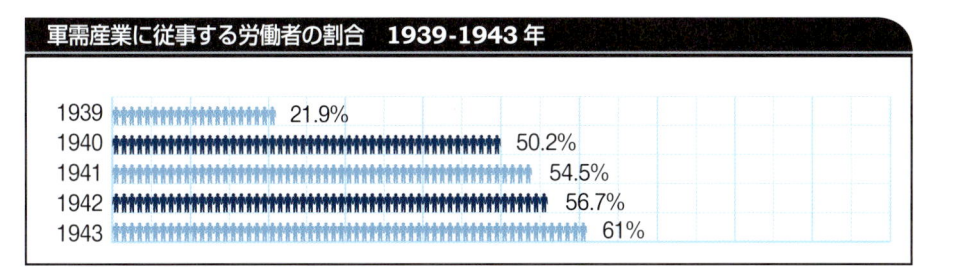

年	割合
1939	21.9%
1940	50.2%
1941	54.5%
1942	56.7%
1943	61%

軍備制限を課されていたが、1920年代を通し、国内企業や第三国で設立した企業において密かに兵器開発を続けていた。そして1933年に政権に就いたヒトラーは、軍備を拡大する意思を明確に世界に示した。

ヒトラーはまず、世界の軍拡競争を抑制する目的で1932年から開かれていたジュネーヴ軍縮会議を1933年に脱退し、さらにその会議を主催していた国際連盟からも脱退した。そしてその後、再軍備宣言を行ったのである。

■兵器生産量

ドイツは再軍備宣言後に兵器の生産を本格的に開始し、戦争が始まると生産量を大きく伸ばした。ただ、それでもイギリスやフランスとなんとか肩を並べる程度であり、大きな工業力を有していたアメリカとソ連の生産量には遠く及ばなかった。

イギリスと比較してみると、戦車や自走砲などの装甲戦闘車両の場合、1939年の生産量はドイツが247両、イギリスが969両である。1940年はドイツが1643両に伸ばし、対するイギリスは1399両だった。この後は拮抗する状態が続く。軍用機の場合は、1941年の時点でもドイツの生産量はイギリスの半分程度で、1944年になってようやく追いついている。

次にソ連、アメリカと比較すると、その差は歴然としている。1939年から1945年のあいだで見ると、装甲戦闘車両の生産量は、ドイツは4万6857両、ソ連は10万5251両、アメリカは8万8410両だった。大砲は、

戦車と自走砲の生産施設数　1939-1945年							
1939	1940	1941	1942	1943	1944	1945
247	1,643	3,790	6,180	12,063	19,002	3,932

主な戦車と自走砲の生産量　1939-1945年

I号戦車	1939	1940	1941	1942	1943	1944	1945
I号戦車	1,839 (戦前)	-	-	-	-	-	-

II号戦車	1939	1940	1941	1942	1943	1944	1945
II号戦車	15	9	223	302	77	7	-
II号戦車 (f)	-	90	42	23	-	-	-
マルダーII	-	-	-	511	212	-	-
ヴェスペ	-	-	-	-	514	144	-
ビソン	-	-	-	12	-	-	-

38 (t) 戦車	1939	1940	1941	1942	1943	1944	1945
38 (t) 戦車	153	367	678	198	-	-	-
138 マルダー	-	-	-	110	783	323	-
139 マルダー	-	-	-	344	-	-	-
グリレ	-	-	-	-	225	346	-
ヘッツァー	-	-	-	-	1,687	1,335	-

III号戦車	1939	1940	1941	1942	1943	1944	1945
III号戦車 A-F 型	157	396	-	-	-	-	-
III号戦車 G-J 型	-	466	1673	251	-	-	-
III号戦車 J/L-M 型	-	-	-	1,907	64	-	-
III号戦車 N 型	-	-	-	449	213	-	-
III号戦車 (f)	-	-	-	-	100	-	-
III号突撃砲 A-E 型	-	192	540	93	-	-	-
III号突撃砲 F-G 型	-	-	-	695	3,011	3,849	1,038
42 突撃砲	-	-	-	12	204	903	98

IV号戦車	1939	1940	1941	1942	1943	1944	1945
IV号戦車 A-F1 型	45	268	467	124	-	-	-
IV号戦車 F2-J 型	-	-	-	870	3,013	3,126	385
IV号突撃砲	-	-	-	-	30	1,006	105
IV号駆逐戦車	-	-	-	-	-	769	-
IV号駆逐戦車 70	-	-	-	-	-	767	441
IV号突撃戦車	-	-	-	-	66	215	17
ホルニッセ	-	-	-	-	345	133	16
フンメル	-	-	-	-	368	289	57
メーベルヴァーゲン	-	-	-	-	-	205	35
ヴィルベルヴィント	-	-	-	-	-	100	6
オストヴィント	-	-	-	-	-	15	28

V号戦車（パンター）	1939	1940	1941	1942	1943	1944	1945
パンター	-	-	-	-	1,848	3,777	507
ヤークトパンター	-	-	-	-	1	226	198

VI号戦車（ティーガー）	1939	1940	1941	1942	1943	1944	1945
ティーガー I	-	-	-	78	649	623	-
シュトルムティーガー	-	-	-	-	-	18	-
ティーガー II	-	-	-	-	1	377	112
ヤークトティーガー	-	-	-	-	-	51	28

ドイツが15万9144門、ソ連が51万6648門、アメリカが25万7390門である。軍用機は、ドイツの18万9307機に対し、ソ連が15万7261機、アメリカが32万4750機だった。

　海軍では、1938年に「Z計画」が作成された。これは、イギリス海軍と互角に戦えるような大艦隊を作るべく打ち立てられた艦艇建造計画だった。計画は1939年に開始され、戦艦6隻、巡洋戦艦3隻、重巡洋艦8隻、軽巡洋艦6隻、航空母艦12隻(航空巡洋艦を含む)、そのほか各種艦艇を、1947年までに完成させることを目標に進められた。しかし計画は戦況の悪化を受けて頓挫してしまった。戦争中、新しい戦艦と巡洋艦が数隻就役しているが、これらはすべて「Z計画」開始以前に起工されたものである。また、航空母艦は1隻も完成しなかった。

　一方、潜水艦Uボートは戦争期間中に1141隻が建造された。これは相当な量だが、ドイツは当初Uボート建造にはさほど力を入れていなかった。海軍元帥カール・デーニッツは増産を強く要請していたが、1939年は58隻が建造されたにすぎなかった。しかしその後、ほかの艦艇よりもUボート建造が優先されるようになり、1942年には建造量が282隻に達した。ただ、戦争後期は連合国軍のUボート対策により、多くのUボートが撃沈されるようになった。1943年には237隻、1944年には242隻が撃沈されている。

■生産をめぐる対立

　ドイツの兵器生産量は、大規模な「Z計画」が加わったこともあり、ナチス政権初期から1930年代後半にかけて300パーセント伸びた。軍事支出は1934年度が10億9500万ライヒスマルクであったのに対し、1938年度は

170億2500万ライヒスマルクにまで増加した。

　兵器生産には大規模な予算が投入されていた。しかし、とりわけ初期はそれが必ずしも有効に使われていたとは言えない。そしてその原因のひとつが、兵器の生産にかかわる各組織の、方針の違いによる対立だった。リチャード・オーヴェリーはそのことに関して次のように述べている。

「軍は、兵器の生産は軍部で取り仕切るべきだという考えであり、ドイツ本土と占領地域において、資源の配分をはじめとする兵器生産にかかわる一切を、軍の機関によって監督しようとした。しかし『四カ年計画』の責任者ゲーリング、経済省や労働省といった省庁、各大管区もそれぞれの方針を持っていたから、軍は彼らと真っ向から対立していた」

　各組織はそれぞれに予算を握り、独自の方針で動いた。各組織のあいだで一貫性のある生産戦略が立てられることはなく、それが生産性の低下を招いていた。

■新しい軍需大臣

　1942年2月に軍需大臣のフリッツ・トートが飛行機事故で亡くなった。その後任としてアルベルト・シュペーアが指名された。新しい軍需大臣となったシュペーアは兵器の生産態勢を見直した。その結果、戦車の生産量は1942年からの2年間で、4500両から1万7300両に伸びた。軍用機の生産量は、1941年と1942年がそれぞれ1万1772機と1万5556機だったのに対し、1943年は2万5257機、1944年は3万9807機となった。火砲は、1941年から1944年のあいだに1万1200門から7万700門に増えた。全体の生産量の割合を見ると、シュペー

主な軍用機の生産量　1939-1945年

爆撃機	1939	1940	1941	1942	1943	1944	1945	計
アラド Ar 234	-	-	-	-	150	64	-	214
ドルニエ Do 17	215	260	-	-	-	-	-	475
ドルニエ Do 217	1	20	277	564	504	-	-	1,366
ハインケル He 111	452	756	950	1,337	1,405	756	-	5,656
ハインケル He 177	-	-	-	166	415	565	-	1,146
ユンカース Ju 88	69	1816	2,146	2,270	2,160	661	-	9,122
ユンカース Ju 188	-	-	-	-	165	301	-	466
ユンカース Ju 388	-	-	-	-	-	4	-	4

戦闘機	1939	1940	1941	1942	1943	1944	1945	計
ドルニエ Do 17	9	-	-	-	-	-	-	9
ドルニエ Do 217	-	-	-	-	157	207	-	364
ドルニエ Do 335	-	-	-	-	-	7	4	11
フォッケウルフ Fw 190	-	-	228	1,850	2,171	7,488	1,630	13,367
フォッケウルフ Ta 152	-	-	-	-	-	34	?	?
フォッケウルフ Ta 154	-	-	-	-	-	8	-	8
ハインケル He 162	-	-	-	-	-	-	116	116
ハインケル He 219	-	-	-	-	11	195	62	268
ユンカース Ju 88	-	62	66	257	706	2,513	355	3,959
メッサーシュミット Me 109	449	1,667	2,764	2,657	6,013	12,807	2,798	29,155
メッサーシュミット Me 110	156	1,006	594	501	641	128	-	3,026
メッサーシュミット Me 163	-	-	-	-	-	327	37	364
メッサーシュミット Me 210	-	-	92	93	89	74	-	348
メッサーシュミット Me 262	-	-	-	-	-	564	730	1,294
メッサーシュミット Me 410	-	-	-	-	271	629	-	900

対地攻撃機	1939	1940	1941	1942	1943	1944	1945	計
フォッケウルフ Fw 190	-	-	-	68	1,183	4,279	1,104	6,634
ヘンシェル Hs 129	-	-	7	221	411	302	-	941
ユンカース Ju 87	134	603	500	960	1,672	1,012	-	4,881
ユンカース Ju 88	-	-	-	-	-	3	-	3

偵察機	1939	1940	1941	1942	1943	1944	1945	計
ドルニエ Do 17	16	-	-	-	-	-	-	16
ドルニエ Do 215	3	92	6	-	-	-	-	101
フォッケウルフ Fw 189	6	38	250	327	208	17	-	846
フォッケウルフ Fw 200	1	36	58	84	76	8	-	263
ヘンシェル Hs 126	137	368	5	-	-	-	-	510
ユンカース Ju 88	-	330	568	567	394	52	-	1,911
ユンカース Ju 188	-	-	-	-	105	432	33	570
ユンカース Ju 290	-	-	-	-	23	18	-	41
ユンカース Ju 388	-	-	-	-	-	87	12	99
メッサーシュミット Me 109	-	-	26	8	141	979	171	1,325
メッサーシュミット Me 110	-	75	190	79	150	-	-	494
メッサーシュミット Me 210	-	-	2	2	-	-	-	4
メッサーシュミット Me 410	-	-	-	-	20	93	-	113

水上機	1939	1940	1941	1942	1943	1944	1945	計
アラド Ar 196	22	104	94	107	104	-	-	431
ブロム・ウント・フォス BV 138	39	82	85	70	-	-	-	276
ブロム・ウント・フォス BV 222	-	-	-	-	4	-	-	4
ドルニエ Do 18	22	49	-	-	-	-	-	71
ドルニエ Do 24	-	1	7	46	81	-	-	135
ハインケル He 115	52	76	-	-	141	-	-	269

輸送機	1939	1940	1941	1942	1943	1944	1945	計
ゴータ Go 244	-	-	-	43	-	-	-	43
ユンカース Ju 52	145	388	507	503	887	379	-	2,809
ユンカース Ju 252	-	-	-	15	-	-	-	15
ユンカース Ju 352	-	-	-	-	1	49	-	50
メッサーシュミット Me 323	-	-	-	27	140	34	-	201

アの大臣就任からわずか6か月間で59パーセント伸び、その後も1944年の後半まで伸び続けた。こうして増産された兵器の供給を受け、各戦線のドイツ軍は攻勢を強める連合国軍に対抗していた。

■シュペーアの改革

　シュペーアは、1942年4月に中央計画委員会を設立し、軍をはじめとする関係組織に分散していた、兵器生産に関する決定権の多くをこの委員会のもとにまとめた。また、シュペーアは兵器生産にかかわる企業の経営陣や技術者らの意見を重視した。
　そして、労働者の作業能率の向上にも努めた。また、原材料や完成品を効率よく運ぶことができるように輸送システムを改善した。

■限界

　シュペーアの努力によってドイツの兵器生産量は大きく伸びた。ただ、当時のドイツの国力をもってすれば、生産量をもっと伸ばすことも可能だったと指摘する歴史家も少なくない。そして、さらなる兵器増産を妨げていた原因としてふたつのことを挙げている。そのひとつは、占領地域の豊富な資源をどう利用するかを決める権限を、最後まで親衛隊や各地域の監督者が握っていたということだ。このように権益を守ろうとする姿勢は大管区指導者らにも見られた。
　そしてもうひとつは、ドイツの兵器が、種類が多様であり、そのぶん製造に手間がかかったということだ。とくに戦車と火砲は種類が多く、対戦車砲には21もの型があった。そしてそれぞれが専用の弾薬、部品、輸送費用を必要

火砲生産量　1939-1945 年

野砲	生産量
75mm leFK 18	104
75mm leFK 38	80
75mm FK 7M 59	10
75mm FK 7M 85	10
105mm K. 18	1,515
105mm leFH 18	6,986
105mm leFH 18/40	10,265
105mm leFH Sfl.	1,181
150mm sFH 18	5,403
150mm sFH Sfl.	1,215
150mm K. 18	101
150mm K. 39	64
150mm in Mrs.-Laf.	8
170mm in Mrs.-Laf.	338
210mm Mörser 18	711
210mm K. 38	15
210mm K. 39/40/41	59
210mm K. 52	12
240mm K. 3	10
240mm H. 39/40	18
355mm M 1	7
420mm Gamma	1

歩兵砲	生産量
75mm leIG 18	8,266
75mm IG 37	2,279
75mm IG 42	527
150mm sIG 33	4,255

山砲	生産量
75mm Geb.Gesch. 36	1,193
105mm Geb.H. 40	420

無反動砲	生産量
75mm L.G.	653
105mm L.G.	528

対戦車砲	生産量
37mm Pak 35/36	5,339
37mm Pak M 37 (t)	513
37mm Pak 39/40	34
42mm Pak 41	313
47mm Pak 46 (t)	273
47mm Pak (t)	214
47mm Pak 35/36 (ö)	150
50mm Pak 38	9,568
75mm Pak 37	358
75mm Pak 97/38	3,712
75mm Pak 39	3,166
75mm Pak 40	23,303
75mm Pak 41	150
75mm Pak 42	1,462
76.2mm Pak 36 (r)	560
88mm Pak 43/41	1,403
88mm Pak 434	2,098
128mm Pak 80	150
7.5mm Rf.K 43	922
88mm R.Wfr. 43	3,150
PWK 8 H 63	260

列車砲	生産量
203mm K.(E)	8
210mm K. 12N.(E)	1
280mm Kz.Br.K.(E)	2
280mm Br.KN.(E)	3
310mm K.5 Glatt(E)	2
380mm Siegfried(E)	3
800mm Dora(E)	2

ロケット砲	生産量
150mm Nb.W. 41	5,769
150mm Pz.W. 42	240
210mm Nb.W. 42	1,487
280/320mm Nb.W. 41	345
300mm Nb.W. 42	380
30mm R.Wfr. 56	694
sW.G. 40	9,552
sW.G. 41	4,003
sWu.R. 40	1,980

陸軍高射砲 (1945 年 3 月まで)	生産量
20mm Flak 30 and 38	13,845
20mm Flakvierling 38	2,140
20mm Flak Scotti and Breda	361
20mm MG 151/20 Drilling	4,114
30mm Flak 103/38 Jaboschrek	149
30mm MK. 303	222
37mm Flak 18 and 36	1,178
37mm Flak 43	928
37mm Flakzwilling 43	185
88mm Flak 18 and 36	1,170

空軍高射砲 (1945 年 3 月まで)	生産量
20mm Flak 30 and 38	121,677
37mm Flak 18 and 36	12,034
37mm Flak 43	5,918
88mm Flak 18, 36 and 39	13,125
105mm Flak 38 and 39	3,981
128mm Flak 40	1,129

とした。それと比べて、例えばソ連はほんの数種の型を持つだけで、それを大量生産していた。ソ連は戦車でも、おもにT-34戦車とT-34-85戦車の2種のみを集中的に生産していた。そのため戦争期間中に5万7000両もの戦車を製造することが可能だったのだ。一方ドイツは1943年の時点で、20もの型の戦車と自走砲を製造していた。

　ドイツの兵器が多様だったのは、ドイツが兵器の性能や質にこだわり、たいへん熱心に開発を行ったからだ。そのためドイツでは優れた兵器がいくつも生み出された。しかし、ドイツのティーガー戦車は連合国軍のシャーマン戦車よりも性能で優っていたかもしれないが、最終的に勝負で勝ったのは、数で優っていた連合国軍の戦車のほうだった。

　また、戦争が進んでドイツの旗色が悪くなってくると、ヒトラーは形勢逆転を狙い、新兵器の開発と生産にさらに力を入れるようになった。そして本来ならほかの軍需品生産に使われるべき資金がつぎ込まれていった。

　例えばV2ロケットは、1基を製造するのに10万ライヒスマルクを要し、それが合計で3225基製造された。しかしV2ロケットは、ヒトラーの期待を受けて実戦に投入されるものの、戦局を打開するような力とはならなかった。また、1944年から1945年にかけて進められたジェット戦闘機の開発にも多額の予算が食われていった。

軍需品生産費（単位 100万ライヒスマルク）1939-1941年

	1939	1940	1941
軍用機	1,040	4,141	4,452
装甲車両	8.4	171.6	384
爆薬	17.6	223.2	338.4
艦艇	41.2	474.0	1,293.6
武器	180.0	676.8	903.6

出典：Richard Overy, War and Economy in the Third Reich

■ヒトラーの干渉

　シュペーアは、このような状況に苛立ちを覚えていたようだ。彼は自身の著書『ナチス狂気の内幕』のなかで次のようなことも語っている。

「軍需品の生産は、ヒトラー独自の考え方に基づき行われるようになっていった。しかしヒトラーの考え方には多くの問題があった。例えばヒトラーは、兵器が壊れた場合は、それを修理して使用するよりも新たに造るほうがよいという考えを持っていた。装甲兵総監のグデーリアン上級大将は、もっと予備部品を製造して修理するべきだと、わたしに再三訴えた。そうすればほんのわずかな予算で済むからだ。しかしヒトラーは新しい戦車を製造することに固執した。もし、予備部品をじゅうぶんに製造し、修理を適宜行っていたら、新しい戦車の20パーセント分は製造せずに済んだだろう」

　1943年から軍需工場などへの爆撃が激しくなった。そのような状況下でもドイツは軍需品の生産量を伸ばし続けたが、それも1944年の夏までのことだった。同年の末には工場の20パーセントが破壊され、輸送路や輸送車両の被害も拡大した。ドイツ工業の心臓部であるルール地方では、113の橋と4000両の機関車、2万8000両の貨車が破壊された。連合国の航空軍はドイツ空軍を圧倒し、ロケット弾などによる爆撃は続いた。そして1945年、連合国陸軍によるドイツ本土への侵攻開始とともに、シュペーアの築いたドイツの生産態勢は崩壊した。

労働条件と食料事情

> 1933年から1939年にかけて、ドイツの雇用状況は改善された。しかしその一方で労働時間は長くなり、税金も高くなった。また、戦争が始まると食料は配給制となり、配給量は年々減少していった。

　ナチス政権下のドイツでは、人びとはどのような労働条件のもとで働いていたのだろうか。まず賃金の場合、1933年から1943年前後までを見ると、全体的に上昇している。ただし、賃金の上昇率は職種によって開きがあり、技術者や専門職に就くホワイトカラー、建設産業などナチスが重視する分野の労働者の賃金は30パーセント上昇しているが、織物製造業などの消費財産業における賃金の上昇率は10パーセント未満である。

　賃金から差し引かれる税金は4パーセント高くなった。そして労働時間が長くなった。1週間の平均労働時間は、1933年は43時間だったが、1937年には47時間に延びている。1938年には、鉛と亜鉛の採掘に従事する労働者たちの場合、1日の労働時間が1時間30分も延びた。このように労働時間は年々延びていったが、労働者は黙って従っていた。抗議をすれば、ゲシュタポから国家への反逆者と見なされたからだ。

　労働者は「産業徴用」によって仕事を変えられてしまうこともあった。軍需産業や建設産業を重視していたナチスは、それらにかかわる仕事の方に労働者を動員していた。例えば、フランスとの国境沿いの、ジークフリート要塞建設事業には、1938年までに45万人が動員された。1939年を見ると、9月のみで50万人が動員されている。1941年1月の時点では、140万人が徴用されて働いてい

る状態だった。しかしそれ以降は、国民のあいだに「産業徴用」に対する不満が広がっていたこと、外国人労働者を多く使用できるようになったこともあり、徴用規模は縮小された。

■ **戦時中の労働者**

1939年から1945年にかけて、ドイツ人労働者の数は1000万人減少している。労働者が減少したおもな理由は大々的な徴兵が行われたためだが、それを補うために占領地域から多くの人びとが労働力として強制連行された。

外国人労働者が増加した影響で、ドイツ人労働者は賃金を低く抑えられるようになった。それに加えて、国が要求する生産目標を達成するために、さらに長時間働かなけれ

週平均労働時間 1932-1942年

年	時間
1932	42
1933	43
1934	45
1935	44
1936	46
1937	46
1938	47
1939	47
1942	50

労働争議で失われた労働日数 1918-32年

年	日数	年	日数
1918	1,453	1926	1,222
1919	33,083	1927	6,144
1920	16,755	1928	20,339
1921	25,874	1929	4,251
1922	27,734	1930	4,029
1923	12,344	1931	1,890
1924	35,198	1932	1,130
1925	2,936		

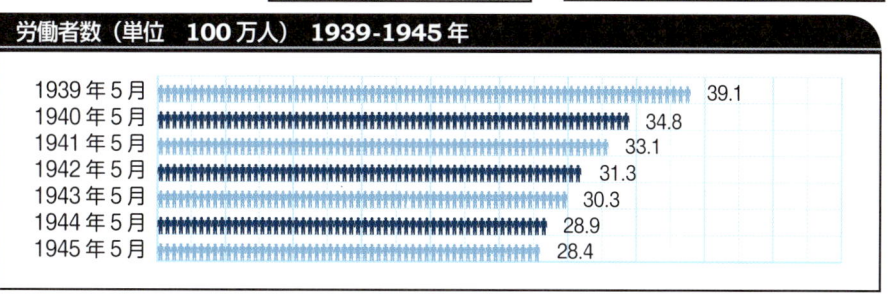

労働者数（単位 100万人） 1939-1945年

年月	労働者数
1939年5月	39.1
1940年5月	34.8
1941年5月	33.1
1942年5月	31.3
1943年5月	30.3
1944年5月	28.9
1945年5月	28.4

ばならなくなった。戦争末期になると、1週間の平均労働時間は60時間以上になり、80時間に延びることもあった。

　大戦半ばから空爆が始まると、労働者はその恐怖のなかで働くことになったが、とくに工場労働者はほかの労働者よりも危険にさらされていた。工場は主要な爆撃対象であり、さらに工場労働者の多くは工場のごく近くに居住していたからだ。なお、空爆による死傷者は全体で100万人を越えた。また、190万の住居が破壊され、490万の人びとが避難生活を余儀なくされた。

　空爆によるけがや交通機関の麻痺、生活状況の変化から仕事に通えなくなる労働者も増えていった。各職場で欠勤者が増加することになったが、1944年の各工場の状況を例に見ると、毎日平均23パーセントの欠勤者が出ている。そして欠勤者の仕事はほかの労働者が負うことになり、労働時間は当然延びることになった。リチャード・オーヴェリーは次のようなことも指摘している。「1944年、マインツでは、空爆によって仕事が中断された時間が合計540時間になった。これは5週間から6週間分の労働時間に相当した」

■食料供給量

　ドイツの食料供給量は、1930年代から大戦後期にかけて、ヨーロッパ諸国のなかでは比較的高い水準を維持していた。それは、ドイツが農業に力を入れていたからでもあるが、戦争中は占領地域から食料を奪っていたからでもある。例えば1944年末、ドイツは肉類が不足したためオランダから肉牛を収奪している。オランダではそのほかの食料も奪われたため、その後飢餓状態に陥った。

　戦前のドイツは、とくに国民生活が窮乏していた世界恐慌期に比べれば、豊かだったと言ってよいだろう。リヒア

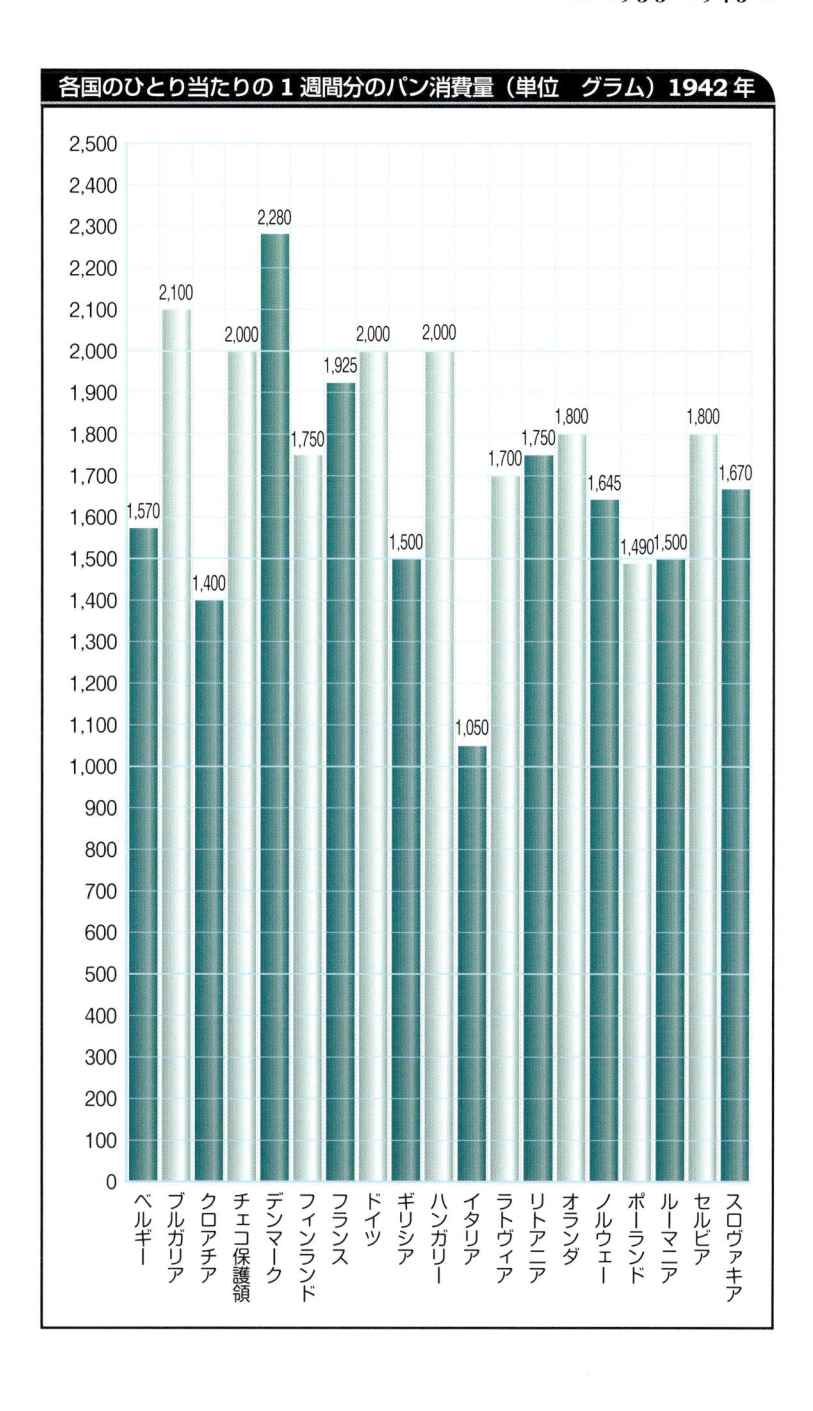

THE THIRD REICH
1933-1945

各国のひとり当たりの1週間分のパン消費量（単位 グラム）1942年

国	グラム
ベルギー	1,570
ブルガリア	2,100
クロアチア	1,400
チェコ保護領	2,000
デンマーク	2,280
フィンランド	1,750
フランス	1,925
ドイツ	2,000
ギリシア	1,500
ハンガリー	2,000
イタリア	1,050
ラトヴィア	1,700
リトアニア	1,750
オランダ	1,800
ノルウェー	1,645
ポーランド	1,490
ルーマニア	1,500
セルビア	1,800
スロヴァキア	1,670

ルト・グルンベルガーによると、「ヴァイマル共和政期最後の年からナチス政権下の平時最後の年、つまり1932年から1938年のあいだに、ドイツの食料品売上高は17パーセント伸びた。また、衣類や布の売上高は25パーセント、家具や家庭用品は50パーセントという伸びを見せた」。1938年からは配給制が敷かれるが、配給量はじゅうぶんだった。成人ひとりに配給される食料の1日分のカロリー量を見ると、1939年から1941年のあいだでは、2435キロカロリーから2445キロカロリーに増加している。ただし配給量を削られる食料品もあり、例えば肉類は1939年には1週間に500グラム配給されていたが、1942年には300グラム、1943年には250グラムに減った。じゃがいもの配給量は週によってまちまちで、2キログラムのときもあれば5キログラムのときもあった。戦争後期になると、じゃがいもは国民が空腹をしのぐための重要な食

ひとり当たりの1週間分の配給量　1939年

	ひとり当たりの配給量*
肉	500g (18oz)
バター	125g (4.4oz)
マーガリン	100g (3.5oz)
砂糖	250g (9oz)
チーズ	62.5g (2.2oz)
卵	1個
衣料	100ポイント（1年分）

衣料のポイント数の例　ドレス：40ポイント　婦人用スーツ：45ポイント　男性用スーツ：60ポイント
* 肉体労働者には食料配給量が増やされる場合もあった。クリスマスの季節には特別配給が実施された。

主な食料品の価格（単位　ペニヒ）1932-1938年

	1932	1933	1934	1935	1936	1937	1938
卵（1個）	9.5	10.2	10.7	11	11	11.3	12
牛乳（1ℓ）	15.9	15.4	16.9	16.5	16.9	17.1	17.1
鶏肉（1kg）	197	190	198	219	263	253	250
牛肉（1kg）	147	143	146	158	165	167	167

料となった。国民は、食料が足りないときには闇市で調達することもあった。

■食料不足と飢え

　敗色が濃くなる戦争末期には深刻な食料不足に陥った。1944年12月には、配給される食料のカロリー量が1500キロカロリーにまで減少した。これは、成人に1日に最低限必要とされるカロリー量を下回っている。また、空爆によって食料品店が破壊されるなど、食料の確保は日々難しくなっていった。戦争が終わるとドイツは連合国の占領下に置かれることになるが、マイケル・バーレイはそのころのドイツ国民のようすを次のように記している。「子どもたちは、栄養不足から身体が成長しておらず、身長も体重も平均値に届いていなかった。また、多くの人びとが栄養失調により健康を害しており、ハンブルクでは1946年の後半になっても、10万人が健康を回復していない状態だった」。ドイツ国民は、自らの理想を実現しようとするヒトラーのために、じつにさまざまな犠牲を払っていたのである。

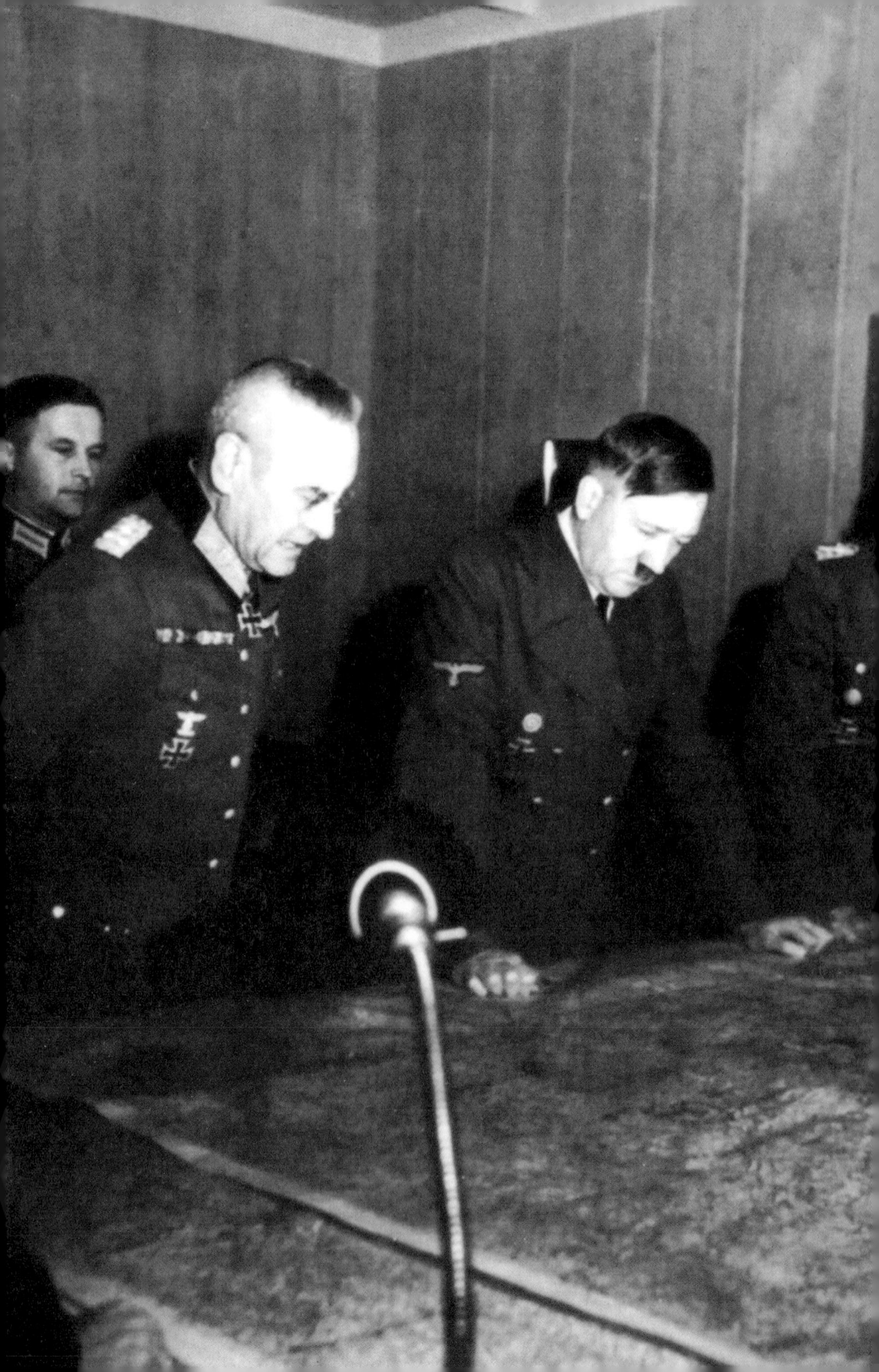

第 4 章 政権と指導者

　第三帝国は、その実像を理解するのが容易ではない。歴史家たちはナチス政権下のドイツの姿を明らかにするために今日まで議論を交わしてきた。歴史家のひとつの研究によると、ドイツでは 1933 年から 1945 年にかけて、ヒトラーが掲げる領土拡張政策や民族政策をはじめとする各種政策が進められたが、それらの政策に、政権や関係組織がひとつにまとまって取り組んでいたわけではないらしい。

　政策の決定や実行において、ナチスの幹部や省庁、そのほかのさまざまな組織のあいだには主導権をめぐる争いがたえず起こっていたようだ。そしてその争いが国に混乱を引き起こすことになった。

作戦会議室に集まるヒトラーと国防軍の将校。ヒトラーは戦争が進むと、毎日のように会議に加わるようになった。将官が意見を退けられることもしばしばだった。

党と国家

> ナチス政権下のドイツの統治体制は複雑である。というのも、国家組織と並んで、ナチスの党組織が統治機構として機能していたからだ。両者のあいだには軋轢が生まれ、それが解消されることはなかった。

ドイツでは、ナチスが政権に就いてから、一党独裁体制

パーペン内閣　1932年

閣僚	役職
フランツ・フォン・パーペン（無所属）	首相
フランツ・ギュルトナー（DNVP）	法務大臣
ヘルマン・ヴァルムボルト（無所属）	経済大臣
ヒューゴ・シェファー（無所属）	労働大臣
ヨハン・ルートヴィヒ・フォン・クロージク（無所属）	大蔵大臣
ヨハネス・ポーピッツ　フランツ・ブラハト（無所属）	無任所大臣
コンスタンティン・フライヘア・フォン・ノイラート（無所属）	外務大臣
クルト・フォン・シュライヒャー（無所属）	国防大臣
マグヌス・フライヘア・フォン・ブラウン（DNVP）	食糧大臣
マグヌス・フライヘア・フォン・ブラウン（DNVP）	東部援助大臣
パウル・フライヘア・エルツ・フォン・リューベナッハ（無所属）	郵政大臣　運輸大臣
ヴィルヘルム・フライヘア・フォン・ガイル（DNVP）	内務大臣

シュライヒャー内閣　1932-1933年

閣僚	役職
クルト・フォン・シュライヒャー（無所属）	首相
フランツ・ブラハト（無所属）	内務大臣
フランツ・ギュルトナー（DNVP）	法務大臣
フリードリヒ・ザイルプ（無所属）	労働大臣
ヘルマン・ヴァルムボルト（無所属）	経済大臣
ヨハン・ルートヴィヒ・フォン・クロージク（無所属）	大蔵大臣
ヨハネス・ポーピッツ（無所属）	無任所大臣
コンスタンティン・フライヘア・フォン・ノイラート（無所属）	外務大臣
クルト・フォン・シュライヒャー（無所属）	国防大臣
マグヌス・フライヘア・フォン・ブラウン（DNVP）	食糧大臣
ギュンター・ゲレケ（キリスト教農民党）	東部援助大臣
パウル・フライヘア・エルツ・フォン・リューベナッハ（無所属）	郵政大臣　運輸大臣

が敷かれることになった。内閣もほぼナチスの党員で占められることになり、ヴァイマル共和政期の内閣の姿から様変わりした。ヴァイマル共和政期は、内閣がひとつの勢力によって支配されることはなく、各大臣をさまざまな勢力の人間が担当していた。1932年に発足したパーペン内閣では、外務大臣、大蔵大臣、経済大臣、国防大臣、郵政大臣、運輸大臣、労働大臣、無任所大臣は政党に所属しておらず、パーペン自身も1932年6月3日より無所属となっていた。残る大臣は国家人民党の党員だった。続くシュライヒャー内閣も同じような陣容であり、東部援助大臣としてキリスト教農民党の党員も入閣している。東部援助大臣は、エルベ川以東の農村地域の支援を担当した大臣である。

■ ヒトラー内閣

ヒトラー内閣の場合も、1933年の最初の組閣時は、ナチスからの入閣はゲーリングとヴィルヘルム・フリックのふたりのみで、あとはほぼシュライヒャー内閣の閣僚が留任した。しかしその後ナチスの大臣が増えていった。

ヒトラー内閣　1933年1月30日

閣僚	役職
アドルフ・ヒトラー（NSDAP）	首相
アルフレート・フーゲンベルク（DNVP）	経済大臣　農業食糧大臣
フランツ・ギュルトナー（DNVP）	法務大臣
ギュンター・ゲレケ（キリスト教農民党）	雇用担当大臣
ヘルマン・ゲーリング（NSDAP）	無任所大臣
ヨハン・ルートヴィヒ・フォン・クロージク（無所属）	大蔵大臣
コンスタンティン・フライヘア・フォン・ノイラート（無所属）	外務大臣
パウル・フライヘア・エルツ・フォン・リューベナッハ（無所属）	郵政大臣運輸大臣
フランツ・ゼルテ（無所属）	労働大臣
フランツ・フォン・パーペン（無所属）	副首相　プロイセン州国家弁務官
ヴェルナー・フォン・ブロンベルク（無所属）	国防大臣
ヴィルヘルム・フリック（NSDAP）	内務大臣

1936年1月1日時点の内閣を見ると、省の新設と無任所大臣の増加から大臣数は18名となっており、そのうちナチス党員は8名。1939年9月時点では21名の大臣のうち、17名がナチス党員である。ナチスが政権に就いた後、ナチス以外の政党は解散させられ、国会選挙も行われなくなっていたが、内閣もナチスによって支配される状態となったのである。

■党勢の拡大

ナチスは基本的に、社会の若い層や労働者階級のための政党として活動していた。しかし党に有利と見れば支配階級と協調することもあった。党員の年齢構成を見ると、18歳から40歳までの割合が大きい。

ナチスの党員の数は、1920年代から1930年代にかけて順調に増えていった。とくに1935年から大幅に増加した。具体的に見ると、1923年の党員数は5万5287人だったが、1933年には84万9000人に増えた。その2年後には249万8900人に、戦争が始まった年には533

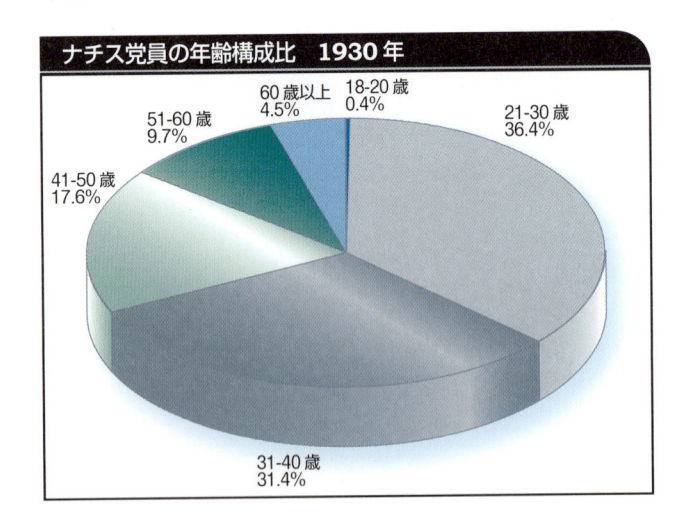

ナチス党員の年齢構成比　1930年

- 18-20歳　0.4%
- 21-30歳　36.4%
- 31-40歳　31.4%
- 41-50歳　17.6%
- 51-60歳　9.7%
- 60歳以上　4.5%

万 9567 人に膨れ上がった。戦争末期には、熱狂的な支持者の中にもナチスに幻滅を感じていた者がいただろうが、党員数は 800 万人に達した。

■党員数増大の背景

　党員数は年々増加していったが、ドイツの人口は 1939 年の時点で 8000 万人だったから、国民全体の数から見れば、党員数は割合少なかったとも言える。また、党員が増加した理由は、ナチスの主義主張に共鳴する国民が増えたからというばかりではない。1941 年ごろまではそれが大きな理由ではあったが、別のわけも存在していた。まず、いったん党員になったら、離党しづらいという事情があった。また、党員でないと公職に就くことが難しくなった。それでナチスに入党した者もかなりの数にのぼった。
　軍は、ヴァイマル共和政期から、伝統的に政治からの独立を信条としていた組織であり、隊員が特定の政党に所属することを認めていなかった。しかしナチスが政権に就くと、その信条を捨て、隊員の入党を許すようになった。

ナチスの党員数　1923-1945 年

年	党員数
1923	55,287
1928	96,918
1930	129,563
1933	849,000
1935	2,493,890
1937	2,793,890
1938	4,985,400
1939	5,339,567
1942	7,100,000
1943	7,600,000
1945	8,000,000+

■ 党による国家支配

　ナチスは政権に就くと、全国の国家組織への影響力を強めていった。当然ながら国の組織にはナチスに反発する者も存在したが、ヒトラーはそのような人物を許さなかった。1934年9月の党大会では「我々が役人に支配されるようなことがあってはならない。我々が役人を支配するのだ」とも述べている。ヒトラーは1933年4月に「公務員再建法」を制定し、反ナチスの人物やユダヤ人を公職から追放した。1935年には副総統と無任所大臣を務めるルドルフ・ヘスが公務員の人事権を掌握した。そして1939年以降は、ナチスの党員でない者には公職に就くことを認めないようになった。

　ルドルフ・ヘスの個人秘書で、党官房長官も務めていたマルティン・ボルマンは、党内監督局と国家監督局というふたつの組織を設立した。党内監督局の役割は、党内を統制し、党員の調和を保つことだった。一方、国家監督局は国家組織にナチスの思想を広める役目を担っていた。またナチスは、外交など国にとって重要な分野でとくに影響力を強めるとともに、ナチスの民族政策の実行を求めていった。歴史家ウィリアム・カーの言葉を借りれば「第三帝国

ナチスの指導者陣　1933年以降	
指導者	訳語
Führer	総統
Reichsleiter	全国指導者
Landesinspekteure	地域総監
Gauleiter	大管区指導者
Kreisleiter	管区指導者
Ortsgruppenleiter	地区指導者
Zellenleiter	細胞指導者
Blockwarte	街区監視者

において、ナチスという組織は国家組織として機能していたわけではなかった」。そのかわりにナチスは、党員を国家組織の要職に任命するなどの手段によって、国家組織を支配しようとした。

■ 党の指導者

ナチスの指導者陣の構成を見ると、まずヒトラーが絶対的な指導者として頂点に立ち、その下に党の各種組織の長を務める全国指導者が並び、全国指導部を形成していた。党の地方組織である大管区にはそれぞれ大管区指導者がおり、地方において強い力を有していた。当初は大管区指導

ナチスの幹部　1936年

名前	地位
アドルフ・ヒトラー	総統（指導者兼ドイツ国首相）
ルドルフ・ヘス	副総統
マルティン・ボルマン	副総統個人秘書
フランツ・シュヴァルツ	財政全国指導者
ヴァルター・ブーフ	党最高裁判所所長
ヴィルヘルム・グリム	党最高裁判所所長
ヴィルヘルム・フリック	国会議員団長
ロベルト・ライ	ドイツ労働戦線全国指導者　組織全国指導者
ヨーゼフ・ゲッベルス	宣伝全国指導者
オットー・ディートリヒ	新聞全国指導者
マックス・アマン	出版全国指導者
フィリップ・ボウラー	党文芸委員会会長
ヴァルター・ダレ	農民全国指導者　農業食糧大臣
ハンス・フランク	司法全国指導者
アルフレート・ローゼンベルク	対外政策全国指導者
フランツ・フォン・エップ	植民政策全国指導者
バルドゥール・フォン・シーラッハ	青少年全国指導者
ヴィクトール・ルッツ	突撃隊幕僚長
コンスタンティン・ヒール	国家労働奉仕団団長
アドルフ・ヒューンライン	国家社会主義自動車軍団団長
ハインリヒ・ヒムラー	親衛隊全国指導者　全ドイツ警察長官

者の上に地域総監が置かれ、9人の地域総監がそれぞれ4つの大管区を監督していた。

　大管区はさらに管区、地区、細胞、街区という単位に分けられており、それぞれに管区指導者、地区指導者、細胞指導者、街区監視者が存在した。一般の党員はこれらの指導者のもとにまとめられていた。

■党の影響力

　ナチスにはさまざまな組織が存在していたが、それらのなかで、親衛隊やヒトラー・ユーゲントといったいくつかの組織が、規模を拡大して強い力を持つようになった。

　とりわけ親衛隊は力を持った。その理由のひとつは、ヒトラーが軍事政策とともに力を注いでいた民族政策の実行を、おもに担当していたのが親衛隊だったからだ。そして、親衛隊の全国指導者であるヒムラーは、党の第二の実力者とも言われるほどの存在になった。なおヒトラーは、1938年からは閣僚会議も開かなくなるなど、そのほかの政策については興味を失っていった。

　ボルマンもまた党の実力者となったひとりだ。1941年、副総統のヘスが和平交渉を試みようとヒトラーに無断でイギリスへ渡ったため、ヒトラーは副総統の地位を廃止し、それにかわって党官房を設け、ボルマンを長官に任命した。党官房長官となったボルマンは党務全般を取り仕切るようになった。その後ヒトラーの秘書という地位も手に入れ、下からの意見をヒトラーに通すか否かを独断で決定するようになるなど、さらに影響力を振るうようになった。

　第三帝国は、こうしたナチスの党の組織や指導者と、ナチスの強い影響下に置かれた国家組織によって運営され、民族政策や領土拡張政策といった政策が進められていた。

THE THIRD REICH
1933-1945

組織と政策決定

> 第三帝国では、さまざまな組織のあいだで争いがたえなかった。各組織は、組織の意見をヒトラーに採用してもらうために、互いに競い合っていた。

歴史家のW・ペトヴァイディクは1946年、第二次世界大戦時のドイツに関する研究書を出版した。そのタイトルである『権力の無秩序——ドイツ崩壊の真相』は、第三帝国の一面をよく表している。また、ウィリアム・カーは次のような指摘を行っている。

「第三帝国は、総統ヒトラーのもとで一致団結していたと一般には思われている。しかし歴史家たちは、そうした見方は誤りであると早くから指摘してきた。封建時代、各地の諸侯や臣下たちは、王の相談役という地位を得るために果てしない争いを繰り広げていたが、第三帝国にもそういったたぐいの争いが存在していた」

ナチス政権下のドイツはカーの言葉のとおり、決してひとつにまとまっていたわけではなかった。親衛隊や親衛隊保安部（SD）、ゲシュタポ、軍、省庁、大企業、占領地域の長といったさまざまな勢力が、己の意見をヒトラーに認めてもらい、権限や利益を得るために、互いに角突き合わせて争っていた。

■ **政策決定**

ナチス政権の構造を見ると、1941年の時点では、ヒトラーの下にまず党官房と総統官房が置かれていた。党官房

長官はボルマンが務め、ヒトラー個人の事務を取り扱う総統官房の長官はフィリップ・ボウラーが務めていた。そしてその下に省庁やそのほかの組織が位置し、宣伝、外交、司法、財政、衛生、民族問題といったさまざまな事柄に関する政策の立案や実行にあたっていた。ボルマンなどヒトラーの側近は、政策決定において、下からの意見を握りつぶすこともあった。

　政策が決定されるまでの流れを見ると、まずヒトラーが政策の立案を関係組織に命じる。政策立案は非公式に命じられる場合もあった。命を受けた組織は具体案を作成し、ヒトラーに提出する。そしてヒトラーが提出された案を裁可するのである。

■争い

　政策には複数の組織がかかわることが多く、それが組織間の争いを生む原因のひとつになっていた。経済政策の場合、政権初期はヒャルマル・シャハトが大臣を務める経済省が担っていたが、1936年から、ゲーリングが監督する四カ年計画庁がかかわるようになった。戦争が始まると、ゲオルク・トーマス大将を長とする陸軍兵器局や、フリッツ・トートが大臣を務める軍需省も関与するようになった。軍需大臣はのちにアルベルト・シュペーアに交代した。さらに1942年3月からは、労働力配置総監のフリッツ・ザウケルが労働力を管理する立場から加わった。こうして経済政策にかかわるようになった5つの組織は、それぞれが自分の組織の案を通して経済政策における主導権を握ろうとし、そこで争いが生まれた。

ヒトラーの職権についてのナチス声明文

1934年8月1日、「国家元首に関する法律」の発効により、ドイツ国首相の職に、ドイツ国大統領の職が統合され、ドイツ国大統領が有していた権限は、ドイツ国首相であるアドルフ・ヒトラーに委ねられた。これにより、アドルフ・ヒトラーはドイツ国総統となった。1934年8月19日、総統の意向により国民投票が実施された。この日、ドイツ国民はアドルフ・ヒトラーを総統として承認した。よって今後アドルフ・ヒトラーは、自らの考えにのみ基づきドイツ国を治める。

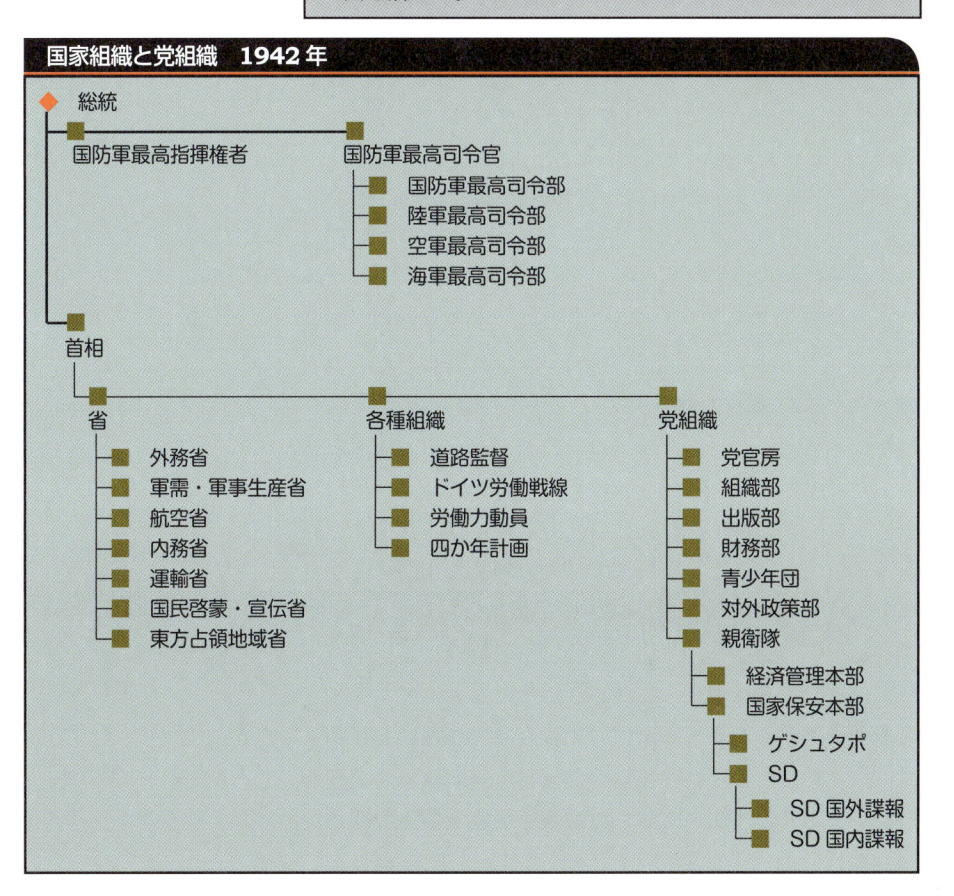

国家組織と党組織　1942年

- 総統
  - 国防軍最高指揮権者
  - 国防軍最高司令官
    - 国防軍最高司令部
    - 陸軍最高司令部
    - 空軍最高司令部
    - 海軍最高司令部
  - 首相
    - 省
      - 外務省
      - 軍需・軍事生産省
      - 航空省
      - 内務省
      - 運輸省
      - 国民啓蒙・宣伝省
      - 東方占領地域省
    - 各種組織
      - 道路監督
      - ドイツ労働戦線
      - 労働力動員
      - 四か年計画
    - 党組織
      - 党官房
      - 組織部
      - 出版部
      - 財務部
      - 青少年団
      - 対外政策部
      - 親衛隊
        - 経済管理本部
        - 国家保安本部
          - ゲシュタポ
          - SD
            - SD 国外諜報
            - SD 国内諜報

■大臣

　ナチス政権下のドイツには、同じような問題が各所に存在していた。またヒトラーは、ひとつの政策を進めるにあたり、本来担当になるはずの者に連絡もせず、新たに責任者を指名することもあった。大管区指導者らは地方における権限の強化に汲々としていた。大管区指導者は、対立関係にある国の地方組織を完全に支配下に置こうとした。第三帝国ではさまざまな人物が力を得ようとしのぎを削っていた。そのなかには有能な者、虚栄心の強い者、国民に人気のある者などさまざまな人物がいたが、ここからはそれらのうち、大臣を務めていた人物を幾人か取り上げ、その職務などを少し詳しく見てゆきたい。

　まず、ヨーゼフ・ゲッベルスは国民啓蒙・宣伝大臣を務めていた。ゲッベルスは、総統ヒトラーへの忠誠心を国民のあいだに育てることを第一の使命としていた。ナチスの思想の普及、アーリア人の血を受け継ぐドイツ民族への賛美、ユダヤ人とその文化や社会に対する攻撃なども重要な役目だった。戦争が始まると、情報の流れを厳しく統制した。各戦線におけるドイツ軍の勝利や兵士らの勇敢な戦いぶりについては、新聞、映画、ポスター、冊子、ラジオを通して国民に華々しく伝える一方、ドイツ軍の敗北や戦況の悪化など好ましくない情報は極力報じなかった。ゲッベルスは文才もあり、政治論文や演説原稿を書くのがうまかった。

　宣伝省は1920年代から1930年代にかけて、ニュルンベルクで開かれる党大会や催しの舞台演出などにも携わっていた。また、しだいに規模が拡大し、第二次世界大戦が始まったころには800人以上の職員を抱える省となった。

ヒトラー内閣　1936年9月1日

	閣僚
総統	アドルフ・ヒトラー
農業食糧大臣	ヴァルター・ダレ
航空大臣	ヘルマン・ゲーリング
国防大臣	ヴェルナー・フォン・ブロンベルク
経済大臣	ヒャルマル・シャハト
大蔵大臣	ヨハン・ルートヴィヒ・フォン・クロージク
外務大臣	コンスタンティン・フライヘア・フォン・ノイラート
内務大臣	ヴィルヘルム・フリック
法務大臣	フランツ・ギュルトナー
労働大臣	フランツ・ゼルテ
郵政大臣　運輸大臣	パウル・フライヘア・エルツ・フォン・リューベナッハ
国民啓蒙・宣伝大臣	ヨーゼフ・ゲッベルス
宗教大臣	ハンス・カール
科学・教育・国民文化大臣	ベルンハルト・ルスト

ヒトラー内閣　1943年9月-1945年5月

	1943年9月	1945年4月	1945年5月
総統	アドルフ・ヒトラー	アドルフ・ヒトラー	カール・デーニッツ（大統領）
農業食糧大臣	ヘルベルト・バッケ	ヘルベルト・バッケ	ヘルベルト・バッケ
軍需大臣	アルベルト・シュペーア	アルベルト・シュペーア	カール・ザウル
航空大臣	ヘルマン・ゲーリング	ヘルマン・ゲーリング	－
国防大臣	－	－	カール・デーニッツ
東方占領地域大臣	アルフレート・ローゼンベルク	アルフレート・ローゼンベルク	－
経済大臣	ヴァルター・フンク	ヴァルター・フンク	ヴァルター・フンク
大蔵大臣	ヨハン・ルートヴィヒ・フォン・クロージク	ヨハン・ルートヴィヒ・フォン・クロージク	ヨハン・ルートヴィヒ・フォン・クロージク
外務大臣	ヨアヒム・フォン・リッベントロップ	ヨアヒム・フォン・リッベントロップ	アルトゥール・ザイス＝インクヴァルト
内務大臣	ハインリヒ・ヒムラー	ハインリヒ・ヒムラー	パウル・ギースラー
法務大臣	オットー・ティーラック	オットー・ティーラック	オットー・ティーラック
労働大臣	フランツ・ゼルテ	フランツ・ゼルテ	テオドール・フプファウアー
郵政大臣	ヴィルヘルム・オーネゾルゲ	ヴィルヘルム・オーネゾルゲ	ヴィルヘルム・オーネゾルゲ
国民啓蒙・宣伝大臣	ヨーゼフ・ゲッベルス	ヴェルナー・ナウマン	ヴェルナー・ナウマン
宗教大臣	ヘルマン・ムース	ヘルマン・ムース	ヘルマン・ムース
科学・教育・国民文化大臣	ベルンハルト・ルスト	ベルンハルト・ルスト	ベルンハルト・ルスト

■ゲーリングとリッベントロップ

　ヘルマン・ゲーリングは、航空大臣としてドイツ空軍と民間航空を統轄していた。「四カ年計画」の全権責任者でもあり、巨大な国営企業の運営も手がけていた。またヒトラーが進める民族政策の積極的な支持者だった。ゲーリングは政権初期からさまざまな政策決定において強い影響力を持っていた。しかし、1940年のいわゆるバトル・オブ・

用語一覧

略語	
Abt.	部隊、部門、支部など
Abt. Chef	（部隊や部門の）長
AGF	地区労働指導者
AkDR	ドイツ法律学会
ANST	国家社会主義学生労働団
AO	党の国外組織
A.W.A.	国防軍一般局
bayer.	バイエルン州に関係する、バイエルンの
Bev.	全権責任者
Bevollm.	全権責任者
Bez.	区域
BL.	機動指導者
Bz.	区域
CdZ	（占領地域の）民政長官
dant.	ドイツ国民
DRB	ドイツ帝国鉄道
D.R.P.u.A.P.	ドイツ国特許権及び外国特許権
E	発展、開発
EL	出撃指導者
f.	〜のために　〜を支持して　〜の間
F. Oa.	親衛隊或は突撃隊の指導者
Fü. Lehrg.	指導者養成
FuR	指導者兼ドイツ国首相
Gaul.	大管区指導者

略語	
Gaultr.	大管区指導者
Gauleit.	大管区指導部
GauOVwR.	大管区上級行政官
Gauprop.Leit.	大管区宣伝指導部
Gauramt.	大管区司法局
GauVwAmtm.	大管区職員
GAF	一般労働指導者
GBA	労働力配置総監
Ge.Ka.Do.S.	最高機密
GG	ポーランド総督府
g.K.	最高機密
g.Kdos.	最高機密
GKS	最高機密
GL	大管区指導者
HAL	高級労働指導者
HBefl.	高級指揮指導者
HBL	高級機動指導者
HEL	高級出撃指導者
HGL	高級集団指導者
I.	監督官
In.	監督官
KL	管区指導者
KLtr.	管区指導者
Krsltr.	管区指導者

THE THIRD REICH
1933-1945

ブリテンにおいて、イギリス空軍を撃砕すると豪語しながらドイツ空軍を指揮するも敗北し、それを境に影響力を失っていった。また彼自身、職務に取り組む気力をしだいになくしていった。

　ヨアヒム・フォン・リッベントロップは外交を担っていた。ヒトラーが政権に就いたころ、外務省は協調的な外交を行っていた。大臣を務めていたのはコンスタンティン・フライヘア・フォン・ノイラートである。外務省の外交姿勢に不満を感じていたヒトラーは、1933年末、リッベン

略語		略語	
Kr.Walt.	管区管理部門	R.L.	全国指導者
Landw.	農業	Rl.	全国指導部
Mil. Bef.	軍司令官	RLM	航空省
Mil. Verw.	軍管理部門	RLP	出版全国指導者
Min.Dir.	大臣、上級公務員	RM	陸軍元帥
Min. Dir.	首相	R. Mi.	閣僚
Min.Präs.	（省庁の）局長	Rm.f.Rü.u.Kr.Prod.	軍需・軍事生産省
Min.Rat	評議員	RMfVuP.	国民啓蒙・宣伝大臣（省）
NS	国家社会主義	RMVP	国民啓蒙・宣伝省
NSDAP	国家社会主義ドイツ労働者党（ナチス）	RPA	民族政策局
OAL	上級労働指導者	RPC	新聞全国指導者
OGL	上級集団指導者	RPL	宣伝全国指導部
Promi.	宣伝省	R.P.T.	党の日
RA	政府機関	Rst.	総督
RAD	国家労働奉仕団	R. st.	総督
RAM	外務大臣	St. Sek.	地区次官
RDFDV	ドイツ民族性強化国家委員	stv.	副
RdL	航空大臣	V.	管理
RFM	大蔵省	VB	『フェルキッシャー・ベオバハター』（党機関紙）
RG	帝国大管区	VDA	国外ドイツ民族同盟
RKF	ドイツ民族性強化国家委員	Verw.	管理
RKFDV	ドイツ民族性強化国家委員	WE.	哲学
RL	全国指導部	WE-F.	政治学指導者
RL	全国指導者	Z.	代理人、委員

トロップを長とするリッベントロップ事務所を設立し、彼を特使として外国との交渉にあたらせた。リッベントロップはほかの幹部からは毛嫌いされている人物だったが、ヒトラーは彼がたいへん忠実だったため重用し、1938年にはノイラートを解任して彼を外務大臣に任命した。リッベントロップ事務所はその折に廃止されている。リッベントロップのおもな外交成果としては、1935年6月の英独海軍協定締結と1939年8月の独ソ不可侵条約締結が挙げられる。

　リッベントロップは戦争末期まで外務大臣を務めた。しかし戦争が始まると、戦前のような外国との大きな交渉は少なくなり、彼の存在も重視されなくなった。また、占領地域における彼の権限は限定されていた。ヒトラーは、1941年7月にアルフレート・ローゼンベルクを東方占領地域大臣に任命し、東方地域におけるドイツ化政策、ユダヤ人の強制収容所への移送や殺害といった民族政策、労働力の確保などの責任者としている。

　占領地域での政策にはベーメン・メーレン保護領総督、ポーランド総督、帝国弁務官、親衛隊などもかかわっており、ここでもやはり政策の決定や権限をめぐる争いが生まれていた。ただ、ヒトラーが重視する民族政策に関しては、各組織のあいだである程度協力態勢が敷かれていたようだ。そのため、ユダヤ人の大量殺害を実行に移すことも可能だったのだろう。

　ヨハン・ルートヴィヒ・フォン・クロージクは大蔵大臣として、1930年代のドイツの軍備拡張を財政面から支えた。ヴァルター・フンクは、シャハトとゲーリングの跡を継いで1938年から経済大臣を務めた。ドイツ国立銀行総裁、戦争経済総監としても経済政策の一翼を担った。

■ハインリヒ・ヒムラー

　ハインリヒ・ヒムラーは親衛隊の全国指導者であり、1943年からは内務大臣も務めた。ヒムラーは全国の警察権も掌握する党内きっての実力者であり、民族政策においても強制収容所の運営を担うなど中心的な役割を果たしていた。また、準軍事組織である武装親衛隊の指揮官でもあった。ヒムラーが束ねる親衛隊はナチスの思想に極めて忠実な組織だった。そしてたいへん強大で、まるでひとつの国家のような機構を形成していた。
　以上の人物は、歴史上その名をよく知られている。彼らのほかには、ナチス政権下で新設された宗教省の大臣を務

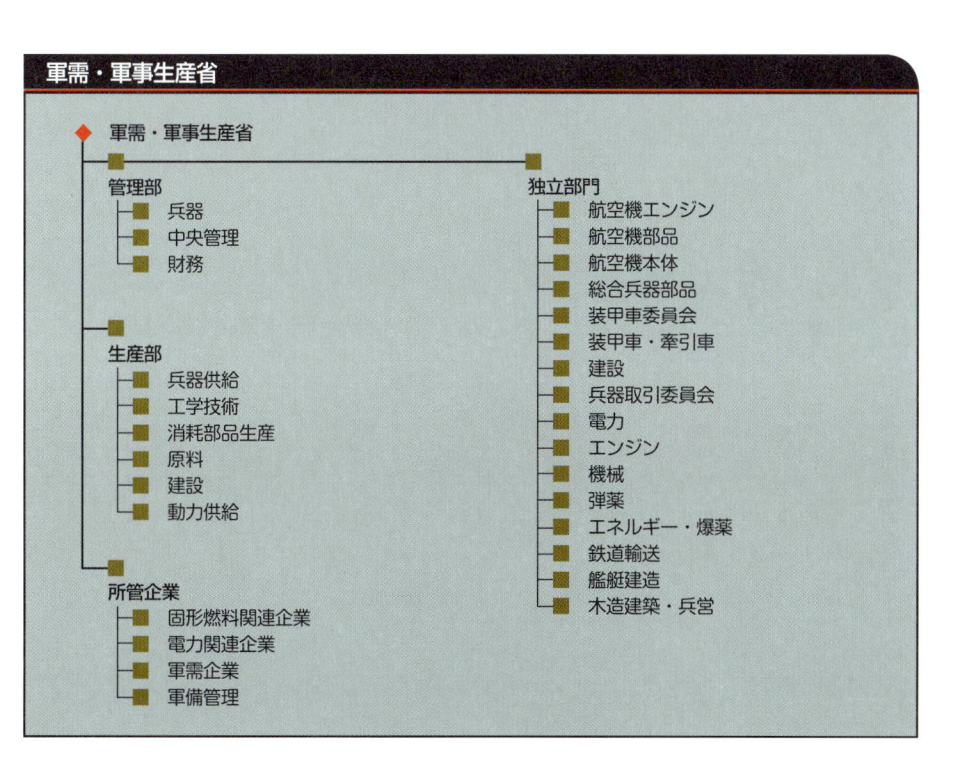

軍需・軍事生産省

- ◆ 軍需・軍事生産省
  - 管理部
    - 兵器
    - 中央管理
    - 財務
  - 生産部
    - 兵器供給
    - 工学技術
    - 消耗部品生産
    - 原料
    - 建設
    - 動力供給
  - 所管企業
    - 固形燃料関連企業
    - 電力関連企業
    - 軍需企業
    - 軍備管理
  - 独立部門
    - 航空機エンジン
    - 航空機部品
    - 航空機本体
    - 総合兵器部品
    - 装甲車委員会
    - 装甲車・牽引車
    - 建設
    - 兵器取引委員会
    - 電力
    - エンジン
    - 機械
    - 弾薬
    - エネルギー・爆薬
    - 鉄道輸送
    - 艦艇建造
    - 木造建築・兵営

めたヘルマン・ムースや、同じく新設された科学・教育・国民文化省の大臣として1945年まで教育行政を担当したベルンハルト・ルストなどが挙げられる。ルストは元教師で、ハノーヴァー・ブラウンシュヴァイク大管区指導者でもあった。

■政権の末期

　1944年から1945年にかけて、ヒトラーの周囲にいた者たちのなかから、あくまで戦争を続けようとするヒトラーに反発し、彼の意に背くような行動を取る者が現れ始めた。1944年7月には軍将校らによる一大暗殺計画も実行に移されている。しかしその一方で、マルティン・ボルマンのようにヒトラーへの忠誠心を失わず、国民突撃隊の指導者として連合国軍に抵抗する構えを見せる者もいた。国民突撃隊は郷土死守を目的として戦争末期に設立され、大管区指導者や管区指導者が指揮官を務めた。ヒトラーは、周りの者が離反してゆくなか、ボルマンのように、断固として抵抗しようとする者たちを頼みに戦いを続けた。

指導者としてのヒトラー

> ヒトラーは指導者としてドイツを率いていた。1938年から1942年にかけては領土拡大もなし遂げた。しかしヒトラーの政権運営や軍の指揮には混乱や偏向が見られ、健全なものだったとは言えない。

　新聞全国指導者だったオットー・ディートリヒは、戦後、ヒトラーについて洞察力に富んだ批評を行っている。彼は

1938年から宣伝省の次官も務めたが、戦争中に職責の重圧から神経衰弱に陥っている。次の文章は、ディートリヒがヒトラーの政権運営について記したものである。

「ヒトラーの統治下にあった12年間、ドイツ国では政治

総統の権限に関する国会決議　1942年4月26日

現在の戦いにおいて、ドイツ国民の破滅ではなく生存のために、ドイツ国の勝利のために何を為すべきかを決定する権限は、すべて総統に委ねられている。総統は、国民の指導者、国防軍の最高指揮権者、首相かつ国家元首、司法の長そして党の指導者として、いかなる法にも縛られることなく、軍人、公務員、司法官、党員、職人、労働者、地位の高い者、地位の低い者、そしてその他のすべての国民に対して、任務の遂行を命じることができる。命令に違反した者に対しては、その者の持つついわゆる権利に関係なく罰する権限、或いは、定められた手続きを経ることなくその者の職を解く権限を有する。

全権委任法条文　1933年3月23日

民族及び国家の危難を除去するための法律

国会は次の法律を制定した。本法律は、法律制定における憲法上の必要条件を満たしていることが確認され、第二院の承認を得たため、ここに公布する。

第1条
ドイツ国の法律は、憲法が規定する手続きにより制定されるほか、ドイツ国政府によっても制定される。本条は、憲法第85条第2項及び第87条にも適用される。

第2条
ドイツ国政府が制定した法律は、国会及び第二院の制度に関係するものでない場合、憲法に違背してもよい。大統領の権限が侵されることはない。

第3条
ドイツ国政府が制定した法律は、首相が認証し、官報によって公布される。発効日は、とくに指定がない場合、公布日の翌日となる。また、ドイツ国政府が制定した法律は、憲法第68条から第77条の適用を受けない。

第4条
ドイツ国が外国と締結した条約については、実施するにあたり法律の制定が必要な場合、ドイツ国政府がその法律を制定し、立法府の承認を経ずに実施することができる。

第5条
本法は公布日より発効する。本法は、1937年4月1日をもって失効する。現ドイツ国政府が他の政府と入れ替わった場合は、その時をもって失効する。

において、つねに争いが生じていた。それはまったく文明国らしからぬありさまだった。ヒトラーは各種権限について、それがどこの組織に属するのかをはっきりと決めず、あやふやなままにしておいた。そのため各組織は権限をめぐって互いに争った。ヒトラーはそれを、とくに何をするでもなく、ただ黙って眺めていた。その争いこそヒトラーが望んでいたことだったからだ。ヒトラーは、権限の所在を不明確にするという策を弄して組織を争わせ、それによって独裁体制をより強固なものにしようとしていた」
（J・ノークスとG・プリダムの著書からの引用）

ヒトラーは政権に就いてから絶対的な力を握った。そしてその力を保持し、指導者として君臨し続けた。しかしヒトラーは、一国の指導者としては器量不足だったように思える。また、国を預かる身でありながら、責任感にひどく欠けていたようでもある。

■指導者としての姿

ヒトラーは、1日の仕事を始める時間がずいぶん遅かったようだ。普段は昼前後に起き、それから数時間は食事をしたり映画を観たりして過ごし、日が傾きかけるころになってから、会議を開いたり人に会ったりした。人と会う時間を守らないこともたびたびだったようだ。ただし、時間にいい加減なのは党の人間や役人と会うときで、軍関係者と会うときにはわりと時間を守っていたらしい。

またヒトラーは、一般的な行政についてはあまり関心を示さなかった。そのため政策会議ではだいたいの方針を示すだけで、詳細の決定は部下の裁量に任せることもあった。ただ、興味が薄かったとはいえ、行政全般に関する専門的な知識を持っていた。一方、軍事、外交、民族政策に

ついてはたいへん熱心に議論し、細かなところまで自分で決定を下そうとした。

■軍の指揮

　ヒトラーは第二次世界大戦において、国防軍最高司令部（OKW）の最高司令官として軍を統率した。ソ連のスターリンも軍を指揮していたが、途中から自分には能力が無いと判断して前線の司令官に指揮を任せるようになったようだが、ヒトラーは最後まで指揮を執った。

　ヒトラーは、軍事についてまったくの門外漢だったわけではない。戦術などに精通し、軍事用語もよく知っていた。また記憶力の良さもあって、将校らも感心するほど各戦線の戦況をよく理解していた。しかし戦争が進んで戦線が拡大すると、さすがのヒトラーもすべてを把握することは難しくなった。1942年に入ると戦争資金や武器、物資の不足が深刻になり、戦況はさらに複雑化した。またヒトラーは決して若くはなく、激務のせいもあって健康状態が悪化した。しかしそれでも指揮を続けた。

　ヒトラーには、司令官として問題がいくつかあったと思うが、そのひとつは、彼が意思の力を信じすぎていたことではないだろうか。1942年8月のある日の夕方の話し合いで、ヒトラーは次のようなことを語っている。

「作戦に乗り出そうというときに『慎重に行こう。この作戦は失敗するかもしれないから』というふうな弱気な姿勢だったら、その作戦は失敗するに決まっている。戦いには、どんな状況にあっても必ず勝利するんだという気持ちで臨まなくてはだめだ。クレタ島の戦いなどはよい見本だ。もしもあのとき『これは困難な作戦だ。うまくゆけばよいが、撤退ということもありうるぞ！』などと言いながら戦いに

入っていたら、勝てはしなかっただろう」(トレヴァー・ローパーの著書からの引用)

　ヒトラーが言及しているクレタ島の戦いは、1941年5月から6月にかけて行われた。この戦いでドイツ軍は大規模な空挺作戦を敢行し、部隊に多くの犠牲を出しながらも作戦を成功させ、連合国軍からクレタ島を奪取している。ただヒトラーは、損害があまりにも大きかったため、その後再び規模の大きな空挺作戦を行うことはなかった。
　1939年から1941年にかけて、ドイツ軍はヒトラーの指揮のもと勝ち進んでいった。ヒトラーはときには歴戦の将校も驚くような作戦指揮を行うこともあった。しかし1942年から戦況が悪化し始めると、ヒトラーは意思の力を信じながら作戦を立てるようになった。そのためヒトラーの作戦は、彼に正確な戦況情報が伝えられていなかったこともあり、たいへん無謀なものとなった。スターリングラードにおける戦いでは、撤退を許さなかった。そのため第6軍は壊滅した。アントウェルペン奪回という目標を掲げた、西部戦線のアルデンヌ攻勢も自滅的な作戦だった。戦争末期にはベルリンをソ連軍に取り囲まれてもなお、戦い続けることを命じた。そしてなかでも無謀だったのは、長期戦となることが予想できたにもかかわらず、補給態勢を整えないままソ連との戦いを始めたこと、そして世界第1位の工業力を有するアメリカに戦争を仕掛けたことだろう。ヒトラーは司令官として決して無能だったわけではないが、現実を見据えることができなかった。そのためドイツを破滅へと追いやってしまったのである。

■外交政策

　ヒトラーのひとつの目標は生存圏を広げることであり、

ヒトラーの外交政策はおもにこの目標を実現させるためのものだった。外交は、ヒトラーの思惑どおりに進むこともあれば、うまくいかないこともあり、国際情勢の変化や国内事情から政策の変更を余儀なくされる場合もあった。

例えばヒトラーは、ソ連征服を最終目標とする東方への侵攻を開始するにあたり、二正面での戦いは避けたいという考えから、イギリスと同盟を結ぶことを望んでいたようだが、イギリスとの同盟はならなかった。それでもヒトラーは、イギリスが武力介入を行うことはないだろうと考えていたらしい。そして、独ソ不可侵条約の秘密議定書に基づきポーランドへ侵攻した。するとヒトラーの予想に反して、イギリスがフランスとともにドイツへ宣戦布告した。

ドイツが締結した主な条約と協定　1922-1939年

条約名	締結年月日	概要
ラパロ条約	1922年4-7月	ドイツとソ連が結んだ条約。経済と軍事において両国が協力することを約束した。
ロカルノ条約	1925年10月5-16日	ヨーロッパの主要国が結んだ条約。ドイツ、ベルギー、フランスが国境の不可侵を約束した。またドイツは、東部国境の変更を求めないこと、ベルギー、フランス、ポーランド、チェコスロヴァキアとの紛争の解決は、武力によらず仲裁裁判所などへ委ねることを約束した。
ベルリン条約	1926年4月24日	ドイツとソ連が結んだ条約。一方の国が第3国から武力攻撃を受けた場合、もう一方の国は中立を保つことを約束した。
ドイツ・ポーランド不可侵条約	1934年1月26日	ドイツとポーランドが結んだ条約。条約発効から10年間、互いに対して侵略行為を行わないことを約束した。
英独海軍協定	1935年6月18日	ドイツとイギリスが結んだ協定。イギリスは、イギリス海軍が保有する水上艦艇の35パーセント分の水上艦艇をドイツが保有することを認めた。潜水艦についても、同程度の割合までの保有を認めた。
日独防共協定	1936年11月25日	ドイツと日本が結んだ協定。共産主義国際組織（コミンテルン）に対抗するために協力することを約束した。
独ソ不可侵条約	1939年8月23日	ドイツとソ連が結んだ条約。条約発効から10年間、互いに対して侵略行為を行わないことを約束した。また、ベルリン条約の内容を継承した。

そのためヒトラーは東方に軍を進めるより先に、西方の脅威を取り除くための戦いを行わなければならなくなった。1930年代のヒトラーは、戦いが、西ヨーロッパからイタリア、バルカン半島、北アフリカ、東ヨーロッパ、ソ連にかけて広がることになるなど、想像もしていなかったのではないだろうか。

■民族政策

ヒトラーが抱いていた願いのひとつは、ドイツ民族が純血を守りながら繁栄することだった。そしてヒトラーは強烈な反ユダヤ主義者であり、ユダヤ人に対する憎悪からホ

政治的出来事　1933-1939年

日付	出来事
1933年1月30日	ヒトラー内閣が発足する。
1933年2月1日	国会が解散する。
1933年2月28日	「民族と国家防衛のための大統領緊急令」が公布され、ナチス政権の権限が強化される。
1933年3月13日	ゲッベルスが国民啓蒙・宣伝大臣に就任する。
1933年3月23日	「全権委任法」が可決され、ナチス政権に立法権が委譲される。
1933年7月14日	ナチスの一党独裁体制が確立する。
1934年6月29-30日	「長いナイフの夜事件」で突撃隊幹部が粛清される。
1934年8月1日	「国家元首に関する法律」により、首相権限と大統領権限が統合される。
1934年8月2日	ヒトラーが国家元首となる。
1937年1月30日	「全権委任法」の4年間の延長が決定する。
1937年2月10日	ドイツのおもな金融商品がすべてナチス政権の管理下に置かれる。
1938年2月4日	国防軍最高司令部（OKW）が設立され、ヒトラーが国防軍を直接指揮する権限を得る。国防省は廃止される。
1939年9月1日	ドイツがポーランド侵攻を開始する。

第4章　政権と指導者

ロコーストを引き起こした。ユダヤ人の大量殺害は、親衛隊などがヒトラーの意向を受けて具体的な政策を立案し、実行に移していた。ユダヤ人の大量殺害という民族政策については、それを止める力も有していたヒトラーに責任があるのは当然のことだが、軍を含むさまざまな組織の者たちが、程度の差はあれ、政策にかかわっていたということも指摘しておかなければならない。民族政策については第7章において詳しく述べたい。

■敗北への道

　連合国は1944年に入ると、ドイツには勝ち目はないだろうと考えるようになる。そして実際にドイツは、ヒトラーと彼が作り上げた無秩序な政権とに導かれて、ただひたすら、完全なる敗北への道を進んでいた。

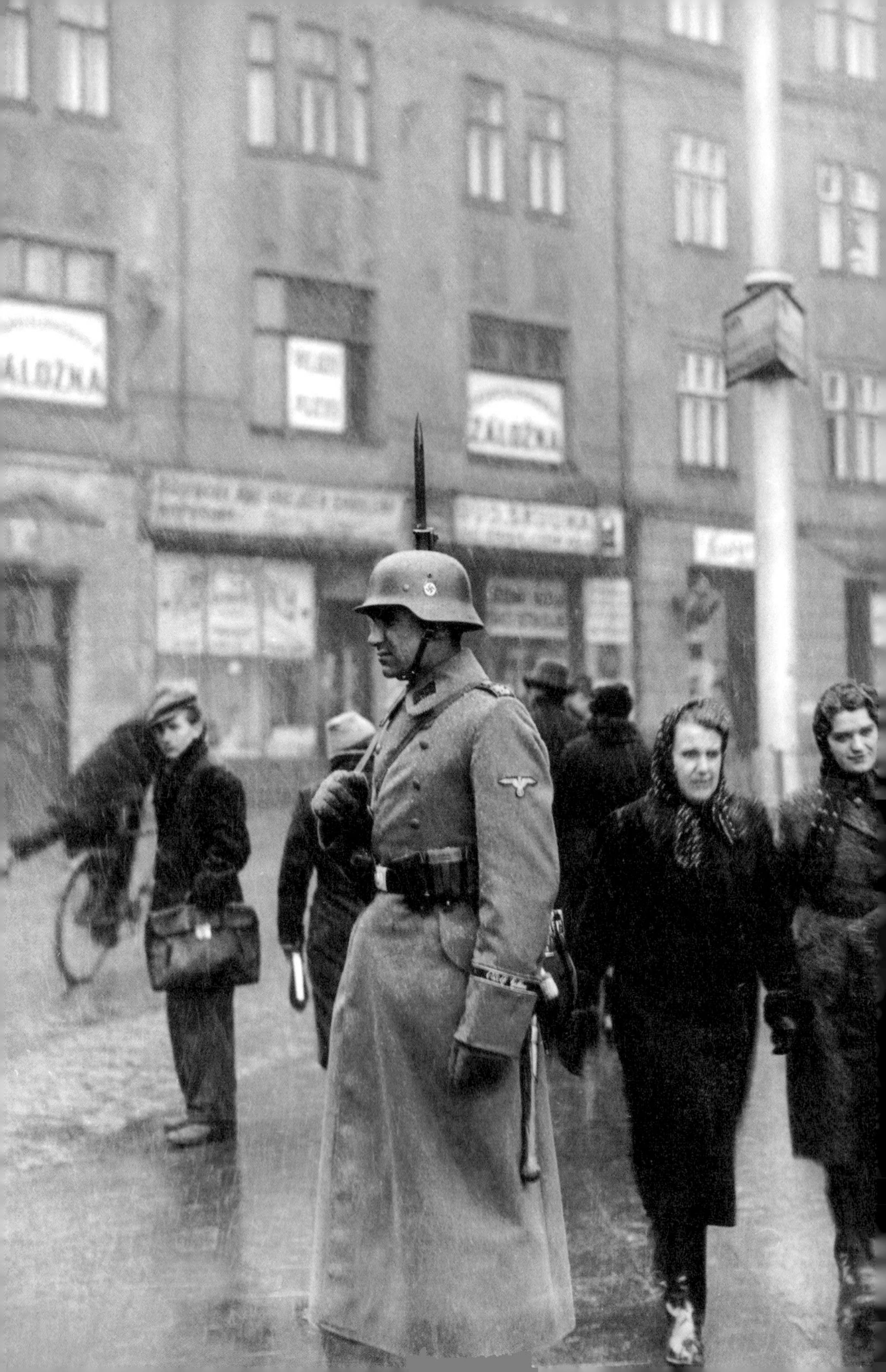

第5章 警察と司法

ナチスは、反ナチス分子の取り締まりを徹底的に行った。取り締まりにあたったのは突撃隊と親衛隊、それに警察組織である。

ナチスは国の警察組織を親衛隊の指揮下に置いた。また、国家保安本部(RSHA)を設立し、秘密警察や国内外の諜報組織、防諜組織をそのもとにまとめ、政治警察の強化を図った。

さらに司法を政権の影響下に置き、裁判官にはナチスの思想に沿って裁判を行うよう求めた。ナチスは警察と司法を政権維持のために利用していった。

警備のため街角に立つ、第1SS装甲師団「ライプシュタンダーテ・アドルフ・ヒトラー」の隊員。チェコのシュレジエン地方、オストロヴァ

警察権力

> ナチス政権下のドイツにおいて警察権力を握っていたのは、親衛隊の全国指導者ハインリヒ・ヒムラーである。ヒムラーは親衛隊に警察組織を組み入れ、ナチスの思想に従う組織へと作り変えた。

親衛隊は、1925年にヒトラーの護衛部隊として、突撃隊から一部が独立して生まれた。最初は小さな組織だったが、1929年にハインリヒ・ヒムラーが全国指導者に就任してからしだいに規模を拡大し、強い力を持つようになった。

■親衛隊とヒムラー

1934年、親衛隊はヒトラーの命を受けて突撃隊幹部の逮捕、処刑を行い、その後突撃隊に代わるドイツの主要な準軍事組織となった。組織内にSDと称される保安部も設けられた。ヒムラーは、1933年にバイエルン州警察長官に就任し、1934年4月には秘密警察（ゲシュタポ）の長官代理となった。その後各地域の一般警察や刑事警察を指揮下に収めてゆき、法の執行者である警察の権力を掌握した。1943年8月には警察を管轄する内務大臣にも就任している。

■親衛隊保安部（SD）

親衛隊保安部は1931年に設立された。「保安部は国家社会主義の敵を見つけ出し、その後しかるべき処置を行う」とヒムラーが述べているように、保安部はナチスが

敵と見なす人物や活動の調査、取り締まり、処罰を行う組織だった。保安部はドイツ全土に、諜報員と情報提供者による諜報網を張っていた。戦争が始まると諜報網は占領地域へも広がり、各地域から膨大な数の秘密報告書が本部へと送られた。保安部の長官を務めていたのはラインハルト・ハイドリヒである。ハイドリヒは1936年から1942年に暗殺されるまで秘密警察の長官も務めていた。

■国家の敵

親衛隊保安部の取り締まりの対象はしだいに広がっていった。歴史家のルイス・シュナイダーによると、保安部の標的となったのは次のような人びとだった。

「親衛隊保安部というヒトラーの恐怖の組織からいったん目をつけられると、逃れることはまずできなかった。彼らの犠牲者はユダヤ人、共産主義者、平和主義者、セブンス

警察の基本的心得

1935年1月18日、ドイツ国内務大臣及びプロイセン州内務大臣により公布される

1　総統と国民、国家への、忠誠と献身の誓いを守ること

2　警察には大きな権限が与えられている。その権限を行使しながら、忠実な奉仕者として任務を果たすこと

3　任務には熱心に、思慮分別をもって取り組むこと。国民と国家の敵とは、正義とともに、勇気をもって敢然と戦うこと

4　自分が人から行ってほしいと思うことを人に対して行うこと

5　嘘をつかず、正直であること。与えられた権限に対して謙虚であること。威厳を失うことのないよう自制心を保つこと

6　助けを必要としている人をすべて助けること

7　外見は内面を反映するものであるため、外見にも気を配ること

8　上司には従い、部下には良き手本となること。規律を守り、同志愛を大切にすること

9　武器を手にするということは、ドイツ国民として名誉なことである。それを忘れないこと

デー・アドベンチスト教会の信徒、政治犯、乞食、反社会分子、『働かない者』、同性愛者、売春婦、酔っぱらい、ペテン師、精神障害者などさまざまだった。オーストリアでは、ドイツに併合された1938年、ウィーンだけで6万7000人が『国家の敵』として逮捕された」

　親衛隊保安部は敵と見なす者を片端から捕らえ、人権などまるで考慮することなく拷問、拘禁、処刑を行っていた。そしてナチス政権下のドイツには、親衛隊保安部と同様の活動を行う組織がもうひとつ存在した。悪名高き秘密警察、ゲシュタポである。

■ゲシュタポ

　ゲシュタポは1933年4月、プロイセン州内務大臣ゲーリングにより、ヴァイマル共和政期のプロイセン州秘密警察を中核にして、新たな州の秘密警察として設立された。ゲシュタポは国家社会主義を「敵」から守ることを任務とし、数年後には管轄範囲がドイツ全土に広がった。
　ゲシュタポの活動は法の制限を受けず、ドイツ国民や占領地域の住民から恐れられていた。親衛隊保安部とは職務領域が重なっていたため、対立関係にあった。
　1936年6月に保安警察（ジポ）が設立されると、ゲシュタポは刑事警察（クリポ）とともにそのもとにまとめられた。保安警察の長官には、親衛隊保安部長官でもあったハイドリヒが就任した。1939年には、親衛隊の一部局として国家保安本部（RSHA）が設立され、保安警察と親衛隊保安部はその傘下に置かれることになった。
　ゲシュタポは規模が大きかった。1939年を例に見ると、諜報員は2万人、情報提供者は10万人にのぼっている。対する親衛隊保安部は諜報員が3000人、情報提供者

が 5 万人ほどである。

　ただ、これだけの人員を擁していたものの、戦争が始まって活動範囲が占領地域にまで広がると、各地域にじゅうぶんな人員を配置することが難しくなった。大きな都市でも、諜報員がわずか数十人しか配置されていないところが多かったらしい。ゲシュタポは終戦まで人びとから恐れられた存在だったが、監視の目を行き渡らせることができていたわけではないようだ。

ゲシュタポの機構　1939年

部	部長	業務
I	ヴェルナー・ベスト	編制、管理、法務
II	ラインハルト・ハイドリヒ	反ナチス分子の取り締まり
III	ギュンター・パルテン	防諜

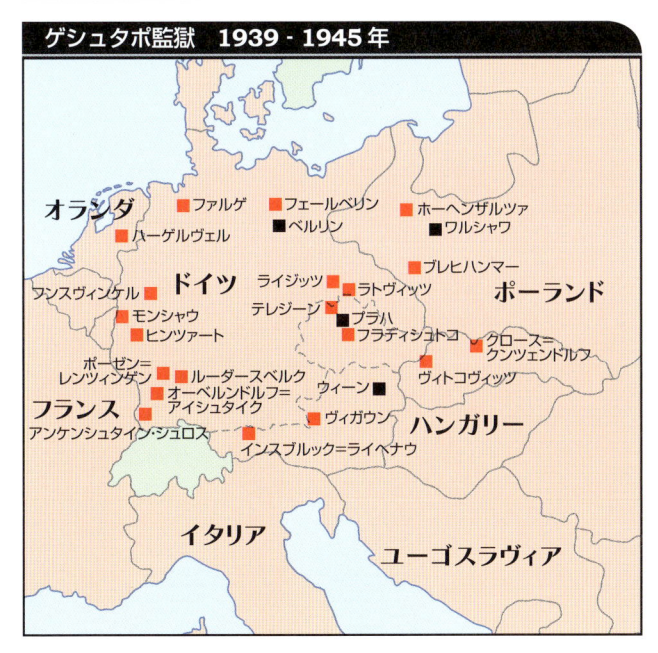

ゲシュタポ監獄　1939-1945年

地図に示された地名: オランダ、ファルゲ、フェールベリン、ホーヘンザルツァ、ハーゲルヴェル、ベルリン、ワルシャワ、ドイツ、ブレヒハンマー、ファンスヴィンケル、ライジッツ、ラトヴィッツ、ポーランド、モンシャウ、テレジージン、プラハ、ヒンツァート、フラディシコトコ、クロース＝クンツェンドルフ、ポーゼン＝レンツィンゲン、ルーダースベルク、ヴィトコヴィッツ、オーベルンドルフ＝アイシュタイク、ウィーン、フランス、ヴィガウン、ハンガリー、アンケンシュタイン・ジュロス、インスブルック＝ライヘナウ、イタリア、ユーゴスラヴィア

ゲシュタポ監獄
ゲシュタポ監獄はドイツ本土とオーストリア、ポーランド、チェコスロヴァキアなどに設置され、ゲシュタポに逮捕された人びとが収監された。人びとはゲシュタポの存在を常に意識しながら、ナチスに従って生活を送らなければならなかった。

裁判

> ナチス政権下のドイツでは、裁判所はナチスによって操られていた。法廷では、はじめから決められていた判決が被告に言い渡されることも少なくなかった。

　第三帝国では、司法の独立性が失われた。裁判所の審判は、法ではなくナチスの思想に基づいて行われた。被告は、一度審判を下されると、再審判を求めることはほとんどできなかった。ヒトラーやナチス幹部は、裁判に直接介入していた。ヒトラーは司法への影響力を年々強めていったが、1942年4月26日には次のような国会演説を行っている。

　「わたしは、国に従わない人物に対して行われる裁判に、わたしがかかわることのできる法的な権限を求める……あらゆる人物に対して任務を果たすよう要求することのできる権限、そして、ある人物について、その人物が任務を果たしていないとわたしが見なした場合、その人物が誰であっても、どのような権利を有していても、その人物の職や地位を解くことのできる権限を、国会がわたしに与えることを望む……わたしは今後裁判にかかわらなければならない。そのことを理解しない裁判官は職を解かれるだろう」

　国会はもちろんヒトラーの要求を認めた。そして裁判官はそれまで以上に、ヒトラーの意向を反映するような判決を下すようになった。

THE THIRD REICH
1933-1945

■ 裁判官の偏り

　裁判所を意のままに操ろうとするヒトラーにとって、ひとつ好都合だったのは、裁判官らがたいへん権威主義的だったということだ。リヒアルト・グルンベルガーは次のような指摘を行っている。

「裁判官というのは、学者や役人と同様、一体に権威主義的だった。そしてナチスの全体主義は、権威主義と似ている部分があった。そのため裁判官のなかには、ナチスのほかの思想については受け入れることができなくても、ナチスの全体主義的な姿勢については認める者もいた」

■ 人民法廷

　ヒトラーは1934年に人民法廷を設立した。人民法廷は、とくに大逆罪と国家に対する反逆罪を扱う特別裁判所である。初代長官にはフリッツ・レーンが就任し（1934年7月-9月）、その後オットー・ティーラック（1934年-1942年）、ローラント・フライスラー（1942年-1945年2月）、ハリー・ハフナー（1945年3月-4月）が引き継いだ。

　人民法廷にはスワスティカやヒトラーの肖像が掲げられた。職員はおもに親衛隊隊員やそのほかのナチス党員から選ばれた。裁判には、職業裁判官のほかに数名が名誉裁判官として加わったが、名誉裁判官もたいていはナチス関係者から選ばれていた。そして裁判では死刑をはじめとする厳しい判決が下されることが多かった。裁判の始まる前から判決が決められていることもあり、そのような場合、審理は形だけのものとなった。また、被告は再審判を求める

ことができず、一度判決が言い渡されればそれを受け入れるしかなかった。裁判はフィルムに記録されることもあった。ヒトラーや幹部はそれで裁判のようすを知ることができた。記録映像はニュース映画に使用されることもあった。人民法廷では、裁判官が被告に対して侮辱的な言葉や罵声を浴びせることも珍しくなかった。裁判は公正ではなく、フライスラーが裁判長を務める裁判はとくに歪んだものだった。

　フライスラーは、ヒトラーに極めて忠実に従った裁判官だった。彼は1925年にナチスに入党した。その後プロイセン州議会議員となり、続いてヘッセン・ナッサウ州から出馬して国会議員に当選した。1934年5月にはサボタージュ対策の責任者となった。また、1942年1月に開かれ

人民法廷において死刑判決を受けた著名人物　1942 - 1945年	
1942年	注
ヘルムート・ヒューベナー	人民法廷において死刑判決を受けた人物のうちで最も若い人物。大逆罪。
1943年	
ユリウス・フチーク	チェコスロヴァキア人ジャーナリスト。大逆罪。
ヴィリー・グラーフ	白いバラ運動のメンバー。
クルト・フーバー	白いバラ運動のメンバー。
カールロベルト・クライテン	ドイツ人ピアニスト。ヒトラーと戦争に対する批判を行った。
クリストフ・プロープスト	白いバラ運動のメンバー。
アレクサンダー・シュモレル	白いバラ運動のメンバー。
ハンス・ショル	白いバラ運動のメンバー。
ゾフィー・ショル	白いバラ運動のメンバー。
1944年	
マックス・ヨーゼフ・メツガー	キリスト教神父。反ナチスを唱えた。
エルヴィン・フォン・ヴィッツレーベン	陸軍元帥。1944年7月20日の暗殺計画に参加した。
ヨハンナ〝ハンナ〟キルヒナー	ドイツ社会民主党党員。反逆罪。
1945年	
エルヴィン・プランク	政治家、実業家。1944年7月20日の暗殺計画にかかわったとされている。
アルトゥール・ネーベ	親衛隊集団指導者。1944年7月20日の暗殺計画に参加した。

たヴァンゼー会議にも出席している。この会議ではユダヤ人問題の「最終的解決」についての話し合いが行われた。フライスラーは1945年、裁判所において連合国軍の爆撃に遭い死亡するが、それまでに数多くの人びとに死刑を宣告し、その命を奪った。

1943年には「白いバラ」のメンバーを裁いている。「白いバラ」はミュンヘンの大学生が結成した小さな抵抗運動グループで、占領地域におけるナチスの残虐な行いを国民に伝えようと活動していた。メンバーのうち数名が陸軍兵

主なヒトラー暗殺未遂事件　1933 - 1945年

発生年月日	場所	事件内容
1933年3月3日	ケーニヒスベルク	クルト・ルットナーが党大会において暗殺を試みた。ルットナーは党大会の翌日に逮捕された。
1936年12月21日	ニュルンベルク	ユダヤ人学生ヘルムート・ヒルシュが暗殺を計画したとして逮捕された。ヒルシュは逮捕後、ニュルンベルク本部で爆弾を使いヒトラーを殺害するつもりだったと自白した。
1938年10月	ミュンヘン	スイス人モーリス・バヴォーが数度にわたり暗殺を試みた。バヴォーは逮捕され、裁判にかけられた後、処刑された。
1939年11月8日	ミュンヘン	ゲオルク・エルザーが、ヒトラーが演説を行うビヤホール「ビュルガーブロイケラー」に爆弾を仕掛けた。爆弾はヒトラーがビヤホールを出た後に爆発。この爆発により8人が死亡した。
1943年3月	スモレンスク	3人の軍将校が、ヒトラーのフォッケウルフ200コンドルに爆弾を仕込み、飛行機の爆破を試みた。爆弾の不発で失敗に終わった。
1944年3月11日	オーバーザルツベルク	エベルハルト・フォン・ブライテンブーフ大尉が銃による暗殺を試みた。しかしヒトラーに近づくことができずに終わった。
1944年7月20日	総統大本営「狼の巣」	クラウス・シェンク・グラフ・フォン・シュタウフェンベルク大佐が会議室に爆弾を仕掛けた。ヒトラーは爆発により負傷した。

注　暗殺未遂事件はほかにも数多く起こっている。ここに挙げたものは、その中でとくに意味を持つか、成功の可能性が高かった事件である。

士として戦争に参加しており、その際、特別行動隊による住民虐殺の実態を知った。

　フライスラーは、1944年7月のヒトラー暗殺未遂事件の関係者の裁判も担当した。この事件では、実行者のクラウス・シェンク・グラフ・フォン・シュタウフェンベルク大佐をはじめ、計画にかかわったとして200人が捕らえられた。そのうちの幾人かはただちに殺害され、そのほかは裁判にかけられた。人民法廷では、暗殺計画の中心にいた24人の裁判が行われた。しかし裁判とはいっても判決はもとより死刑と決まっていた。そして刑は被告に宣告されてから数時間後に執行された。この裁判では被告がたいへんな辱めを受けた。エルヴィン・フォン・ヴィッツレーベン陸軍元帥は、法廷でベルトとズボン吊りを外された。そのためヴィッツレーベンは裁判中ずっと、ズボンが落ちないように手で持っていなければならなかった。彼は死刑が言い渡された後、裁判長を務めたフライスラーに次のような言葉を投げつけている。「あなたはわたしたちを絞首刑執行人のもとへ送る。そのことを人びとは嫌悪するだろう。そしてあなたは3か月もしないうちに、罰として街じゅうを引きずり回されることになるだろう」

■影響力の浸透

　この裁判は極端なものかもしれないが、ナチス政権下のドイツにおける司法のありさまを示すひとつの例である。第三帝国では、裁判官の任命権はナチスの法務大臣に握られていた。裁判官は圧力をかけられ、ナチスの方針に従わないと、ナチス法律家協会から罰せられ、免職処分となることもあった。裁判官の卵たちはナチスの方針を教え込まれた。そして被告として法廷に立った者は、正当とは言いがたい裁きを受けていた。

警察の任務

> 第三帝国では政治警察が強化された。また、一般警察はご
> く普通の警察任務を担う一方で、好ましからぬ特殊な任務
> にも就くようになった。

　ナチスが政権に就くと、警察は親衛隊の指揮下に置かれることになった。1936年6月、内務大臣より全ドイツ警察長官に任命されたヒムラーが、各地域の警察権を掌握したのを機に、警察組織を親衛隊に組み入れたのである。

　1939年9月には、「国家の敵」の取り締まりを強化するため、国家保安本部（RSHA）が設立され、政治警察がそのもとにまとめられた。長官にはラインハルト・ハイドリヒが就任し、1942年に暗殺されるまで指揮を執った。

■警察の機構

　国家保安本部は7つの局に分かれていた。そのうち第III局が親衛隊保安部（国内諜報担当）、第VI局が親衛隊保安部（国外諜報担当）、第IV局が秘密警察、第V局が刑事警察だった。

　ドイツでは各州に州警察が置かれ、プロイセン州首相やバイエルン州首相といった地域の長が統轄していた。そしてその下に市警察や町警察が存在した。各警察は基本的に地域の長が統轄していた。

　警察組織は、大きく一般警察と政治警察に分かれていた。一般警察には、制服を着用する秩序警察（オルポ）と私服を着用する刑事警察（クリポ）のふたつの組織があった。

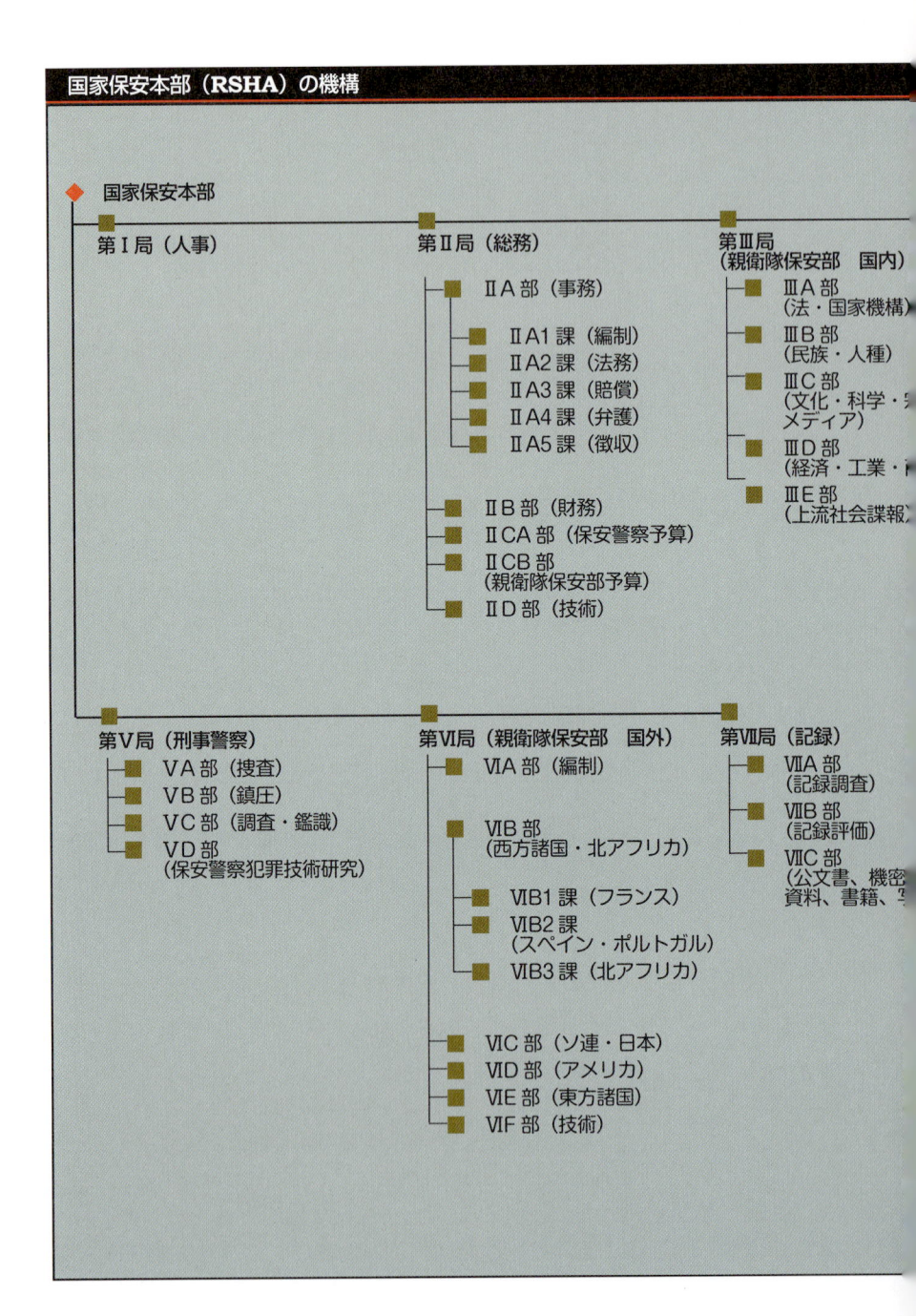

国家保安本部（RSHA）の機構

- ◆ 国家保安本部
  - 第Ⅰ局（人事）
  - 第Ⅱ局（総務）
    - ⅡA部（事務）
      - ⅡA1課（編制）
      - ⅡA2課（法務）
      - ⅡA3課（賠償）
      - ⅡA4課（弁護）
      - ⅡA5課（徴収）
    - ⅡB部（財務）
    - ⅡCA部（保安警察予算）
    - ⅡCB部（親衛隊保安部予算）
    - ⅡD部（技術）
  - 第Ⅲ局（親衛隊保安部　国内）
    - ⅢA部（法・国家機構）
    - ⅢB部（民族・人種）
    - ⅢC部（文化・科学・メディア）
    - ⅢD部（経済・工業・）
    - ⅢE部（上流社会諜報）
  - 第Ⅴ局（刑事警察）
    - ⅤA部（捜査）
    - ⅤB部（鎮圧）
    - ⅤC部（調査・鑑識）
    - ⅤD部（保安警察犯罪技術研究）
  - 第Ⅵ局（親衛隊保安部　国外）
    - ⅥA部（編制）
    - ⅥB部（西方諸国・北アフリカ）
      - ⅥB1課（フランス）
      - ⅥB2課（スペイン・ポルトガル）
      - ⅥB3課（北アフリカ）
    - ⅥC部（ソ連・日本）
    - ⅥD部（アメリカ）
    - ⅥE部（東方諸国）
    - ⅥF部（技術）
  - 第Ⅶ局（記録）
    - ⅦA部（記録調査）
    - ⅦB部（記録評価）
    - ⅦC部（公文書、機密資料、書籍、写）

- 第IV局（秘密警察）
  - IVA部（反体制分子）
    - IVA1課（共産主義者）
    - IVA2課（サボタージュ）
    - IVA3課（反動主義・自由主義・亡命）
    - IVA4課（暗殺）
  - IVB部（教会活動）
    - IVB1課（カトリック教徒）
    - IVB2課（プロテスタント）
    - IVB3課（フリーメーソン）
    - IVB4課（ユダヤ人）
  - IVC部（情報ファイル・党内問題）
  - IVD部（占領地域・外国人労働者）
    - IVD1課（反体制分子）
    - IVD2課（教会活動）
    - IVD3課（党内問題）
    - IVD4課（西方占領地域）
    - IVD5課（防諜）
    - IVD6課（国内外国人）
  - IVE部（防諜）
    - IVE1課（国内）
    - IVE2課（警察）
    - IVE3課（西方諸国）
    - IVE4課（北方諸国）
    - IVE5課（東方諸国）
    - IVE6課（南方諸国）
  - IVF部（国境警察）

■秩序警察

　秩序警察は 1936 年から 1945 年まで、クルト・ダリューゲの指揮下にあった。ダリューゲは警察官僚らとそりが合わず、任期中、ナチスの思想に従わないという理由で数百人にのぼる有能な官僚を追放している。空いた役職には親衛隊の隊員を据えていったが、新参の親衛隊隊員と古参の警察官僚とのあいだには摩擦があったようだ。
　秩序警察において司令塔の役割を果たしていたのは秩序警察本部である。そして各地域に秩序警察指揮官が置かれていた。指揮官は町などの小さな地域の警察にも置かれていた。警察事務の処理は、制服を着用しない警察事務職員が行っていた。
　秩序警察は、地域の治安維持、交通管理、沿岸警備といった一般的な警察業務を担っていた。秩序警察のひとつである都市警察は、おもに都市部の治安維持を担当していた。都市警察は、40 人ほどの警察官からなる地区警察に分かれ、各地域をパトロールした。人口の多い都市では、5 つほどの地区警察からなる警察隊がパトロールにあたった。さらに大きな都市では、いくつかの警察隊によって編制された警察団が任務にあたった。秩序警察には、機動警察や緊急技術援助部隊など、緊急事態に対応するために特別に訓練された組織も存在した。機動警察は自動小銃や装甲車を装備し、暴動などの鎮圧を任務としていた。緊急技術援助部隊は、公益事業活動が何らかの原因で中断した場合に、復旧作業を行う部隊だった。

■補助警察

　戦争が始まると、秩序警察の警察官によっておよそ 80

個の警察大隊が設立された。警察大隊は、警察官が通常携帯する武器ではなく歩兵用武器で武装し、占領地域の治安維持にあたった。占領地域の住民のなかには、志願して警察大隊に入隊する者もいて、その数はしだいに増えていった。

　占領地域では外国人による警察組織も作られた。占領地域が広がると、ドイツの警察だけで治安維持にあたるのは

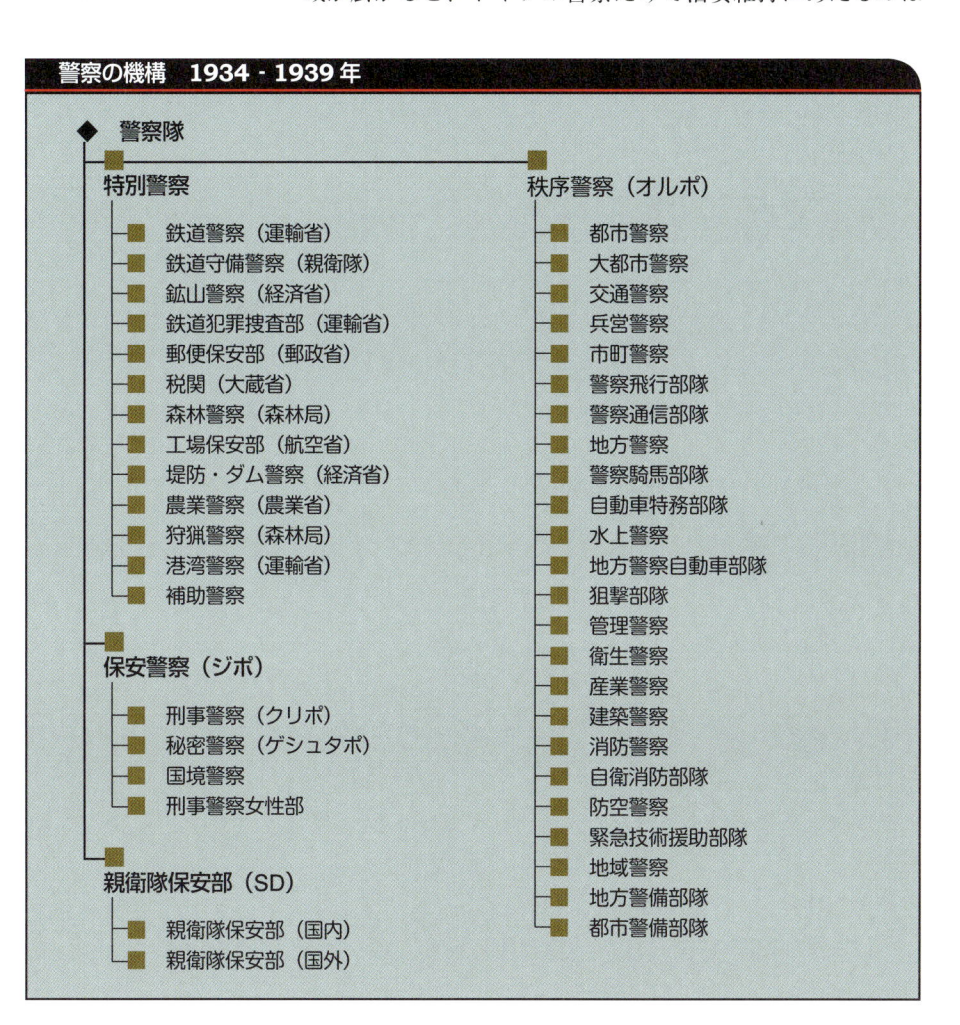

警察の機構　1934 - 1939 年

- ◆ **警察隊**
  - **特別警察**
    - 鉄道警察（運輸省）
    - 鉄道守備警察（親衛隊）
    - 鉱山警察（経済省）
    - 鉄道犯罪捜査部（運輸省）
    - 郵便保安部（郵政省）
    - 税関（大蔵省）
    - 森林警察（森林局）
    - 工場保安部（航空省）
    - 堤防・ダム警察（経済省）
    - 農業警察（農業省）
    - 狩猟警察（森林局）
    - 港湾警察（運輸省）
    - 補助警察
  - **保安警察（ジポ）**
    - 刑事警察（クリポ）
    - 秘密警察（ゲシュタポ）
    - 国境警察
    - 刑事警察女性部
  - **親衛隊保安部（SD）**
    - 親衛隊保安部（国内）
    - 親衛隊保安部（国外）
  - **秩序警察（オルポ）**
    - 都市警察
    - 大都市警察
    - 交通警察
    - 兵営警察
    - 市町警察
    - 警察飛行部隊
    - 警察通信部隊
    - 地方警察
    - 警察騎馬部隊
    - 自動車特務部隊
    - 水上警察
    - 地方警察自動車部隊
    - 狙撃部隊
    - 管理警察
    - 衛生警察
    - 産業警察
    - 建築警察
    - 消防警察
    - 自衛消防部隊
    - 防空警察
    - 緊急技術援助部隊
    - 地域警察
    - 地方警備部隊
    - 都市警備部隊

無理だったからだ。ヒトラーは、外国人に武器を持たせて警察の仕事を行わせることに強く反対した。しかしヒムラーはヒトラーの反対を押し切り、1941年7月25日、占領地域の民族ごとに警察部隊を作るよう親衛隊に命じた。そして設立された外国人警察部隊は、11月より秩序警察分遣隊、あるいは補助警察（ヒポ）と呼ばれるようになった。ソ連の占領地域では補助志願隊（ヒヴィス）とも呼ばれた。占領地域のドイツ系住民（民族ドイツ人）のなかからは、じつに多くの志願者が現れた。ゴードン・ウィリアムソンは著書『親衛隊――ヒトラーの恐怖部隊』のなかで次のように述べている。

「ポーランドでは、民族ドイツ人によって12個の警察連隊が設立された。エストニアでは26個の連隊、ラトヴィアとリトアニアでは総勢2万8000人からなる、64個大隊が設立された。ウクライナでは7万人の志願者が現れた。そのため71個の大隊を作ることができた。バルカン半島のクロアチアでは1万5000人、セルビアでは1万人、アルバニアではふたつの大隊を編制することができるほどの志願者があった」

　秩序警察の警察大隊は、通常4個中隊からなり、隊員数は500人ほどで機関銃を装備していた。戦争が進むと、警察大隊をまとめて連隊が設立された。この連隊は1943年からSS警察連隊と称されるようになった。こうした警察部隊は占領地域の治安維持のほか、ゲットー（ユダヤ人居住区）の警備やユダヤ人の強制収容所への移送といった任務も担った。パルチザン掃討作戦に加わることもあった。そして外国人警察部隊がそれらの任務を助けていた。
　外国人警察部隊は特別行動隊を支援する場合もあった。そしてときに、殺害任務に慣れてしまったドイツ人たちさ

警察の階級

Rank	階級
Generaloberst	上級大将
General	大将
Generalleutnant	中将
Generalmajor	少将
Oberst	大佐
Oberstleutnant	中佐
Major	少佐
Hauptmann	警部
Oberleutnant	上級警部補
Leutnant	警部補
Meister	署長
Hauptwachtmeister	巡査長
Zugwachtmeister	地区上級巡査
Oberwachtmeister	上級巡査
Wachtmeister	巡査
Rottwachtmeister	班巡査
Unterwachtmeister	下級巡査
Anwärter	幹部候補生

警察が使用した拳銃

種類	口径	製造会社	注
ドライゼ	7.65mm (0.32in)	ドライゼ(個人)	ルイス・シュマイザーが設計。
ステアー M1912	9mm (0.35in)	シュタイアー社	より威力のある9mmパラベラム弾を使用。
マウザー M1934	7.65mm (0.32in)	マウザー社	軍用も製造。
マウザー HS	7.65mm (0.32in)	マウザー社	ハンマーレスのダブルアクション式。
マウザー P8	9mm (0.35in)	マウザー社	警察の制式型はコントロールレバーの操作が違った。
ヴァルター P38	9mm (0.35in)	ヴァルター社、マウザー社	国防軍の予備を使用。
ヴァルター PP	7.65mm (0.32in)	ヴァルター社	空軍やナチス幹部らも使用。
ヴァルター PPK	7.65mm (0.32in)	ヴァルター社	PPKとは、私服警察官用拳銃を意味する。

えもぞっとするような行動を取ることがあった。ポーランドでは1939年、ドイツ人警察部隊と任務に就いていた民族ドイツ人部隊が、ユダヤ人やそのほかの民族に対してあまりに残酷な行為を行ったため、大管区指導者が部隊を解散させるべきだと言い出したほどだった。

警察部隊の指揮を執っていたのは、親衛隊及び警察高級指導者（HSSPF）である。親衛隊及び警察高級指導者という役は1937年に設けられ、おもに親衛隊上級地区指導者を務めていた者たちが就任した。親衛隊及び警察高級指導者は各地域において親衛隊と警察を統轄する者であり、マーク・イェーガーの言葉を借りると「ヒムラーが作り出した、最も強力で最も恐れられた親衛隊の地位」にあった。そして戦争が始まると占領地域にも配置された。

親衛隊及び警察高級指導者の下には、親衛隊及び警察指導者（SSPF）が置かれていた。また、イタリアとウクライナ地域には、親衛隊及び警察高級指導者よりも上位となる、親衛隊及び警察最高級指導者（HoSSPF）がおり、複数の親衛隊及び警察高級指導者を統轄していた。ウクライナの親衛隊及び警察最高級指導者の管轄地域は広範囲に及んだ。

警察部隊の指揮者は、大管区指導者、帝国弁務官、ポーランド総督府の総督ハンス・フランクといった地域の長と協力する必要があったが、部隊の編制や活動方法をめぐる意見の衝突がたびたび起こっていた。

■刑事警察

刑事警察は、殺人や強姦、詐欺といった重大犯罪の捜査を行う私服警察組織である。盛んだった闇市の取り締まりも行っていた。

刑事警察は1936年に保安警察に統合された。そして同

秩序警察司令官(BDO)

ザルツブルク秩序警察司令官
- ヘルムート・マスクス警察大佐(1939年6月-1942年2月)
- カール・ブレナー警察少将(1942年2-7月)
- オスカー・クノフェ警察少将(1942年7月-1943年3月)
- カール・ブレナー警察少将(1943年3-10月)
- ハンス・グリープ警察大佐(1943年10月-1944年10月)
- クルト・ヴォルター警察大佐(1944年10月-1945年5月)

シュテッティン秩序警察司令官
- エリック・フォン・ハイムブルク警察少将(1939年9月-1940年5月)
- コンラート・リッツァー警察少将(1940年5月-1942年2月)

シュトゥットガルト秩序警察司令官
- ゲルハルト・ヴィンクラー警察少将(1939年9月-1941年8月)
- ヴィーダー警察大佐(1941年8月-1942年2月)
- ヘルムート・マスクス警察少将(1942年2-5月)
- ゲルハルト・ヴィンクラー警察少将(1942年5月-1944年1月)
- ペータースドルフ警察少将(1944年1月-1945年4月)

ウィーン秩序警察司令官
- ヘルベルト・ベッカー警察少将(1939年1-11月)
- カール・レツラフ警察少将(博士)(1939年11月-1943年9月)
- クルト・バーダー警察少将(博士)(1943年9月-1944年2月)
- オットー・シューマン警察中将(1944年2-10月)
- クルト・バーダー警察少将(博士)(1944年10月-1945年4月)

ヴィースバーデン秩序警察司令官
- ゲオルク・イェディッケ警察少将(1939年9月-1941年5月)
- パウル・シェーア警察少将(1941年5月-1942年3月)
- カール・フランツ警察少将(1942年3-7月)
- フリッツ・シューベルト警察大佐(1942年7-8月)
- ヘルムート・マスクス警察少将(1942年8月-1943年12月)
- ヴァルター・ヒレ警察少将(1943年12月-1944年10月)
- ニーマン警察大佐(1944年10月-1945年4月)

秩序警察司令官（BDO）

ベルリン秩序警察司令官
- ゲオルク・シュライアー警察少将（1939年9月-1940年4月）
- エルンスト・ヒツェクラート警察少将（1940年4月-1942年2月）
- コヴァルスキ警察大佐（1942年2-10月）
- ヴォルフシュタイク警察大佐（1942年10月-1945年3月）
- フォン・シュヴァイニヒェン警察大佐（1945年3-5月）

ブレスラウ秩序警察司令官
- パウル・リーゲ警察少将（1939年9月-1940年4月）
- オスカー・グルッセンドルフ警察大佐（1940年4月-1943年9月）
- ライナー・リーセム警察少将（1943年9月-1944年8月）
- H・ミュラー警察大佐（1944年8月-1945年4月）

ブリュッセル秩序警察司令官
- ヴォルター警察大佐（1944年8-9月）

ダンツィヒ秩序警察司令官
- レオ・フォン・ファルコヴスキ警察少将（1939年9月-1943年11月）
- アントン・ディールマン警察少将（1943年11月-1944年3月）
- シュトレロウ警察大佐（1944年3-6月）
- ハックテル警察少将（博士）（1944年6月-1945年3月）

デン・ハーク秩序警察司令官
- オットー・シューマン警察少将（1940年6月-1942年12月）
- ハインリヒ・ランケナウ警察少将（博士）（1942年12月-1944年1月）
- ヘルムート・マスクス警察少将（1944年1-10月）
- グリープ警察大佐（1944年10月-1945年2月）
- ヘルムート・マスクス警察少将（1945年2-5月）

ハンブルク秩序警察司令官
- ルドルフ・クヴェルナー警察少将（1939年9月-1940年10月）
- ヘルベルト・ベッカー警察少将（1940年10月-1942年4月）
- ライナー・リーセム警察少将（1942年4月-1943年9月）
- カール・レツラフ警察中将（博士）（1943年9月-1945年1月）
- ヴォルター・アブラハム警察少将（1945年1-5月）

ハノーヴァー秩序警察司令官
- オスカー・ロッセン警察大佐（博士）（1939年9月-1941年2月）
- ヴァルター・バセット警察少将（1941年2月-1943年5月）
- ヴァルター・ケウック警察少将（1943年5月-1945年4月）

カッセル秩序警察司令官
- アウグスト・マイスナー警察少将（1939年9月-1940年9月）
- カール・ホフマン警察少将（1940年9月-1944年1月）
- マット警察大佐（1944年1-8月）
- ルドルフ・ムエラー警察少将（1944年8月-1945年4月）

カトヴィッツ秩序警察司令官
- 資料なし

キエフ秩序警察司令官
- オットー・フォン・オエルハーフェン警察中将（1941年9月-1942年10月）
- アドルフ・フォン・ボムハルト警察中将（1942年10月-1943年10月）
- ロルゲ警察大佐（1943年10-12月）
- カール・ブレナー警察中将（1943年12月-1944年6月）
- ロルゲ警察大佐（1944年6月）

ケーニヒスベルク秩序警察司令官
- クルト・ポルマイアー警察大佐（1939年9月-1940年1月）
- オットー・フォン・オエルハーフェン警察少将（1940年1月-1941年5月）
- ゲオルク・イェディッケ警察少将（1941年5-7月）
- カール・フランツ警察少将（1941年7月-1942年3月）
- ルドルフ・ムエラー警察少将（1942年3月-1944年8月）
- フリッツ・シューベルト警察少将（1944年8月-1945年4月）

コペンハーゲン秩序警察司令官
- エリック・フォン・ハイムブルク警察少将（1943年10月-1944年8月）
- ロルゲ警察大佐（1944年8月-1945年4月）
- エンクリッシュ警察大佐（1945年4-5月）

秩序警察司令官（BDO）

クラクフ秩序警察司令官
- エミル・ヘーリング警察大将（1939年1-11月）
- ヘルベルト・ベッカー警察少将（1939年11月-1940年10月）
- パウル・リーゲ警察中将（1940年10月-1941年8月）
- ルドルフ・ムエラー警察大佐（1941年8-12月）
- ゲルハルト・ヴィンクラー警察少将（1941年12-1942年5月）
- ヘルベルト・ベッカー警察中将（1942年5月-1943年8月）
- ハンス＝ディートリヒ・グリュンヴァルト警察少将（1943年8月-1944年3月）
- ゼンデル警察少将（1944年3月）
- エミル・ヘーリング警察中将（1944年3月-?）

ミュンヘン秩序警察司令官
- カール・ホフマン都市警察大佐（1939年9月-1940年9月）
- オットー・フォン・オエルハーフェン警察少将（1940年9月-1941年5月）
- ヴァルター・ヒレ警察少将（1941年5月-1942年6月）
- クルト・ヴォルター警察中佐（1942年6-10月）
- オットー・フォン・オエルハーフェン警察中将（1942年10月-1944年2月）
- ミューヘ警察少将（1944年2月-1945年4月）

ミュンスター秩序警察司令官
- ハインリヒ・ランケナウ警察少将（博士）（1939年9月-1942年12月）
- オットー・シューマン警察少将（1942年12月-1943年9月）
- クルト・ゲールム警察少将（1943年9月-1944年8月）
- クルーゼ警察大佐（1944年8-9月）
- ライナー・リーセム警察中将（1944年9月-1945年4月）

ニュルンベルク秩序警察司令官
- パウル・ヴィル警察少将（1939年9月-1943年3月）
- クルト・ゲールム警察少将（1943年3-9月）
- ヴァルター・グリファン警察少将（1943年9月-1945年4月）

オスロ秩序警察司令官
- パウル・リーゲ警察少将（1940年4-10月）
- アウグスト・マイスナー警察少将（1940年10月-1942年1月）
- エミル・ヘーリング警察少将（1942年1月-1943年6月）
- ユルゲン・フォン・カムプツ警察中将（1943年6-9月）
- マッケルデイ警察少将（1943年9月-1945年2月）
- ヘルマン・フランツ警察少将（1945年2-5月）

パリ秩序警察司令官
- フォン・シュヴァイニヒェン警察大佐（1942年5月-1943年3月）
- ヴァルター・シーマナ警察少将（1943年3-5月）
- パウル・シェーア警察少将（1943年5月-?）

ポーゼン秩序警察司令官
- オスカー・クノフェ警察少将（1939年9月-1942年6月）
- ヴァルター・ヒレ警察少将（1942年6月-1943年12月）
- ポーツン警察少将（1943年12月-1944年3月）
- ヴァルター・グーデヴィル警察少将（博士）（1944年3月-1945年3月）

プラハ秩序警察司令官
- ユルゲン・フォン・カムプツ警察中将（1939年9月-1941年5月）
- オットー・フォン・オエルハーフェン警察少将（1941年5-8月）
- パウル・リーゲ警察中将（1941年8月-1943年9月）
- エルンスト・ヒツェクラート警察中将（1943年9月-1945年2月）
- パウル・オットー・ガイベル警察少将（1945年2-5月）

リガ秩序警察司令官
- ゲオルク・イェディッケ警察中将（1941年7月-1944年3月）
- オットー・ギーセケ警察少将（1944年3月-?）

ザールブリュッケン秩序警察司令官
- パウル・シェーア都市警察大佐（1940年?-1941年5月）
- ハンス・ミュラー＝ブルンクホルスト警察大佐（1941年5-12月）
- リッター・フォン・ツォットマン警察少将（1941年12月-1943年12月）

年、ほかの警察組織とともに親衛隊に組み入れられた。刑事警察はこのころから、政治警察の仕事も担うようになった。刑事警察の捜査官がゲシュタポへ移される場合もあった。刑事警察の捜査官は捜査能力に長けているうえ、ゲシュタポの活動の助けとなる有益な情報を数多く握っていたからだ。刑事警察の警察官には、刑事警察の階級とともに、それと同等の一般親衛隊の階級も持つ者も多かった。また、特別行動隊の殺害作戦に加わることもあった。なお、バルバロッサ作戦の際、中央軍集団の後方で殺害作戦を展開した特別行動隊のＢ隊司令官は、刑事警察の長官だったアルトゥール・ネーベである。

■特別警察

　警察組織には一般警察や政治警察のほか、専門的な仕事を担う特別警察がいくつか存在した。特別警察はほかの組織と異なり、ほとんどが省庁の管轄下に置かれていた。そのなかには、鉄道警察、鉱山警察、狩猟警察、港湾警察などがあり、鉄道警察と港湾警察は運輸省、鉱山警察は経済省、狩猟警察は森林局の管轄下にあった。

　陸軍のなかにも警察活動を行う組織が存在した。そのひとつは野戦警察である。野戦警察は各軍管区に置かれ、軍の秩序の維持に努めた。占領地域での任務は治安維持をはじめ、交通管制、捕虜の管理、脱走捕虜の追跡、通行の管理、新聞の許認可、夜間の取り締まり、避難者への対応、国境の監視など多岐にわたり、戦闘に参加することもあった。脱走兵を捕らえる任務も担っていたため、とくに戦争後期は兵士から恐れられる存在となっていた。捕らえられた脱走兵や反逆の罪に問われた兵は軍事法廷に送られ、ただちに裁かれた。

　警察活動のための狙撃隊も組織されていた。狙撃隊は戦

親衛隊及び警察高級指導者（HSSPF）

- 「アドリアティシェスキューシュテンラント」親衛隊及び警察高級指導者（本部　トリエステ）
- 「アルバニエン」親衛隊及び警察高級指導者（本部　ティラナ）
- 「アルペンラント」親衛隊及び警察高級指導者（本部　ザルツブルク）
- 「ベルギエン＝ノルトフランクライヒ」親衛隊及び警察高級指導者（本部　ブリュッセル）
- 「ベーメン・メーレン」親衛隊及び警察高級指導者（本部　プラハ）
- 「ダンマルク」親衛隊及び警察高級指導者（本部　コペンハーゲン）
- 「ドナウ」親衛隊及び警察高級指導者（本部　ウィーン）
- 「エルベ」親衛隊及び警察高級指導者（本部　ドレスデン）
- 「フランクライヒ」親衛隊及び警察高級指導者（本部　パリ）
- 「フルダ＝ヴェラ」親衛隊及び警察高級指導者（本部　アロルセン）
- 「グリーヒェンラント」親衛隊及び警察高級指導者（本部　アテネ）
- 「クロアティエン」親衛隊及び警察高級指導者（本部　ツァクレブ）
- 「マイン」親衛隊及び警察高級指導者（本部　ニュルンベルク）
- 「ミッテ」親衛隊及び警察高級指導者（本部　ブラウンシュヴァイク）
- 「ノルト」親衛隊及び警察高級指導者（本部　オスロ）
- 「ノルトオスト」親衛隊及び警察高級指導者（本部　ケーニヒスベルク）
- 「ノルトゼー」親衛隊及び警察高級指導者（本部　ハンブルク）
- 「ノルトヴェスト」親衛隊及び警察高級指導者（本部　デン・ハーク）
- 「オスト」親衛隊及び警察高級指導者（本部　クラクフ）
- 「オストラント・ルースラント＝ノルト」親衛隊及び警察高級指導者（本部　リガ）
- 「オストゼー」親衛隊及び警察高級指導者（本部　シュテッティン）
- 「ライン＝ヴェストマルク」親衛隊及び警察高級指導者（本部　ヴィースバーデン）
- 「ルースラント＝ミッテ」親衛隊及び警察高級指導者（本部　モギレフからミンスクへ移動）
- 「ルースラント＝ジュート」親衛隊及び警察高級指導者（本部　キエフ）
- 「シュヴァルツェス＝メーア」親衛隊及び警察高級指導者（本部　ニコラエフ）
- 「ゼルビエン・ザントシャック・モンテネグロ」親衛隊及び警察高級指導者（本部　ベオグラード）
- 「シュロヴァキエン」親衛隊及び警察高級指導者（本部　プレスブルク）
- 「シュプレー」親衛隊及び警察高級指導者（本部　ベルリン）
- 「ジュート」親衛隊及び警察高級指導者（本部　ミュンヘン）
- 「ジュートオスト」親衛隊及び警察高級指導者（本部　ブレスラウ）
- 「ジュートヴェスト」親衛隊及び警察高級指導者（本部　シュトゥットガルト）
- 「ウンガルン」親衛隊及び警察高級指導者（本部　ブダペスト）
- 「ヴァルテ」親衛隊及び警察高級指導者（本部　ポーゼン）
- 「ヴァイクセル」親衛隊及び警察高級指導者（本部　ダンツィヒ）
- 「ヴェスト」親衛隊及び警察高級指導者（本部　デュッセルドルフ）

闘経験が豊富な者たちで構成されており、実戦部隊として戦線に投入されることもあったが、その場合は軍警察指揮者ではなく国防軍最高司令部が指揮を執った。

　また陸軍は、秘密野戦警察（GFP）と呼ばれるゲシュタポのような秘密警察も擁していた。秘密警察組織は空軍にも存在した。秘密野戦警察は、サボタージュ、反逆行為、スパイ行為、闇取引などの捜査や取り締まりを行っていた。構成員には刑事警察から移ってきた者が多かった。また、親衛隊保安部の諜報員としばしば連携した。

親衛隊及び警察指導者（SSPF）1942年

- 「アグラム」警察指導者
- 「バニアルカ」警察指導者
- 「コペンハーゲン」警察指導者
- 「エッセク」警察指導者
- 「クニン」警察指導者
- 「ザラエヴォ」警察指導者
- 「アゼルバイジャン」親衛隊及び警察指導者
- 「アヴデイェヴカ」親衛隊及び警察指導者
- 「ベルクフォルカー＝オルトショニキトセオ」親衛隊及び警察指導者
- 「ビアウィストク」親衛隊及び警察指導者
- 「ボーツェン」親衛隊及び警察指導者
- 「カルコウ」親衛隊及び警察指導者
- 「ドニエプロペトロウスク＝クリヴォイロク」親衛隊及び警察指導者
- 「エストラント」親衛隊及び警察指導者
- 「フリアウル」親衛隊及び警察指導者
- 「ゲルツ」親衛隊及び警察指導者
- 「イストリエン」親衛隊及び警察指導者
- 「カトヴィッツ」親衛隊及び警察指導者
- 「カウカシエン＝クバン」親衛隊及び警察指導者
- 「ケルチ＝タマンハルビンセル」親衛隊及び警察指導者
- 「キエフ」親衛隊及び警察指導者
- 「クラクフ」親衛隊及び警察指導者
- 「レンベルク」親衛隊及び警察指導者
- 「レットラント」親衛隊及び警察指導者
- 「リタウエン」親衛隊及び警察指導者
- 「ルブリン」親衛隊及び警察指導者
- 「メッツ」親衛隊及び警察指導者
- 「ミンスク」親衛隊及び警察指導者
- 「ミッテイタリエン＝ヴェロナ」親衛隊及び警察指導者
- 「ミッテ＝ノルヴェーゲン」親衛隊及び警察指導者
- 「モギレウ」親衛隊及び警察指導者
- 「モンテネクロ」親衛隊及び警察指導者
- 「ニコラエフ」親衛隊及び警察指導者
- 「ノルト＝カウカシエン」親衛隊及び警察指導者
- 「ノルト＝ノルヴェーゲン」親衛隊及び警察指導者
- 「オーバー＝エルザス」親衛隊及び警察指導者
- 「オーバーイタリエン＝ミッテ」親衛隊及び警察指導者
- 「オーバーイタリエン＝ヴェスト」親衛隊及び警察指導者
- 「プリペト」親衛隊及び警察指導者
- 「クヴァルネロ」親衛隊及び警察指導者
- 「ラドム」親衛隊及び警察指導者
- 「ロヴノ」親衛隊及び警察指導者
- 「ロストウ＝アヴデイェヴカ」親衛隊及び警察指導者
- 「ザルツブルク」親衛隊及び警察指導者
- 「ザントシャク」親衛隊及び警察指導者
- 「ザラトウ」親衛隊及び警察指導者
- 「ジトミル」親衛隊及び警察指導者
- 「シュタリノ＝ドネツゲビート」親衛隊及び警察指導者
- 「シュタニスラフ＝ロストウ」親衛隊及び警察指導者
- 「ジュート＝ノルヴェーゲン」親衛隊及び警察指導者
- 「タウリエン＝クリム＝ジムフェロポル」親衛隊及び警察指導者
- 「トリースト」親衛隊及び警察指導者
- 「チェルニコウ」親衛隊及び警察指導者
- 「ヴァルシャウ」親衛隊及び警察指導者
- 「ヴァイスルテニエン」親衛隊及び警察指導者
- 「ヴォリニエン＝ブレスト＝リトフスク」親衛隊及び警察指導者

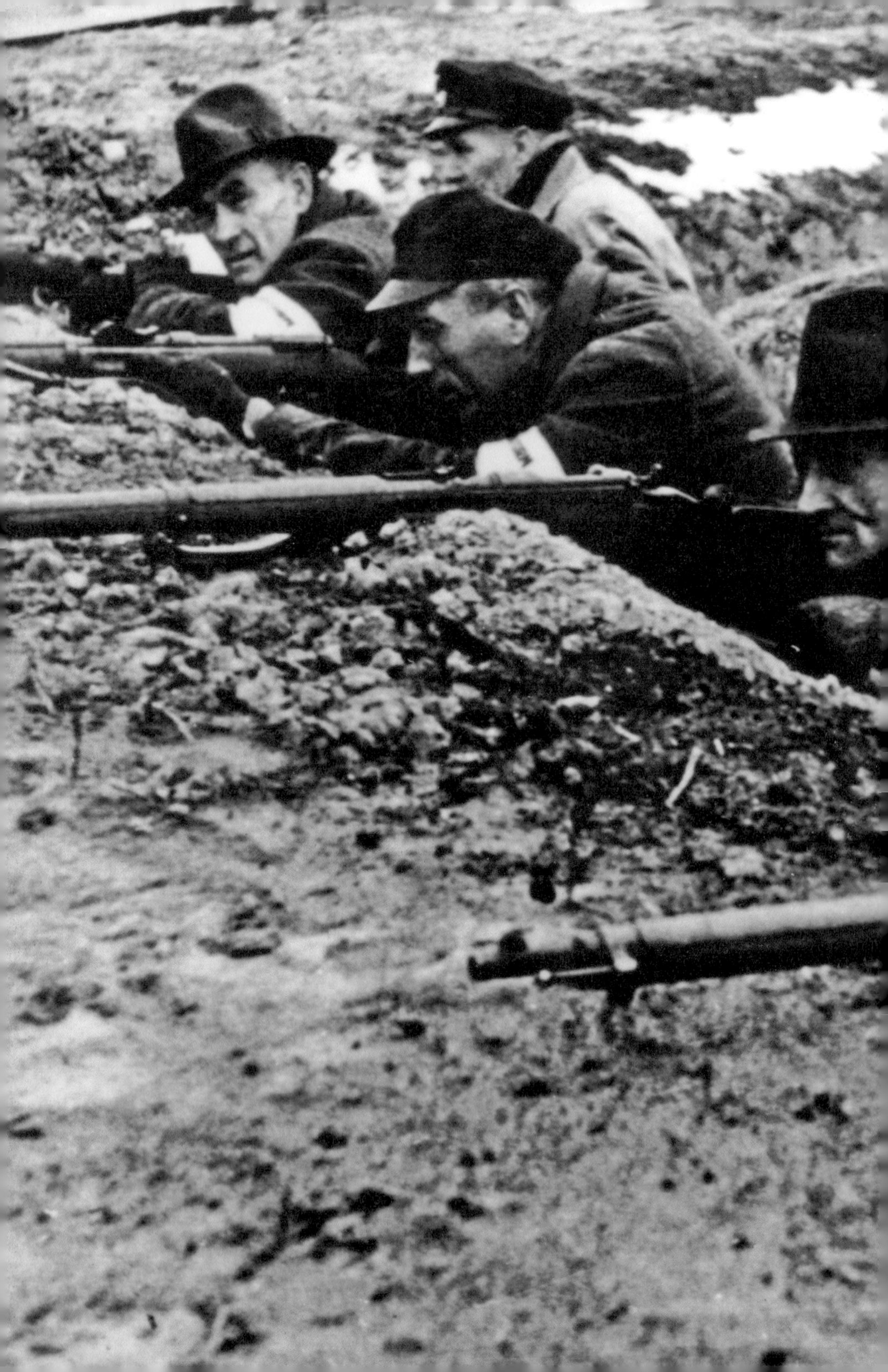

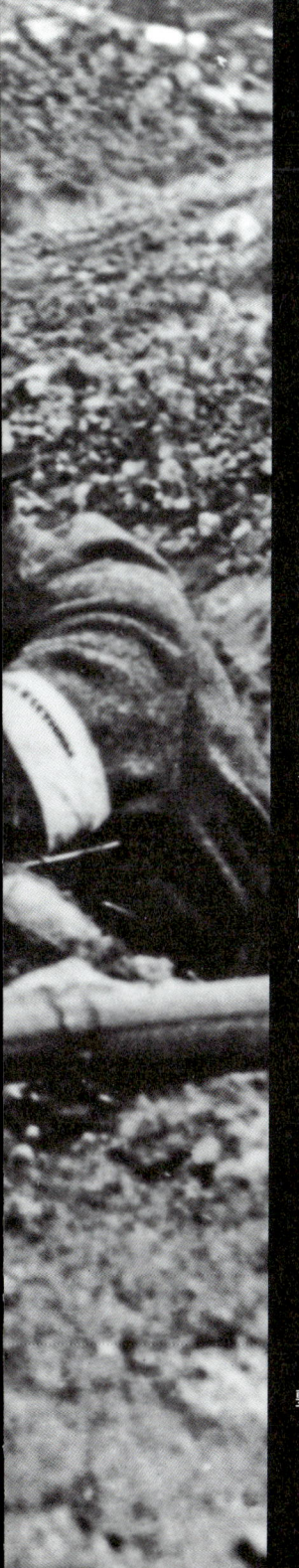

第6章 **国防軍**

　ヒトラーは政権に就くと軍備拡張を推し進めた。ヒトラーは、ヨーロッパのどの国の軍にも負けない強い軍を作り上げようと考えていた。

　1919年、ドイツはヴェルサイユ条約によって厳しい軍備制限を受けることになった。しかし1920年代から1930年代にかけて、第三国における兵器の開発、軍事訓練などを密かに進めた。また、さまざまな準軍事組織の活動も盛んだった。

　そしてナチス政権下でヴェルサイユ条約を破棄し、軍備拡張を進めた。1939年に戦争が始まるが、その時点でドイツの陸軍と空軍はヨーロッパでも指折りの軍に生まれ変わっていた。

塹壕で連合国軍を待ち伏せする国民突撃隊の隊員。1945年、ドイツ

軍の復活 1919年-1939年

> 第一次世界大戦後、ドイツは密かに軍の再建を進めた。そしてヒトラーが完全に復活させた。またヒトラーは、戦術の研究に力を入れ、新たな指揮体制を作り出した。

　ドイツは1918年に戦争に負けた。国へ帰った兵士の多くは兵役を解かれた。そのまま市民生活に戻る者もいたが、再び軍人として活動する場を求めて、各種の義勇軍（フライコール）へ入隊する者も多数存在した。義勇軍はおもに共産主義者による革命運動を鎮圧する役割を担っていた。

■ヴァイマル共和政期の軍

　ヴァイマル共和政期の政権にとって、義勇軍は重要な武装組織であり、武器を供給するなど支援を行っていた。そして1919年3月6日には正式な軍隊を設立した。正規軍は暫定的国防軍と称され、暫定的陸軍と暫定的海軍により構成されていた。暫定的陸軍には義勇軍から多くの兵士が入隊した。なお、義勇軍のなかにはヴァイマル共和政打倒を目指して活動を行うものもあった。
　暫定的陸軍は40万人の兵士からなる50個の旅団を擁していた。しかしそれが1919年10月には30個に縮小され、軍の名称は過渡的陸軍と変更された。

■ヴェルサイユ条約

　1920年にはヴェルサイユ条約によって軍備制限が課されることになった。陸軍は兵力を10万人以下に制限され

た。海軍は、軍艦の保有は戦艦6隻、巡洋艦6隻、駆逐艦12隻、水雷艇12隻以下、乗組員の数は1万5000人以下と制限され、潜水艦の保有は禁じられた。また軍用機の開発が禁じられ、空軍は解体を命じられた。こうした制限を受け入れた後、軍の名称はヴァイマル共和国軍と改められた。ヴァイマル共和国軍は陸軍と海軍のみで構成される軍だった。

■軍の再建

　攻撃力を著しく削がれた軍は、陸軍統帥部長官のハンス・フォン・ゼークト上級大将を中心として軍を再建する計画を立て、実行に移していった。計画は密かに、連合国の目をかいくぐって進められた。そのため軍は「黒い国防軍」とも呼ばれるようになった。例えば軍は、条約で解散を命じられていた参謀本部を兵務局と呼びかえて維持した。兵務局は、第一次世界大戦での経験をもとに戦術の研究に取り組んだ。そしてこの研究から、電撃戦など新しい戦い方が編み出されることになった。

　兵器の開発や軍事訓練も国外で密かに行った。1922年にはソ連と軍事協力を行うためにラパロ条約を結び、ソ連領土内で兵器の研究開発などを進めた。兵力の増強も行ったが、それを隠すために新しい人員は軍の名簿に載せないという方法を取った。オランダのハーグには潜水艦の建造を進めるための企業を設立した。また、現在はルフトハンザ航空として知られる民間航空会社、ルフト・ハンザ株式会社の協力のもと、軍用機パイロットを養成した。訓練にはユンカースJu52やハインケルHe111などが使用された。グライダー学校において青少年を対象にしたパイロット訓練も行った。

■党の武装組織

　ヒトラーは、このように密かに軍の再建が進められるなかで政権を獲得するのだが、ヒトラーが政権に就いてからすぐに、党の武装組織である突撃隊と国軍のあいだに激しい対立が生じた。エルンスト・レーム率いる突撃隊がヒトラーに対し、国軍を突撃隊に編入して突撃隊を正規軍とするように要求したからだ。突撃隊は1934年には隊員数が300万人に達し、ドイツの各地域で部隊を組織していた。レームは国防大臣の座も狙っていたが、ヒトラーは軍との関係も重視しており、レームの要求を受け入れることはできなかった。そして事態を収拾するために突撃隊幹部を粛清した。ナチスのもうひとつの武装組織である親衛隊は、ヒトラーの護衛部隊として突撃隊から独立した当初は小さな組織だったが、その後勢力を拡大して党の主要な武装組織に成長した。1939年には、とくに軍事訓練を施された隊員からなる部隊が武装親衛隊と称されるようになった。武装親衛隊は地上戦闘部隊として陸軍に次ぐ力を有していた。

■兵力

　1935年3月、ヒトラーはヴェルサイユ条約の軍事条項を破棄した。これによってヒトラーは軍の再建を公に進めることになった。条約で禁じられていた徴兵制も復活させた。そして徴兵を効率よく行うため全国に軍管区を設けた。軍管区はそれぞれが師団や軍団を編制した。徴兵制の復活によって、10万人に制限されていた軍の兵力は1939年には73万人にまで増加した。

陸軍　1921年

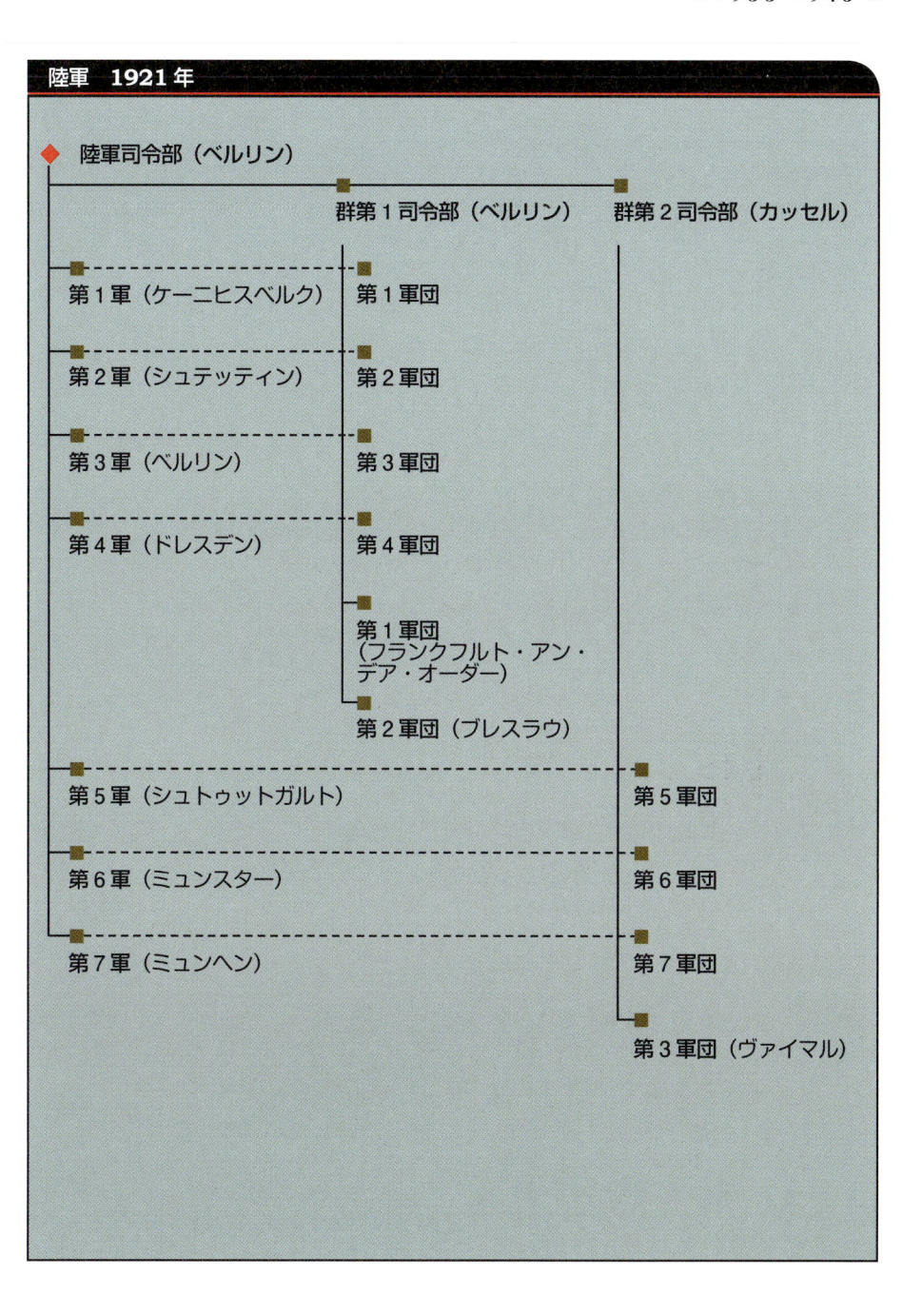

- ◆ 陸軍司令部（ベルリン）
  - 群第1司令部（ベルリン）
    - 第1軍団
    - 第2軍団
    - 第3軍団
    - 第4軍団
    - 第1軍団（フランクフルト・アン・デア・オーダー）
    - 第2軍団（ブレスラウ）
  - 群第2司令部（カッセル）
    - 第5軍団
    - 第6軍団
    - 第7軍団
    - 第3軍団（ヴァイマル）
  - 第1軍（ケーニヒスベルク）
  - 第2軍（シュテッティン）
  - 第3軍（ベルリン）
  - 第4軍（ドレスデン）
  - 第5軍（シュトゥットガルト）
  - 第6軍（ミュンスター）
  - 第7軍（ミュンヘン）

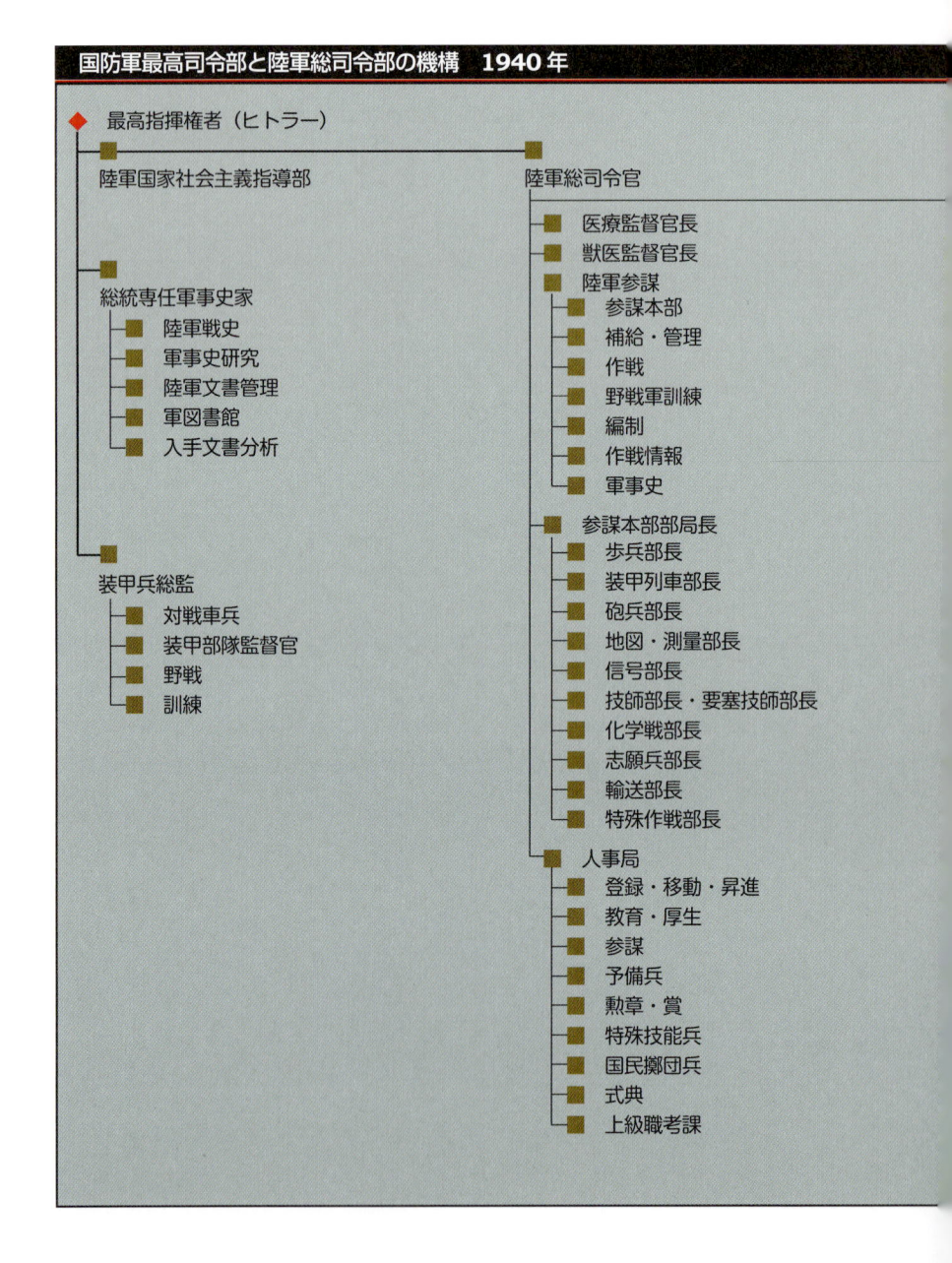

国防軍最高司令部と陸軍総司令部の機構　1940年

- ◆ 最高指揮権者（ヒトラー）
  - 陸軍国家社会主義指導部
    - 総統専任軍事史家
      - 陸軍戦史
      - 軍事史研究
      - 陸軍文書管理
      - 軍図書館
      - 入手文書分析
    - 装甲兵総監
      - 対戦車兵
      - 装甲部隊監督官
      - 野戦
      - 訓練
  - 陸軍総司令官
    - 医療監督官長
    - 獣医監督官長
    - 陸軍参謀
      - 参謀本部
      - 補給・管理
      - 作戦
      - 野戦軍訓練
      - 編制
      - 作戦情報
      - 軍事史
    - 参謀本部部局長
      - 歩兵部長
      - 装甲列車部長
      - 砲兵部長
      - 地図・測量部長
      - 信号部長
      - 技師部長・要塞技師部長
      - 化学戦部長
      - 志願兵部長
      - 輸送部長
      - 特殊作戦部長
    - 人事局
      - 登録・移動・昇進
      - 教育・厚生
      - 参謀
      - 予備兵
      - 勲章・賞
      - 特殊技能兵
      - 国民擲団兵
      - 式典
      - 上級職考課

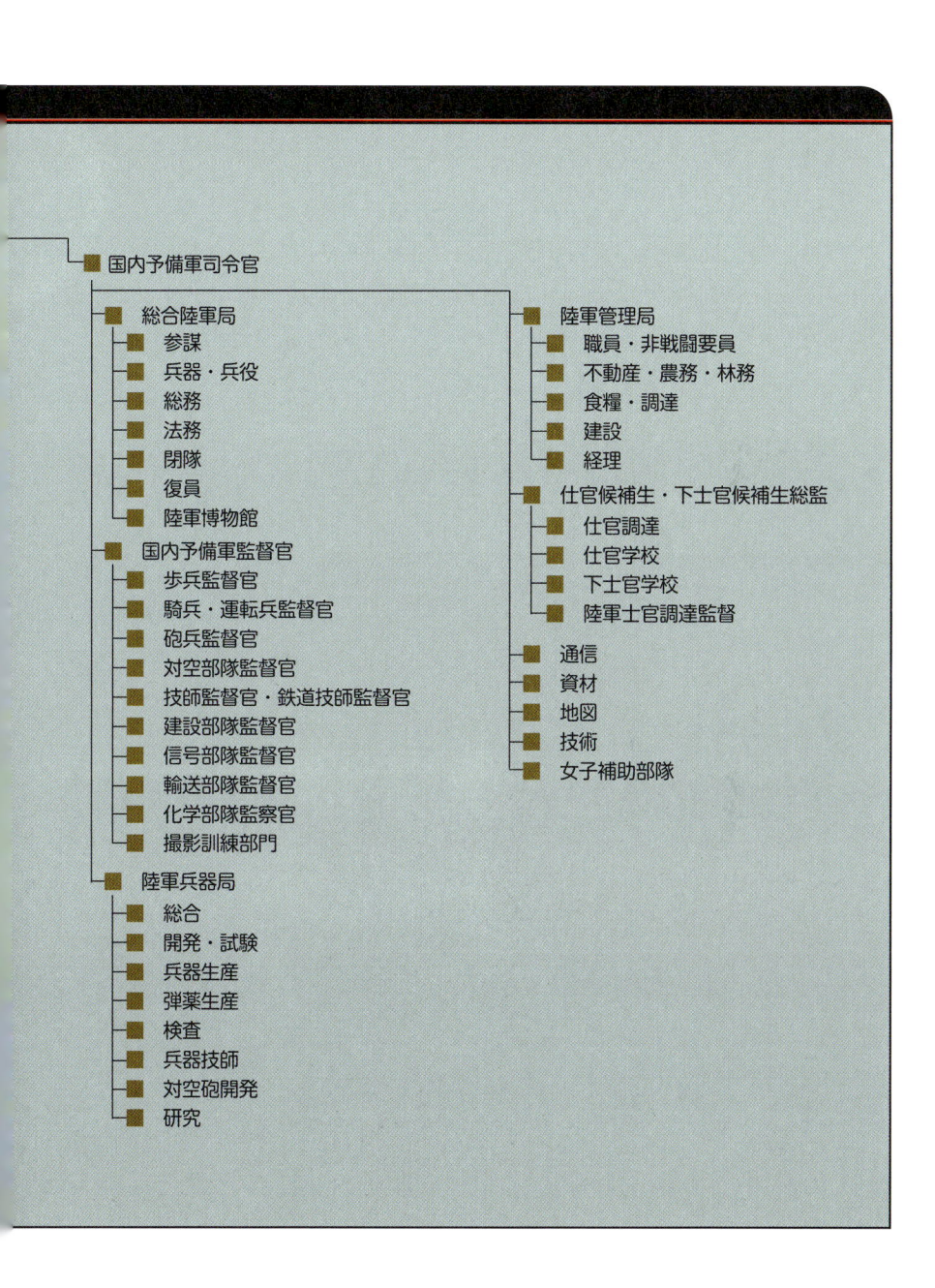

THE THIRD REICH
1933-1945

- 国内予備軍司令官
  - 総合陸軍局
    - 参謀
    - 兵器・兵役
    - 総務
    - 法務
    - 閉隊
    - 復員
    - 陸軍博物館
  - 国内予備軍監督官
    - 歩兵監督官
    - 騎兵・運転兵監督官
    - 砲兵監督官
    - 対空部隊監督官
    - 技師監督官・鉄道技師監督官
    - 建設部隊監督官
    - 信号部隊監督官
    - 輸送部隊監督官
    - 化学部隊監察官
    - 撮影訓練部門
  - 陸軍兵器局
    - 総合
    - 開発・試験
    - 兵器生産
    - 弾薬生産
    - 検査
    - 兵器技師
    - 対空砲開発
    - 研究
  - 陸軍管理局
    - 職員・非戦闘要員
    - 不動産・農務・林務
    - 食糧・調達
    - 建設
    - 経理
  - 仕官候補生・下士官候補生総監
    - 仕官調達
    - 仕官学校
    - 下士官学校
    - 陸軍士官調達監督
  - 通信
  - 資材
  - 地図
  - 技術
  - 女子補助部隊

■忠誠宣誓

ヒトラーは軍を自分の支配下に置こうと考えていた。そのため軍の忠誠宣誓を新しく作り変えた。

1934年8月19日、ヒトラーは「国家元首法」に基づいて首相の職権に大統領の職権を統合し、自らをドイツ国総統であると宣言した。そしてその翌日に「公務員と兵士の忠誠に関する法律」を制定した。この法律によって軍の宣誓は「民族と祖国」に忠誠を誓うものから、総統に忠誠を誓うものへと変わった。つまり軍の兵士はヒトラーに忠誠を誓うことになったのである。

軍管区と編制された師団　1939年9月

軍管区	師団
第Ⅰ軍管区	第1師団、第11師団、第21師団
第Ⅱ軍管区	第12師団、第32師団
第Ⅲ軍管区	第3師団、第23師団
第Ⅳ軍管区	第4師団、第14師団、第24師団
第Ⅴ軍管区	第5師団、第25師団、第35師団
第Ⅵ軍管区	第6師団、第16師団、第26師団
第Ⅶ軍管区	第7師団、第27師団、第1山岳師団
第Ⅷ軍管区	第8師団、第18師団、第28師団
第Ⅸ軍管区	第9師団、第15師団
第Ⅹ軍管区	第22師団、第30師団
第Ⅺ軍管区	第19師団、第31師団
第Ⅻ軍管区	第33師団、第34師団、第36師団
第ⅩⅢ軍管区	第10師団、第17師団、第46師団
第ⅩⅦ軍管区	第44師団、第45師団
第ⅩⅧ軍管区	第2山岳師団、第3山岳師団

軍備拡張　1932 - 1939年

年	兵力 (徴兵による)	軍用機	大型軍艦	軍事支出（単位 10億ライヒスマルク）
1932	100,000人	36	26	0.61
1939	730,000人	8,295	88	17.24

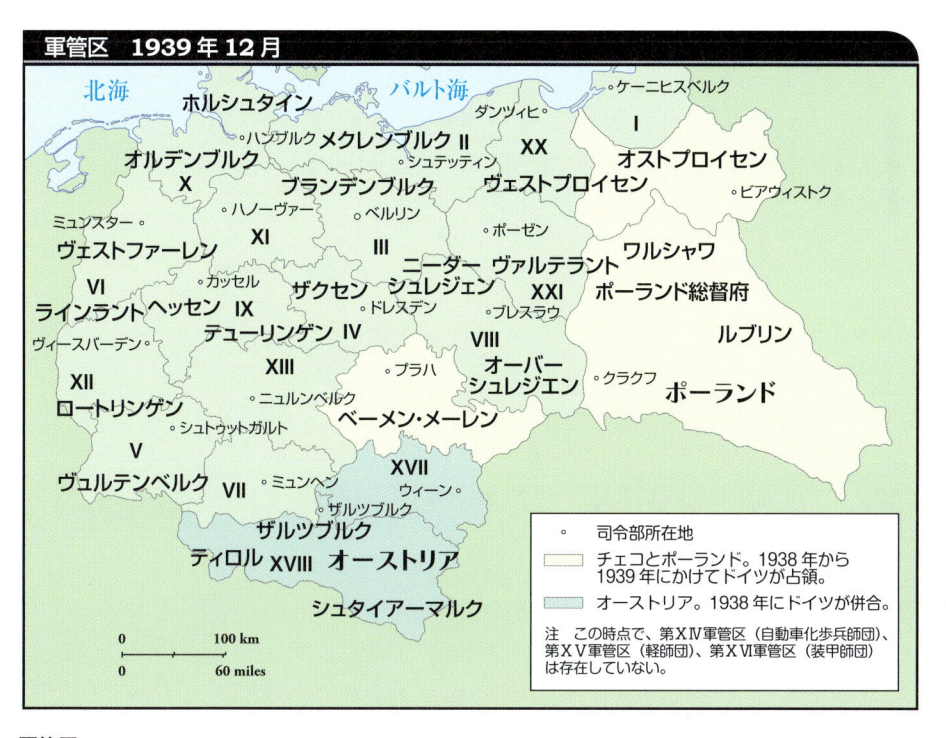

THE THIRD REICH
1933-1945

軍管区　1939年12月

地図凡例:
- 司令部所在地
- チェコとポーランド。1938年から1939年にかけてドイツが占領。
- オーストリア。1938年にドイツが併合。

注　この時点で、第ⅩⅣ軍管区（自動車化歩兵師団）、第ⅩⅤ軍管区（軽師団）、第ⅩⅥ軍管区（装甲師団）は存在していない。

軍管区

軍管区は招集、訓練、配属などを円滑に行うために設けられた。軍管区はローマ数字で示され、1943年の時点で19の軍管区が存在していた。各軍管区において軍団が編制された。戦中、部隊は野戦軍と、本土で兵士の召集や配属にあたる国内予備軍に分かれた。

■ **指揮体制**

　ヒトラーはヴェルサイユ条約の軍事条項を破棄した後、軍の名称をドイツ国防軍と改め、1935年10月15日に正式に発表した。そして1938年2月4日に国防軍最高司令部（OKW）を設立し、その下に陸軍総司令部（OKH）、空軍総司令部（OKL）、海軍総司令部（OKM）を置いた。武装親衛隊は国防軍の指揮下には入らず、ヒムラーがヒトラーの意見を聞きながら指揮していた。

　ヒトラーが国防軍最高司令部を作ったのは、国防軍を直接指揮するためだった。そして設立の翌年、ヒトラーはポーランド侵攻を開始するのである。

陸軍

> 戦争が始まった1939年当時、ドイツの陸軍は、世界で最も強い陸軍とも言われるほどの力を有していた。しかしその力は、戦いが進むにつれてしだいに失われていった。

　ヒトラーは国防軍最高司令部の設立によって軍の指揮体制を変えた。歴史家のジェームズ・ルーカスはそれについて次のように述べている。

「ヒトラーは国防軍最高司令部を設け、国家元首が直接軍の指揮を執るという、過去に例の無い体制を敷いた。陸軍総司令官の権限は弱まり、自由に部隊を動かすことができなくなった」

　またヒトラーは、彼の方針に反発する軍幹部を更迭し、自分に従順な者たちをその代わりに据えた。国防軍最高司令部総長にはヴィルヘルム・カイテル上級大将を任命した。ヒトラーは戦争期間中ずっとカイテルを総長の座に置いていた。それはカイテルがヒトラーに忠実だったからだろう。国防軍最高司令部作戦部長にはアルフレート・ヨードルを任じた。ヒトラーはいつもヨードルから戦況報告を受け、その報告をもとに作戦指揮を行っていた。
　1938年には新しい陸軍総司令官としてヴァルター・フォン・ブラウヒッチュ上級大将を任命したが、1941年12月には更迭している。ブラウヒッチュと意見が対立するようになったこと、ブラウヒッチュが心臓が弱かったことなどから、彼がモスクワ攻略に失敗したのを機に解任したのだ。ヒトラーはその後自ら陸軍総司令官に就任し、軍に対する支配をさらに強めた。

THE THIRD REICH
1933-1945

■戦中の陸軍

　戦争が始まると、陸軍は野戦軍と国内予備軍というふたつの部隊に分かれた。野戦軍は戦場で戦う戦闘部隊である。一方の国内予備軍は非戦闘部隊であり、国内において兵の招集、新兵の訓練、傷病兵の任務復帰支援といった役割を担っていた。国内予備軍は1942年前半まで補充部隊と訓練部隊に分かれていた。補充部隊は兵の招集、訓練部隊は兵士の訓練を専門とする部隊だった。

　また軍は、作戦を展開している地域を作戦地域とし、それをさらに戦闘地域と後方地域とに分けた。占領した地域は軍管理地域とし、ドイツ本土は本土地域とした。そして各部隊が戦いに専念できるような環境作りに努めた。

軍の予備人員

兵役に就いていない男子は次のように分類される。

分類	注
予備員Ⅰ	35歳以下の兵役を終えた男子。現在このグループの男子はわずかである。
予備員Ⅱ	35歳以下の短期の兵役を終えた男子。戦前よりも徴兵年齢が下がった。
補助員Ⅰ	35歳以下の兵役を終えていない男子。
補助員Ⅱ	35歳以下の兵役に不適格であるか、限定的な兵役にのみ就くことのできる男子。
郷土防衛員Ⅰ	35歳から45歳までの兵役を終えた男子（35歳の誕生日を迎える年の3月31日からを35歳とする。45歳の誕生日を迎えた後の3月31日までを45歳とする）。
郷土防衛員Ⅱ	35歳から45歳までの兵役を終えていない男子。
郷土突撃員Ⅰ	45歳から55歳までの兵役を終えた男子（45歳の誕生日を迎えた後の4月1日からを45歳とする。55歳の誕生日を迎えた後の3月31日までを55歳とする）。
郷土突撃員Ⅱ	45歳から55歳までの兵役を終えていない男子（郷土突撃員は、戦前は東プロイセンのみに存在するグループだった。現在は年齢が61歳まで引き上げられている）。

アメリカ陸軍省テクニカル・マニュアル　ドイツ軍便覧（1945年3月発行）からの資料

陸軍の部隊でもっとも大きいのは軍集団である。軍集団は数個の軍からなり、兵力数は10万人ほどで、大規模な作戦のときに編制された。この下には、1個から数個の軍からなる集団軍という単位も存在した。その次に大きな部隊が軍となる。軍の下の部隊の単位は順に軍団、師団、旅団、連隊、大隊、中隊、小隊である。

　ドイツ陸軍には、戦闘集団と称される単位も存在した。戦闘集団には大隊ほどの大きさのものから軍団ほどの規模のものまであり、特別な作戦を行う場合に臨時に編制された。

　これらのなかで、作戦上中心となる部隊の単位は師団である。その種類や役割はさまざまだが、例えば歩兵師団のひとつ、山岳猟兵師団は小型の輸送車や火砲のみを装備し、山岳地帯や高地における作戦を担当した。

　なお、ドイツでは1943年から、歩兵が擲弾兵と呼ばれるようになった。擲弾兵とは、歴史上たいへん勇敢だったことで知られる歩兵であり、そのためヒトラーが一部を除くすべての歩兵を擲弾兵と呼ぶことにしたのだ。機械化された歩兵師団の場合は、自動車化歩兵師団という呼び方から装甲擲弾兵師団という呼び方に変わった。機械化された

兵役に就くことを禁じられた男子

以下の男子は「武器を持つ資格がない」として兵役に就くことを禁じられている。

- 懲役刑に処された男子。
- 市民権を持たない男子。
- 常習性犯罪者と見なされ「矯正が必要である」として強制収容所に収監されている男子。
- 軍事法廷において「武器を持つ資格がない」と判断された男子。
- 国家に対して反逆行為を行った男子。
- ユダヤ人。ただし戦争開始以降は特別な任務を課されている者もいる。

アメリカ陸軍省テクニカル・マニュアル　ドイツ軍便覧（1945年3月発行）からの資料

装甲軍　1940 - 1945 年

装甲軍	設立年月	注
第 1 装甲軍	1940 年 11 月	1940 年 11 月から 1941 年 10 月まで第 1 装甲集団と称された。
第 2 装甲軍	1940 年 11 月	1940 年 11 月から 1941 年 10 月まで第 2 装甲集団と称された。
第 3 装甲軍	1940 年 11 月	1940 年 11 月から 1941 年 12 月まで第 3 装甲集団と称された。
第 4 装甲軍	1941 年 2 月	1941 年 2 月から 1941 年 12 月まで第 4 装甲集団と称された。
第 5 装甲軍	1942 年 12 月	1943 年 5 月に全滅。1944 年 7 月に再編制された。
第 6 装甲軍	1944 年 9 月	アルデンヌ攻勢のために設立された。
第 11 装甲軍	1945 年 1 月	1945 年 3 月にシュタイナー軍集団と改称された。
アフリカ装甲軍	1941 年 8 月	1941 年 8 月から 1942 年 1 月までアフリカ装甲集団と称された。

軍　1939 - 1945 年

軍	設立年月	注
第 1 軍	1939 年 8 月	西部戦線を担当した。
第 1 降下猟兵軍	1944 年 7 月	空軍の部隊も加えて編制され、西部戦線を担当した。
第 2 軍	1939 年 10 月	1945 年 4 月に東プロイセン軍と改称された。
第 3 軍	1939 年 8 月	ポーランドにおける戦いの後、第 16 軍として再編制された。
第 4 軍	1939 年 8 月	1945 年 3 月に全滅。残存兵により第 21 軍として再編制された。
第 5 軍	1939 年 8 月	1940 年 11 月に第 18 軍として再編制された。
第 6 軍	1939 年 10 月	1943 年 2 月にスターリングラードで全滅。1943 年 3 月に再編制された。
第 7 軍	1939 年 8 月	1945 年 4 月に降伏。
第 8 軍	1939 年 8 月	ポーランドにおける戦いの後、第 2 軍として再編制された。
第 9 軍	1940 年 5 月	1945 年 4 月に降伏。
第 10 軍	1939 年 8 月	ポーランドにおける戦いの後、第 6 軍として再編制された。1943 年 8 月に再び第 10 軍として編制された。
第 11 軍	1940 年 10 月	1942 年 11 月にドン軍集団として再編制された。1945 年 2 月に再び第 11 軍として編制された。
第 12 軍	1939 年 10 月	1941 年 6 月に南東軍集団、1942 年 12 月に E 軍集団として再編制された。1945 年 2 月には再び第 12 軍となった。
第 14 軍	1939 年 8 月	ポーランドにおける戦いの後、第 12 軍として再編制された。1943 年 11 月に再び第 14 軍として再編制された。
第 15 軍	1941 年 1 月	西部戦線を担当した。
第 16 軍	1939 年 10 月	戦争末期まで存続した。
第 17 軍	1940 年 12 月	1944 年 5 月に全滅した。
第 18 軍	1940 年 11 月	1945 年 5 月まで存続した。
第 19 軍	1943 年 8 月	1945 年の 1 月から 2 月にかけて壊滅的な損害を受けた。
第 20 山岳軍	1942 年 6 月	ラップラント軍を基に編制された。
第 21 軍	1945 年 4 月	第 4 軍を基に編制された。
第 24 軍	1944 年 12 月	1945 年 4 月まで実戦に加わらなかった。
第 25 軍	1945 年 1 月	西部戦線を担当した。
ノルウェー軍	1940 年 12 月	1944 年 12 月に廃止された。
ラップラント軍	1942 年 1 月	1942 年 6 月に第 20 山岳軍として再編制された。

歩兵師団は装甲兵員輸送車を装備し、砲兵部隊、対空部隊、対戦車部隊、戦闘工兵部隊、偵察部隊などで構成されていた。

要塞師団と不動師団という部隊は、その名が示すようにひとつの場所から移動する必要のない任務を担当する部隊であり、戦闘で消耗している部隊がその任務に当てられる場合が多かった。戦争末期には防衛を目的とした、国民擲弾兵師団が設立されたが、残存部隊を寄せ集めたものが多く決して強いとは言えなかった。

■装甲兵と砲兵

第二次世界大戦のドイツの電撃戦において、中心的な役割を担ったのは装甲師団である。電撃戦は、装甲師団の高い機動性を生かして、敵軍の防衛線を一気に突破し、敵の

陸軍の階級

階級	階級	階級
狙撃兵	上級猟兵	曹長
兵	上級砲兵	少尉
擲弾兵	装甲上級狙撃兵	中尉
フュージリア銃兵	装甲上級擲弾兵	大尉
マスケット銃兵	上級工兵	少佐
猟兵	上級通信兵	中佐
騎兵	上級運転兵	大佐
砲兵	上級自動車運転兵	少将
装甲狙撃兵	上級軍楽兵	中将
装甲擲弾兵	上級衛生兵	大将
工兵	1等兵	歩兵大将
通信兵	上級1等兵	砲兵大将
運転兵（馬が牽引する車）	兵長	騎兵大将
自動車運転兵	伍長	装甲兵大将
軍楽兵	下級軍曹	工兵大将
衛生兵	仕官候補生	山岳兵大将
上級狙撃兵	軍曹	上級大将
上級騎兵	上級軍曹	元帥
上級擲弾兵	高級軍曹	

陣地へ深く侵入し攻撃する戦術である。装甲師団は装甲部隊を中核として、それを補助するさまざまな部隊から構成されていた。例えば、1940年に編制された装甲師団のひとつは、240両の戦車からなる2個装甲連隊、1個装甲歩兵連隊、1個砲兵連隊、1個対戦車連隊、対空部隊、偵察部隊、1個通信兵中隊、工兵部隊、1個オートバイ兵大隊、兵站部隊で構成され、兵力は1万6000人だった。装甲

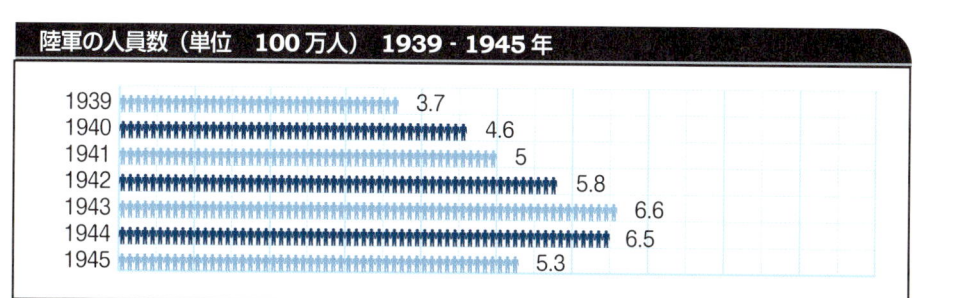

陸軍の人員数（単位　100万人）　1939 - 1945年

年	人員数（100万人）
1939	3.7
1940	4.6
1941	5
1942	5.8
1943	6.6
1944	6.5
1945	5.3

軍管区の管理部　1939 - 1945年

A部
会計事務。給与、出張手当、転勤手当、通勤手当、福利厚生、年金の調整。事務所備品の管理。陸軍学校、図書館の管理。主計官の監督。

B部
会計監査。主計官からの会計報告の監査。軍需品の管理。

C部
食糧の調達、補給。炊事、パン類の製造。野戦軍への食糧補給。食糧に関する事務。軍馬の補充と馬糧調達、それに関する事務。

D部
占領地域の駐留軍の監督。軍隊の宿舎の確保。土地の管理。

E部
陸軍病院の管理。民間要員の管理。法務。衣類の補給とそれに関する事務。

F部
建設部の監督。民間企業との契約に関する事務。

G部
軍管区管理部職員の宿所の確保。

P部
PⅠ 職員に関する庶務。PⅡ 民間要員に関する庶務。

師団は基本的にこのような構成となり、後年は装甲歩兵連隊がもうひとつ加わった。

　砲兵は通常、連隊に編制され、歩兵師団や装甲師団に配備された。砲兵連隊の構成は、歩兵師団に配備される部隊の場合は基本的に、連隊本部、通信部隊、3個軽砲大隊、1個重砲大隊、3個弾薬縦列からなり、100ミリ榴弾砲、105ミリ榴弾砲、150ミリ榴弾砲を合わせて48門装備していた。砲兵連隊には対空部隊も加わった。対空部隊は20ミリ対空砲2門と、それより口径が小さい対空砲20門を装備していた。一方、装甲師団に配備される砲兵連隊は普通、2個大隊からなり、24門の榴弾砲を装備していた。ただし、これに150ミリ榴弾砲を装備する1個大隊が加わるなど、大隊や砲の数は戦況に応じて変化した。

　ジェームズ・ルーカスが述べているように「砲兵部隊が

隊員に関する書類

軍隊手帳
軍隊手帳は、軍の個人記録の基本となる。パスポートほどの大きさで、兵役に就く前に行われる身体検査の後に発行された。個人情報、国家労働奉仕団における奉仕活動歴、除隊するまでの階級や戦歴などが記された。通常は、隊員が所属する中隊の本部で保管され、除隊時に本人に渡された。個人の携帯用としての手帳も発行された。兵隊手帳と呼ばれるもので、これが身分証明書の役割を果たした。この手帳は給与支給帳を兼ねており、入隊時に渡された。

兵隊手帳
兵隊手帳には、個人情報、所属部隊歴、衣服などのサイズ、予防接種の有無、陸軍病院における治療・入院歴、階級、給与額、勲章、休暇日数、軍隊手帳発行の際に付与される兵籍番号などが記された。また、認識票に刻まれる認識番号も記された。

認識票
認識票は、片側を折り取る型となっており、両側に、所属部隊名と認識番号、血液型が刻まれていた。隊員はこれを首から掛けた。認識票は通常、中隊の本部において発行され、入隊時に渡された。隊員が認識票を紛失した場合は、新しい認識番号の認識票が発行された。

兵籍簿
各部隊は、所属隊員ひとりひとりの部隊にお

東部戦線に投入された装甲戦闘車両数　1941 - 1945 年

	ドイツ	ソ連
1941 年 6 月	3,671	28,800
1942 年 3 月	1,503	4,690
1942 年 5 月	3,981	6,190
1942 年 11 月	3,133	4,940
1943 年 3 月	2,374	7,200
1943 年 8 月	2,555	6,200
1944 年 6 月	4,470	11,600
1944 年 9 月	4,186	11,200
1944 年 10 月	4,917	11,900
1944 年 11 月	5,202	14,000
1944 年 12 月	4,785	15,000
1945 年 1 月	4,881	14,200

出典：John Ellis, The World War II Databook

ける任務を兵籍簿に記録した。これは野戦部隊ばかりでなく、予備部隊や訓練部隊も同様である。兵籍簿は隊員が除隊した後も軍管区の管理部で保管された。また、兵籍簿は仕官用と一般隊員用とに分かれていた。

その他の書類

身体検査が終わると、軍管区本部において軍隊手帳と携帯用の兵隊手帳が発行されるが、そのほかに、健康手帳、入隊してから隊員が受けた訓練内容を示す訓練証明書が発行された。また、軍に籍を置いていることを示す身分証明書も発行された。身分証明書は兵籍手帳の表紙の裏側に貼り付けられるのだが、これは封筒型になっており、その中には、隊員の犯罪歴の有無を示す警察証明書が入っていた。

兵籍番号

兵籍番号は、軍隊手帳が発行される際に決定した。兵籍番号は、隊員が除隊し民間人に戻った後も、各男子を示す番号として本部に保存された。兵籍番号は基本的に次の 5 つの要素からなっていた。

- 軍管区本部の名称
- 生年の下 2 桁の数字
- 警察管区の番号（大きな都市では、姓の最初の文字となる場合もあった）
- 兵籍簿の番号（徴集兵と志願兵で違っていた）
- 兵籍簿上の記載位置を示す番号（1 から 10 まで）

連隊編制だったのは、それ以上大きな部隊は無用だと考えられていたからだ。しかしドイツ軍はしだいに、そのように楽観してはいられない状況へと陥っていった」。そのため、東部戦線においても西部戦線においても歩兵師団や歩兵旅団の砲兵部隊が強化された。

ドイツ陸軍は、例に挙げた砲よりももっと口径が大きい攻城砲や迫撃砲、榴弾砲、列車砲も投入した。なかでも大きかったのはクルップ社製のグスタフ列車砲で、口径は800ミリもあり、射程も長かった。グスタフ列車砲はおもに東部戦線で使用された。

陸軍の戦力　1939年-1945年

> ドイツの陸軍は優秀な軍であり、戦争が始まるとヨーロッパ諸国をたちまちのうちに占領下に置いた。しかしその陸軍も、広大なソ連を征服することはできなかった。

1939年から1945年にかけて、陸軍兵士として戦争に参加した男子は1600万人である。そのうち300万人が死亡した。この期間に編制された師団の数は、武装親衛隊の師団も加えると以下のようになる。

歩兵師団　280個
装甲師団　38個
自動車化歩兵師団　29個
騎兵師団　5個
山岳猟兵師団　30個

ただしこのなかには、戦いによって連隊や大隊と変わら

ないほどにまでに兵力が減った師団や崩壊した師団、設立されたものの装備が極めて貧弱で、結局実戦には加わらなかった師団なども含まれている。

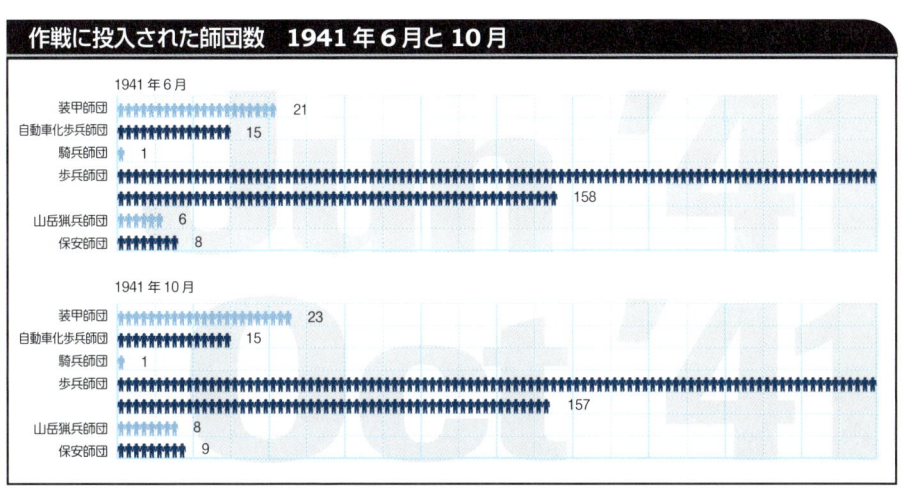

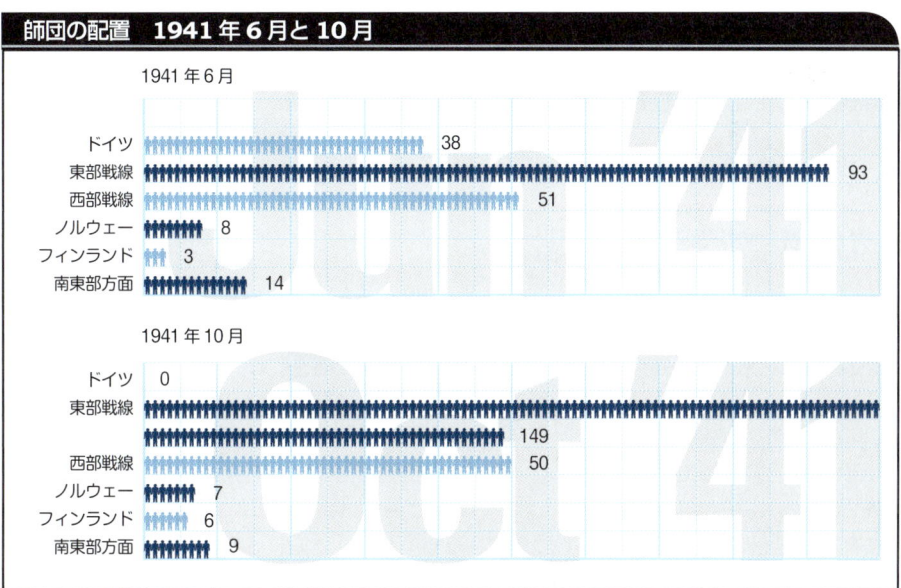

作戦に投入された師団数　1941年6月と10月

1941年6月
- 装甲師団　21
- 自動車化歩兵師団　15
- 騎兵師団　1
- 歩兵師団　158
- 山岳猟兵師団　6
- 保安師団　8

1941年10月
- 装甲師団　23
- 自動車化歩兵師団　15
- 騎兵師団　1
- 歩兵師団　157
- 山岳猟兵師団　8
- 保安師団　9

師団の配置　1941年6月と10月

1941年6月
- ドイツ　38
- 東部戦線　93
- 西部戦線　51
- ノルウェー　8
- フィンランド　3
- 南東部方面　14

1941年10月
- ドイツ　0
- 東部戦線　149
- 西部戦線　50
- ノルウェー　7
- フィンランド　6
- 南東部方面　9

■武装親衛隊

　武装親衛隊は、総勢100万人で39個師団を編制して実戦に加わり、陸軍を支援した。武装親衛隊はヒトラーに心からの忠誠を誓い、ナチスの思想に基づいて戦いを遂行した。彼らはこの戦いを「民族の戦い」と見なし、彼らが敵と考える民族に対してたいへん残酷な行為を行うこともあった。

　戦争が進んで兵力が不足するようになると、外国人により師団が編制された。ノルウェー、デンマーク、オランダ、フランス、ユーゴスラヴィア、ベルギー、イタリア、ハンガリー、ラトヴィア、エストニア、ロシアなどさまざまな地域の人びとが武装親衛隊のもとで戦いに従事した。また、わずかではあるがイギリス人も外国人部隊に加わった。しかし、外国人部隊の多くは質の高い部隊だったとは言えず、ドイツの敗北が見え始める戦争末期は士気の低下

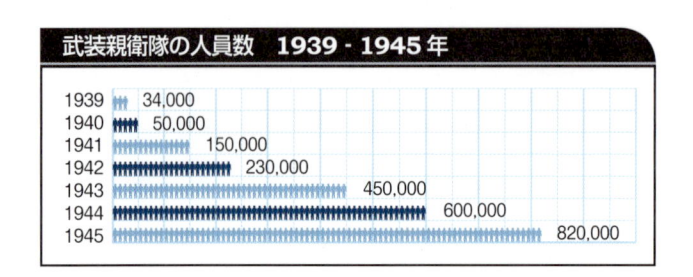

武装親衛隊の人員数　1939 - 1945年

年	人数
1939	34,000
1940	50,000
1941	150,000
1942	230,000
1943	450,000
1944	600,000
1945	820,000

各区域における国民突撃隊の編制　1945年

区域	編制単位
管区（920の管区が存在した。アメリカの郡に相当）	大隊
地区（アメリカの下院議員選挙区に相当）	中隊
細胞（アメリカの投票区に相当）	小隊
街区	分隊

出典：the US Intelligence Bulletin, published in February 1945

兵士の心得10か条（兵隊手帳記載）

第1条
勝利への戦いにおいては、騎士道精神に基づき行動しなければならない。残酷な行為や不必要な破壊行為は、ドイツ軍兵士として行ってはならない行為である。

第2条
戦闘の際は、制服と、身分を証明する徽章を着用しなければならない。制服と徽章を着用せずに戦ってはならない。

第3条
投降した敵軍兵士、パルチザン、スパイは処刑してはならない。処刑を行った者は軍事法廷において裁かれ罰せられる。

第4条
捕虜を虐待、侮辱してはならない。捕虜の所持品については、武器、地図、身分証明書のみを没収し、個人的な品には手をつけてはならない。

第5条
ダムダム弾は使用してはならない。ほかの弾丸からダムダム弾を作ることも禁じる。

第6条
赤十字の施設は攻撃してはならない。敵であってもけがを負った者は人道的に扱われるべきである。医療関係者や従軍聖職者の活動を妨げてはならない。

第7条
民間人は攻撃してはならない。略奪や無闇な破壊も許されない。とくに歴史的価値のある建物や、宗教、芸術、科学、慈善事業に関係する建物には損害を与えてはならない。

第8条
中立国の領空に侵入してはならない。また、領空を通過すること、領空内へ発砲することも禁じる。中立国の領空に対してはいかなる戦争行為も許されない。

第9条
捕虜となった場合は、自身の姓名と階級以外を明かしてはならない。敵はうまい言葉や脅迫によって、所属する部隊名やドイツ国の軍、政治、経済に関する情報を聞き出そうとするだろう。しかしどのような状況に置かれてもそうした情報を明かしてはならない。

第10条
第1条から第8条までの心得に違反する行為が行われた場合は、報告しなければならない。報復は、司令官から命令を受けたときのみ行うことを許される。

も著しかった。一方、ドイツ人で構成される部隊は最後まで果敢に戦った。第1SS装甲師団「ライプシュタンダーテ・アドルフ・ヒトラー」、第2SS装甲師団「ダス・ライヒ」、第3SS装甲師団「トーテンコプフ」など、訓練で鍛え上げられた精鋭部隊をはじめとするドイツ人部隊は攻撃の先頭に立って戦った。また、敵の攻撃を抑えるための「火消し部隊」として最前線で防衛に当たり、戦線の維持に努めた。なお、武装親衛隊の部隊の装備は陸軍のものよりも充実していたと言われることがあるが、それは一部の部隊の話であり、全体としてはさほど変わらなかったようだ。

■空軍の地上戦部隊

陸軍は、空軍部隊からも支援を受けた。空軍では1930年代半ばから空挺兵の本格的な養成が進められ、1938年から、クルト・シュトゥデント少将（後に上級大将）のもとで部隊編制が始まり、戦争期間中に11個の空挺兵師団が設立された。ドイツでは空挺兵のことを降下猟兵と称したため、これらの師団は降下猟兵師団と呼ばれるようになった。降下猟兵師団は、武装親衛隊の装甲師団と同じく、よく訓練された精鋭部隊だった。

作戦では、降下猟兵は低高度からスタティクラインを使用してパラシュートで降下するか、DFS230グライダーで降り、地上に展開した。輸送にはユンカースJu52輸送機が使用された。降下猟兵師団は、1941年にベルギーのエバン・エマール要塞の攻略に成功するなど目覚しい活躍を見せ、ヒトラーやドイツ国民から賞賛を受けた。また1941年5月20日から開始されたクレタ島の戦いでは、降下猟兵師団が中心となって作戦を遂行し、クレタ島を連合国軍から奪取した。しかしこの戦いでは降下猟兵の25パーセント、およそ7000人が死亡し、空挺作戦は人的損

陸軍と武装親衛隊の各種徽章

- パルチザン掃討章
- 陸軍対空砲章
- 陸軍観測気球章
- 陸軍観測気球章（包括）
- 陸軍空挺章
- 低空飛行機撃墜章
- 白兵戦章
- 陸軍総司令官表彰状
- 飛行機撃墜陸軍（総司令官表彰状）
- 一般突撃章
- 陸軍名鑑章
- 歩兵突撃章
- 射撃技量章
- 狙撃章
- 戦車突撃章
- 戦車撃破章

鉄十字勲章

勲章名	制定年月日	授与対象者
2級鉄十字勲章	1939年9月1日	ひとつの武功を立てた者。
1級鉄十字勲章	1939年9月1日	2級鉄十字勲章を受章しており、かつ、3つから5つの武功を立てた者。
騎士鉄十字勲章	1939年9月1日	1級鉄十字勲章を受章しており、かつ、複数の武功かひとつのとくに優れた武功を立てた者。
柏葉付騎士鉄十字勲章	1940年6月3日	騎士鉄十字勲章を受章しており、かつ、複数の武功かひとつのとくに優れた武功を立てた者。
柏葉剣付騎士鉄十字勲章	1941年7月15日	柏葉付騎士鉄十字勲章を受章しており、かつ、複数の武功かひとつのとくに優れた武功を立てた者。
柏葉剣ダイヤモンド付騎士鉄十字勲章	1941年7月15日	柏葉剣付騎士鉄十字勲章を受章しており、かつ、複数の武功かひとつのとくに優れた武功を立てた者。
金柏葉剣ダイヤモンド付騎士鉄十字勲章	1944年12月29日	柏葉剣ダイヤモンド付騎士鉄十字勲章を受章しており、かつ、複数の武功かひとつのとくに優れた武功を立てた者。
大鉄十字勲章	1939年9月1日	優れた指揮により軍を勝利へ導いた上級将校。

害が大きくなるということが明らかになった。そのため、これ以降大規模な空挺作戦は行われなくなり、降下猟兵部隊は歩兵部隊として活動することになった。

　また空軍は、1942年から1944年にかけて21個の歩兵師団を設立している。ただこれらの師団は、空軍総司令官のゲーリングが、自分で自由に動かすことのできる地上部隊を持ちたいという欲から作ったものでもあった。そして陸軍の歩兵師団よりも質が劣った。陸軍は、1943年にこれらの部隊を有効に活用するため、自軍の指揮下に入れ、名称も空軍野戦師団から野戦師団（空軍）へと変更した。

■電撃戦

　ドイツ陸軍が第二次世界大戦中に生み出した戦術や兵器は、現代の戦術や兵器の基礎となっているものが少なくない。そしてそのような戦術や兵器が1939年から1942年にかけての陸軍の勝利を大きく支えていた。

　ドイツ陸軍の戦術で有名なのは、ハインツ・グデーリアンによって確立された電撃戦である。これは戦車の機動力を生かす戦術で、戦車部隊を中心に、歩兵部隊、砲兵部隊、航空機部隊、偵察部隊などからなる部隊が用いられる。戦車を主力とする部隊編制は、1930年代に入ってイギリス陸軍で編制された戦車部隊を参考にしたものである。電撃戦ではまず、航空機部隊が敵軍の前線の一点を集中攻撃する。そしてそこから戦車部隊が敵陣の後方まで入り込み、司令部など部隊の中枢の制圧を目指す。迅速さが求められるため各部隊は無線によって緊密に連携する。戦車部隊には対戦車部隊が従い、進撃を援護する。

　陸軍は戦争初期、電撃戦によって勝利を収めた。電撃戦が成功した理由はいくつか挙げられるが、そのひとつは陸軍に優秀な士官と下士官が揃っていたということだ。ドイ

ツはヴァイマル共和政期から仕官や下士官の養成に力を入れていた。また、時と場合によって現場司令官に判断を任せる訓令戦術を採用したことも成功理由のひとつだろう。作戦中に問題が起きたときは、現場司令官が自らの判断で臨機応変に対応したため、部隊の迅速な展開が可能だった。ある部隊の司令官が死亡した場合は、その下の部隊のそれぞれの司令官が、作戦を滞りなく進めるためにただちに指揮を執ったため、司令官の不在という状況に陥ることはなかった。なお、ソ連軍ではこのように各人に指揮が任されることはなかった。

また、ドイツ陸軍は兵器も優れたものを装備していた。小火器ではMG42機関銃、火砲では88ミリ対空砲の18型、36型、37型などが代表として挙げられる。この対空砲は対戦車砲としても使用可能だった。また、パンター戦車やティーガー戦車は重厚な装甲と強力な火砲を備えた戦車だった。

■陸軍の弱点

ドイツ陸軍は、斬新な戦術と最新鋭の兵器を操る軍だった。しかしそれと同時にたいへん前時代的な一面を持つ軍でもあった。ドイツ陸軍は、物資の輸送を馬車に大きく頼っていた。そして馬車を使用する兵站は、陸軍の弱点でもあった。1941年から始まるバルバロッサ作戦では、兵站部隊は75万頭の馬を使用したが、その馬の餌の調達と世話が重い負担となった。そして、軍の前進によって兵站線が長く延び、さらに、西ヨーロッパでの戦いのように短期間に勝負をつけることができずに消耗戦に陥ると、兵站におけるドイツ陸軍の弱点が露呈することになった。

海軍

> 1930年代のドイツの軍備拡張政策において海軍はさほど重視されていなかった。そのため海軍は、じゅうぶんな戦力を持たないまま戦争に臨まなければならなかった。ただ、開戦後は潜水艦Uボートの建造が積極的に進められた。Uボートは大西洋戦線において大きな脅威となった。

　ヒトラーは当初、海軍についてはあまり関心がなく、艦艇の建造にも力を入れていなかった。それはヒトラーが想定していた戦争が、おもに東方での地上戦だったからだ。しかし1930年代後期になると、強力な海軍を有するイギリス、フランスとの戦争も起こる可能性が出てきた。そこでようやくヒトラーは、本格的な艦艇の建造を開始した。

■第一次世界大戦後の海軍

　第一次世界大戦でドイツが敗北すると、当時帝国海軍と称されていたドイツ海軍の大洋艦隊の多くは、イギリス海軍の根拠地スカパ・フローに抑留され、その後1919年6月に自沈した。ドイツ海軍に残された艦艇は旧式のものばかりで、そのうえヴェルサイユ条約によって厳しい軍備制限を課された。
　しかしドイツ海軍は、国内や第三国において技術力の維持や人材の育成に努めた。この時期に作られた「バナナ輸送船」や「トロール船」は、将来、巡洋艦や掃海艇として使用できるように設計されたものも多かった。そして1930年代に入ると、装甲艦の〈ドイッチュラント〉、〈アドミラル・シェーア〉、〈アドミラル・グラーフ・シュペー〉の建造にも着手した。

ヒトラーが政権に就き、1935年にヴェルサイユ条約の軍事条項を破棄すると、その翌年から戦艦〈ビスマルク〉と戦艦〈ティルピッツ〉の建造を開始した。1935年には英独海軍協定も結び、1939年からはロンドン潜水艦議定書に基づいて艦艇建造をさらに進めた。

海軍が作成した「Z計画」は、イギリス海軍とも互角に戦えるような強力な大艦隊を作る計画だった。ただこれは1945年ごろの完成を目指した計画だったため、結局、エーリヒ・レーダー上級大将率いる海軍は艦艇が揃わないまま戦争に突入することになった。また「Z計画」は、建造予定の艦艇の多くがまだ設計段階か建造途中の状態のうちに頓挫した。

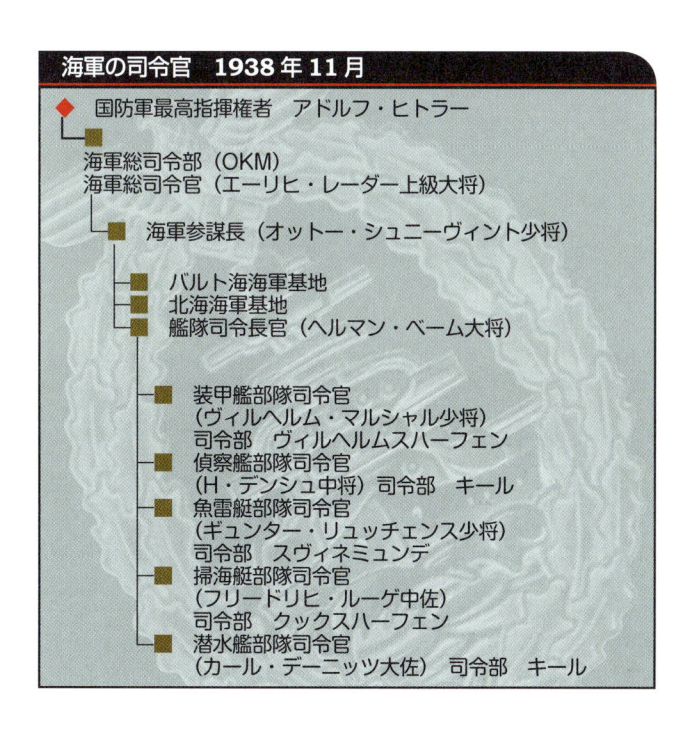

海軍の司令官　1938年11月

- ◆ 国防軍最高指揮権者　アドルフ・ヒトラー
  - ■ 海軍総司令部（OKM）
    海軍総司令官（エーリヒ・レーダー上級大将）
    - ■ 海軍参謀長（オットー・シュニーヴィント少将）
      - ■ バルト海海軍基地
      - ■ 北海海軍基地
      - ■ 艦隊司令長官（ヘルマン・ベーム大将）
        - ■ 装甲艦部隊司令官
          （ヴィルヘルム・マルシャル少将）
          司令部　ヴィルヘルムスハーフェン
        - ■ 偵察艦部隊司令官
          （H・デンシュ中将）司令部　キール
        - ■ 魚雷艇部隊司令官
          （ギュンター・リュッチェンス少将）
          司令部　スヴィネミュンデ
        - ■ 掃海艇部隊司令官
          （フリードリヒ・ルーゲ中佐）
          司令部　クックスハーフェン
        - ■ 潜水艦部隊司令官
          （カール・デーニッツ大佐）　司令部　キール

■海上戦

　ドイツ海軍は、優れたイツ海軍の艦隊はイギリス海軍の艦隊に比べるといかにも貧弱だった。そしてドイツ海軍は緒戦から重要な艦艇を失い、劣勢に陥った。例えば1939年12月には〈グラーフ・シュペー〉を失った。〈グラーフ・シュペー〉はイギリス海軍に追い詰められ、ウルグアイのモンテビデオ港外で自沈した。1940年4月にはノルウェーのナルヴィクにおけるイギリス海軍との戦闘で10隻の駆

海軍の人員数　1939 - 1945年

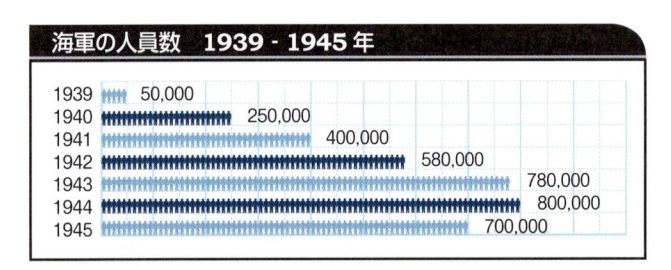

年	人員数
1939	50,000
1940	250,000
1941	400,000
1942	580,000
1943	780,000
1944	800,000
1945	700,000

連合国軍の艦艇喪失数　1941年

喪失理由	喪失数	総トン数
潜水艦の攻撃	222	777,000トン
機雷	129	437,000トン
軍艦の攻撃	16	64,000トン
航空機の攻撃	30	37,600トン
その他	5	8,100トン

連合国軍の艦艇建造数と沈没数　1942 - 1945年

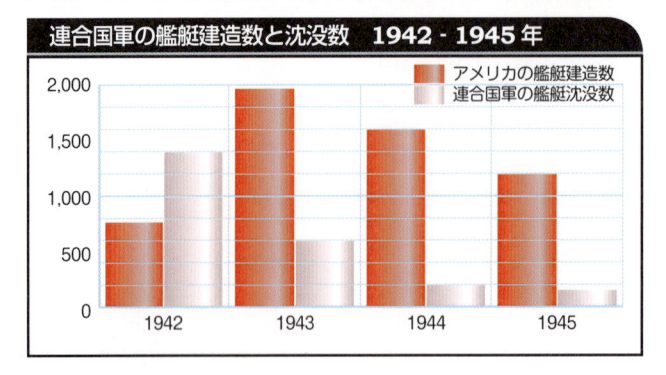

(棒グラフ：アメリカの艦艇建造数／連合国軍の艦艇沈没数)

逐艦を失った。

　ドイツ陸軍が西ヨーロッパを占領した後、バルカン半島と地中海地域への侵攻を開始すると、海軍の作戦範囲も地中海へ広がった。そこではおもに駆逐艦、魚雷艇、潜水艦を用いて、連合国側の商船の船団を攻撃する通商破壊作戦を行った。また北大西洋や北極海にも艦隊を展開させた。1941年5月24日のデンマーク海峡海戦では、戦艦〈ビスマルク〉がイギリスの巡洋戦艦〈フッド〉を撃沈した。〈フッド〉は〈ビスマルク〉の一斉砲撃によって爆発を起こして沈没しており、乗組員1418人のうち生き残ったのはわずか3人だった。〈ビスマルク〉は大きな戦果を挙げたが、その後、報復を誓ったイギリス艦隊の追撃を受け、ソードフィッシュ雷撃機による空からの攻撃で操舵装置を

海軍の大型艦

戦艦・装甲艦	就役年月日	最後
アドミラル・グラーフ・シュペー	1936年1月6日	1939年12月17日にラプラタ川河口で自沈。
ビスマルク	1940年8月24日	1941年5月27日に北大西洋で沈没。
グナイゼナウ	1938年5月21日	1945年5月にゴーテンハーフェンの閉塞艦として自沈。
シャルンホルスト	1939年1月7日	1943年12月25日に北岬で沈没。
ティルピッツ	1941年2月25日	1944年11月12日にノルウェーで沈没。

重巡洋艦	就役年月日	最後
アドミラル・ヒッパー	1939年4月29日	1945年5月3日にキールで着底。
アドミラル・シェーア	1934年11月12日	1945年4月10日にキールで沈没。
ブリュッヒャー	1937年6月8日	1940年4月9日にオスロフィヨルドで沈没。
ドイッチュラント（リュッツォウ）	1933年4月1日	1945年5月4日にスヴィネミュンデで着底。
プリンツ・オイゲン	1940年8月1日	戦後、原爆実験標的艦として使用され、沈没。

軽巡洋艦	就役年月日	最後
エムデン	1925年10月15日	1945年4月3日にハイケンドルフで沈没。
ケーニヒスベルク	1929年4月17日	1940年4月10日にベルゲンで沈没。
カールスルーエ	1929年11月6日	1940年4月9日にクリスチャンサンで沈没。
ケルン	1930年1月15日	1945年3月31日にヴィルヘルムスハーフェンで沈没。
ライプツィヒ	1941年10月8日	1946年12月16日に北海で海没処分。
ニュルンベルク	1935年11月2日	1961年に解体。

注　アドミラル・シェーアとドイッチュラント（リュッツォウ）は1940年代はじめまで装甲艦に分類されていた。連合国はドイツの装甲艦をポケット戦艦と呼んでいた。

損傷した。そして5月27日、戦艦2隻と巡洋艦2隻からの砲弾を浴びて各所を破壊され、ついに沈没した。

　戦艦〈ビスマルク〉の敗北の知らせにドイツ国民は驚き、とくにヒトラーは、ドイツ最大の戦艦の沈没に強い衝撃を受けた。また1942年に入ると、連合国軍の大型艦の海軍航空部隊が増強されたことで、空からの攻撃による大型艦の損害が大きくなった。そのためヒトラーはしだいに大型艦による戦闘を制限するようになった。1942年12月には、バレンツ海海戦において、重巡洋艦〈リュッツォウ〉（〈ドイッチュラント〉を改名したもの）、〈アドミラル・ヒッパー〉、それに6隻の駆逐艦が護衛船団攻撃に失敗し、船団を組んでいた商船14隻すべてを逃がしてしまった。この散々な結果にヒトラーは激怒した。そして大型艦など役には立たないとして、大型艦すべてを廃艦処分とするよう命じた。なお、この一件で海軍総司令官のレーダーが1943年1月に辞任に追い込まれ、その後任には潜水艦部隊司令官のカール・デーニッツが任命されている。命令はしばらくしてヒトラーが改めたため、大型艦のほとんどは廃艦を免れた。しかしその後は防空や沿岸砲撃など、大型戦闘艦としては不面目な任務にしか就くことができなかった。練習艦、病院船、人員輸送船、自沈する閉塞艦として用いられるものもあった。例外として、巡洋戦艦〈シャルンホルスト〉などは1943年に戦闘を行っているが、第二次世界大戦において、ドイツ大型艦による敵大型艦を相手とする戦闘としてはこれが最後の戦闘となった。戦艦〈ティルピッツ〉は、連合国軍の空爆によって損傷した後修理されるが、それからは活動する機会をほとんど与えられなかった。そして1944年11月、イギリス空軍のランカスター爆撃機が投下した大型爆弾トールボーイを被弾し、沈没した。〈ティルピッツ〉の沈没は、もはや戦う力のないドイツ海軍の姿を象徴するような出来事だった。

THE THIRD REICH
1933-1945

■ Uボート戦

　ドイツの潜水艦Uボートは、水上艦艇とは対照的にたいへんな活躍ぶりを見せた。戦後、イギリス首相ウィンストン・チャーチルは「あの戦争においてわたしが真に恐れたのは、Uボートだった」と語っている。

　戦争開始時にドイツ海軍が保有していた潜水艦は60隻程度だった。また、近海でしか活動できない沿岸用がほとんどで、Ⅶ型やⅨ型といった長距離航行が可能な潜水艦はわずかだった。しかしUボートの建造数は少しずつではあるがしだいに増えていった。1939年は58隻、1940年は68隻、1941年は129隻、1942年は282隻が建造された。最も多く建造されたのは遠距離用のⅦ型で、その数は合計703隻にのぼった。1940年5月に陸軍がフランスへ侵攻して大西洋沿岸の港も占領すると、Uボートは大西洋に広く展開することができるようになった。大西洋におけるUボートのおもな任務は、イギリスへ物資を運ぶ護送船団を攻撃することだった。戦争初期、Uボートは驚くほどの戦果を挙げた。1940年から1941年にかけては合計で700万トン以上の輸送船を沈めている。1941年末からは群狼戦術を用いるようになった。これは、複数のUボートで護送船団を包囲し、各方向から波状攻撃を仕掛ける戦術だ。1941年12月にアメリカが参戦すると作戦範囲をアメリカの東方海域にまで広げ、1942年には615万トンを沈めた。連合国軍は間断ないUボートの攻撃に苦しみ、輸送船不足に陥った。ヒトラーはUボートによる攻撃は効果的と見てUボートの増産を進めた。

　ところが1942年末から形勢が不利に傾き始めた。連合国軍の護衛艦部隊がさまざまな対抗策を講じるようになっ

たからだ。連合国軍はまず対潜水艦用兵器の改良を行い、センチメートル波レーダーやソナー（アスディック）による監視を徹底した。そして対潜哨戒機の活動範囲を広げ、1943年には大西洋の中央部に残っていた哨戒の「穴」にも網を張った。また、暗号解読に成功した。そのためUボートの作戦内容を事前に把握することが可能になった。こうしたことから、連合国軍に撃沈されるUボートが一気に増えた。その数は1942年は87隻だったが、1943年には237隻、1944年は242隻にのぼった。1944年に入ると、出撃したUボートはことごとく撃沈されるようになった。Uボートはもはや大西洋の脅威ではなくなったのである。

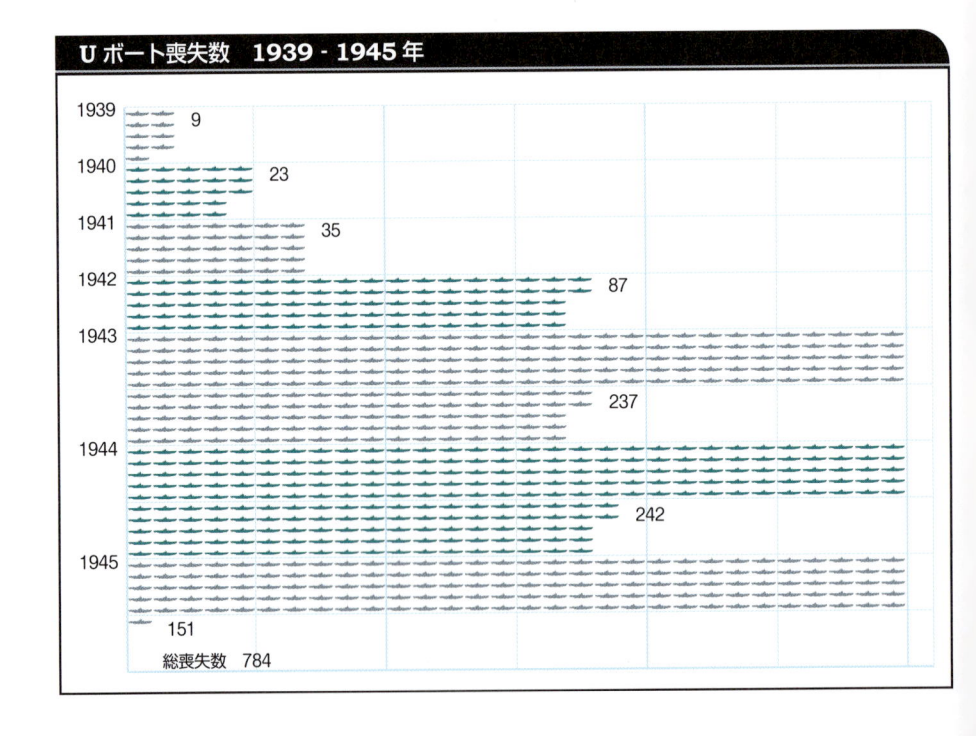

Uボート喪失数　1939 - 1945年

年	喪失数
1939	9
1940	23
1941	35
1942	87
1943	237
1944	242
1945	151
総喪失数	784

第6章　国防軍

# 空軍

> ドイツ空軍は、優れたパイロットと兵器を擁する軍だった。また、電撃戦では必要不可欠な戦力として活躍した。しかし、ドイツ空軍は長期的な戦略に欠けていたためその力を生かすことができなかった。

　1920年代から1930年代にかけて、イタリアのジュリオ・ドゥーエをはじめとする世界の軍事学者のあいだには、これからの戦争では空軍がより重要な存在となるだろうという考えが生まれていた。そしてヒトラーもそれと同様に考え、将来の戦争に勝つためには空軍が強くなければならないという思いを持っていた。

　第一次世界大戦後、空軍を解散させられたドイツは、空軍の復活を目指し、民間企業などと協力して密かに準備を進めた。そして1933年にヒトラーが政権に就き、1935年5月にドイツ空軍の設立を正式に宣言した。そして軍用機の製造を大々的に進めた。1938年、ドイツは5235機の航空機を製造しているが、そのうち3305機は軍用機である。1939年は、製造された8295機の航空機のうち4733機が軍用機だった。

■部隊編制

　ドイツ空軍の最も大きな部隊の単位は、航空艦隊である。部隊数は時期によって異なるが、それぞれの部隊が各地域に配置されていた。航空艦隊の下の部隊は順に、航空軍団、航空師団、航空団（イギリス空軍のGroup、アメリカ空軍のWingに相当）、飛行隊、飛行中隊（連合国空軍のSquadronに相当）となる。飛行中隊は9機から16

機で構成されていた。空軍の指揮を執ったのは空軍総司令部（OKL）である。

■航続時間の不足

ドイツの軍用機にはひとつの大きな問題があった。ドイツは、単発戦闘機メッサーシュミットBf109やフォッケ

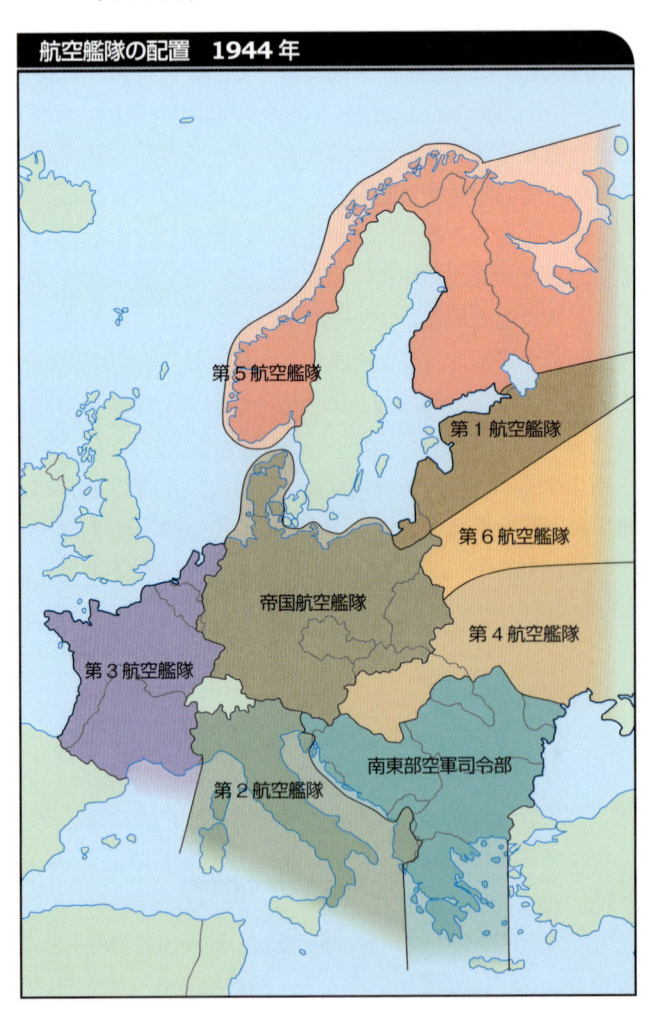

航空艦隊の配置　1944年

- 第5航空艦隊
- 第1航空艦隊
- 第6航空艦隊
- 帝国航空艦隊
- 第4航空艦隊
- 第3航空艦隊
- 南東部空軍司令部
- 第2航空艦隊

航空艦隊
航空艦隊は各地域に配置された。配置先は時期によって異なり、例えば第2航空艦隊は、1940年にはフランス北部とベルギーに配されていた。そして第3航空艦隊とともに対イギリス作戦を担った。1944年末には、帝国航空艦隊が担当する地域が空軍の主戦場となった。帝国航空艦隊は、連合国軍の空爆からドイツ本土を守るべく戦った。

ウルフ Fw190、対地攻撃能力を持つ双発重戦闘機メッサーシュミット Bf110、中型双発爆撃機ドルニエ Do17 やハインケル He111 などを中心に製造していたが、問題というのは、爆撃機を護衛する役割を担う戦闘機の航続時間が短いということだった。自国の周辺で陸軍支援や敵機との戦闘を行っているうちはそれでもとくに支障はなかったが、戦場が遠方へ移ると、戦闘機の航続時間の短さから、作戦を思うように展開することができなくなった。そのため、ひとつの都市や工業地帯を破壊できるほどの力のある爆撃機部隊を擁していながら、ドイツ空軍は連合国に決定的な打撃を与えることができずに終わることになる。

■ 勝利から敗北へ

ドイツ空軍は 1939 年から 1940 年にかけて、ポーランド、ノルウェー、デンマーク、ベネルクス三国、フランスの空軍と戦闘を交えたが、いずれの戦いでも優勢を保ちながら勝利を収めた。

しかし、1940 年の 7 月から 10 月にかけてのバトル・オブ・ブリテンでは同じようにはいかなかった。この戦いは、イギリス本土

航空機喪失数 1939 - 1945 年

種類	喪失数
戦闘機	82,258
輸送機・偵察機	12,874
練習機	15,428

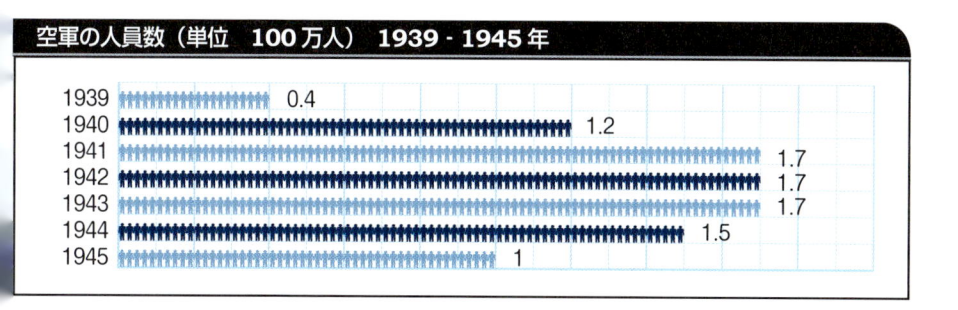

空軍の人員数（単位　100 万人）1939 - 1945 年

年	人員数
1939	0.4
1940	1.2
1941	1.7
1942	1.7
1943	1.7
1944	1.5
1945	1

上陸作戦の一環として行われた。ゲーリング率いるドイツ空軍は最初のうちはイギリス空軍と互角に戦っていた。しかし、ユンカースJu87急降下爆撃機などで構成する爆撃機部隊を、戦闘機でじゅうぶんに援護することができなかったため、しだいに劣勢となった。ドイツの戦闘機の多くはイギリス南部まで飛んだ場合、そこで戦える時間はわ

航空艦隊の司令官 1939 - 1945年

第1航空艦隊
- アルベルト・ケッセルリング元帥
  (1939年9月1日-1940年1月11日)
- ハンス=ユルゲン・シュトゥムプフ上級大将
  (1940年1月11日-5月10日)
- ヴィルヘルム・ヴィマー大将
  (1940年5月11日-8月19日)
- アルフレート・ケラー上級大将
  (1940年8月19日-1943年6月12日)
- ギュンター・コルテン上級大将
  (1943年6月12日-8月23日)
- クルト・プフルクバイル大将
  (1943年8月23日-1945年4月16日)

第2航空艦隊
- ヘルムート・フェルミー大将
  (1939年9月1日-1940年1月12日)
- アルベルト・ケッセルリング元帥
  (1940年1月12日-1943年6月11日)
- ヴォルフラム・フライヘア・フォン・リヒトホーフェン元帥
  (1943年6月11日-1944年9月27日)

第3航空艦隊
- フーゴ・シュペルレ元帥
  (1939年9月1日-1944年8月23日)
- オットー・デスロッホ上級大将
  (1944年8月23日-9月22日)
- アレクサンダー・ホレ中将
  (1944年9月22日-9月26日)

第4航空艦隊
- アレクサンダー・レーア上級大将
  (1939年9月1日-1942年7月20日)
- ヴォルフラム・フライヘア・フォン・リヒトホーフェン元帥
  (1942年7月20日-1943年9月4日)
- オットー・デスロッホ上級大将
  (1943年9月4日-1944年8月17日)
- アレクサンダー・ホレ中将
  (1944年8月17日-9月27日)
- オットー・デスロッホ上級大将
  (1944年9月27日-1945年4月21日)

第5航空艦隊
- エルハルト・ミルヒ元帥
  (1940年4月12日-5月9日)
- ハンス=ユルゲン・シュトゥムプフ上級大将
  (1940年5月9日-1943年11月27日)
- ヨーゼフ・カムフーバー大将
  (1943年11月27日-1944年9月16日)

第6航空艦隊
- ロベルト・リッター・フォン・グライム元帥
  (1943年5月5日-1945年4月24日)
- オットー・デスロッホ上級大将
  (1945年4月24日-5月8日)

帝国航空艦隊
- ハンス=ユルゲン・シュトゥムプフ上級大将
  (1944年2月5日-1945年5月8日)

THE THIRD REICH
1933-1945

ずか20分ほどだった。その後は燃料補給のため基地へ戻らなければならなかった。また、9月に入るとドイツ空軍は、おもな攻撃目標を空軍基地などの軍事施設から都市部へと変更したが、これも勝敗に大きく影響することになった。ドイツ空軍の攻撃が都市部へ向けられているあいだに、イギリスが軍事施設を修復し、再び攻撃態勢を整えたからだ。やがてドイツ空軍はゲーリングも敗北を認めざるをえない状況へ追い込まれた。そしてヒトラーは、自身の関心がソ連との戦いへと移っていたこともあり、イギリス上陸作戦の中止を決めた。

　地中海や北アフリカの戦線でもドイツ空軍は影響力を失っていった。そのひとつの理由は戦闘機や爆撃機の不足だった。両陣営の軍用機の生産量を比較してみると、連合国は1941年は1万8566機、1942年は3万524機、1943年は4万9305機、1944年は3万5187機を製造している。一方ドイツはそれぞれの年で、3744機、

高射砲軍団の配置

第1高射砲軍団
- ドイツ (1939年10月-1940年5月)
- フランス (1940年5-9月)
- ドイツ (1940年9月-1941年3月)
- ドイツ (1941年4-6月)
- 東部戦線中央防衛区域 (1941年6月-1944年10月)
- ポーランド (1944年10月-1945年2月)
- ドイツ (1945年2-5月)

第2高射砲軍団
- ドイツ (1939年10月-1940年5月)
- フランス (1940年5月-1941年3月)
- 東部戦線南部防衛区域 (1941年6月-1944年8月)
- ドイツ (1944年8月-1945年5月)

第3高射砲軍団
- フランス (1944年2-9月)
- ドイツ (1944年9-12月)
- アルデンヌ (1944年12月-1945年1月)
- ドイツ及びルール孤立地帯 (1945年1-4月)

第4高射砲軍団
- ドイツ (1944年7月-1945年5月)

第5高射砲軍団
- ハンガリー (1944年11-12月)
- ドイツ (1944年12月-1945年5月)

第6高射砲軍団
- 西部戦線 (1945年2-3月)
- 北部ドイツ (1945年3-5月)

エース・パイロット（上位20名）	
氏名	撃墜機数
エーリヒ・ハルトマン	352
ゲルハルト・バルクホルン	301
ギュンター・ラル	275
オットー・キッテル	267
ヴァルター・ノヴォトニー	258
ヴィルヘルム・バッツ	237
エーリヒ・ルドルファー	224
ハインリヒ・ベーア	221
ヘルマン・グラーフ	212
ハインリヒ・エールラー	209
テオドア・ヴァイセンベルガー	208
ハンス・フィリップ	206
ヴァルター・シュック	206
アントン・ハフナー	204
ヘルムート・リプフェルト	203
ヴァルター・クルピンスキ	197
アントン・ハックル	192
ヨアヒム・ブレンデル	189
マクシミリアン・シュトッツ	189
ヨアヒム・キルシュナー	188

5515機、1万989機、2万6326機である。ドイツの生産量は、とくに戦争後期はシュペーアによる生産態勢の強化によって大きく伸びたが、連合国のそれにはとても及ばなかった。そしてどれだけ生産しても戦闘によって次々に失った。ただしそれは連合国軍も同様であり、ソ連軍の場合、1941年6月から1945年5月のあいだに10万6600機を失っている。ドイツ空軍はバルバロッサ作戦開始直後、空中戦と地上からの攻撃によって数日間のうちに2000機を撃墜している。なお、ドイツのエース・パイロットであるエーリヒ・ハルトマンは、戦争期間中に合計352機の敵機を撃墜している。そのうちの5機以外はソ連軍機である。

　東部戦線においても当初はドイツ空軍が優位に立っていたが、しだいにソ連空軍が勢いを増した。ソ連空軍は実戦を重ねるうちに技量を上げていった。戦術の改良も行った。また、軍用機を増産して戦線に大量に投入した。1944年には、各戦線においてドイツ空軍の4倍の数の戦闘機や爆撃機を投入していた。

　ドイツ空軍の力はいずれの戦線においても日に日に弱まった。1944年1月からは、長距離戦闘機に護衛されたアメリカ陸軍航空軍の爆撃機部隊によるドイツ本土への攻撃が激しさを増すが、このころになると対空砲部隊が防空

においてより重要な戦力となった。対空砲部隊は各戦線のほか各地域の都市や町、工場の周辺に配置されていた。そして1945年に入ると、ドイツ空軍はドイツ本土を守る力すら失ってしまった。

■新型機の投入

ヒトラーは最後の数か月間、メッサーシュミットMe262などの新型機の生産を進めた。新型機を投入すれば、再び優勢に回ることができるのではないかとの期待があったからだ。メッサーシュミットMe262は、航続時間はそれほど長くないものの、高い性能を持つジェット機だった。

しかし、新型機は実戦に投入されたものの、趨勢に影響を与えるような力とはならなかった。ドイツ空軍は技量に優れ、じゅうぶんに実力のある軍だった。しかし最後には敗北した。そのひとつの原因は、戦闘機をはじめとする軍用機の開発と生産における戦略の甘さだったのではないだろうか。

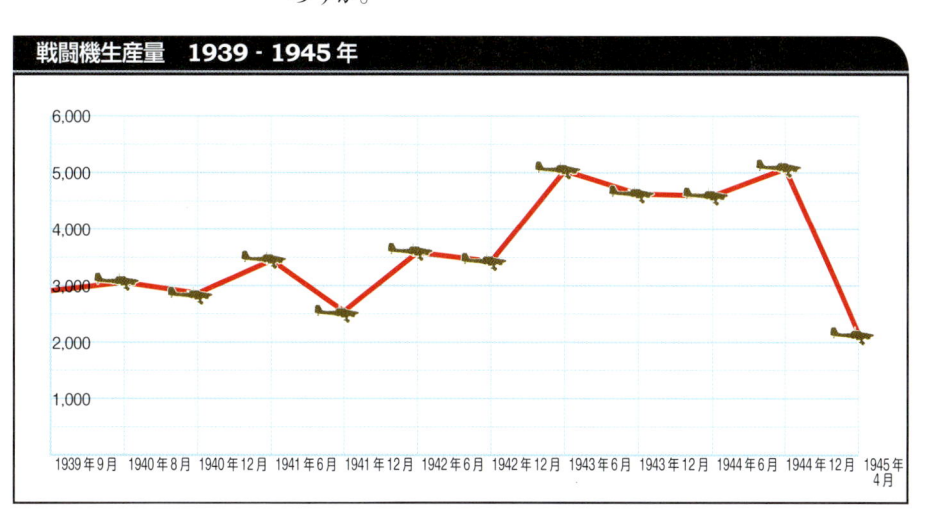

戦闘機生産量　1939 - 1945年

敗北の理由と犠牲

> 第二次世界大戦では、第一次世界大戦のときとは違い、ドイツ本土が戦場となった。そしてドイツの陸軍、海軍、空軍は、破滅的な損害を受けることになった。

「ドイツ軍はなぜ戦争に負けたのか」。第二次世界大戦後、歴史家たちはこの問いの答えを出すためにさまざまに意見を交わしてきた。戦争末期になると、部隊の司令官は経験が無くただヒトラーに追従するだけの者たちに変わるものの、それまでは優秀な将官が指揮していたし、戦術にも長けていた。兵士らはとても勇敢だった。しかし最後には、ヒトラー・ユーゲントや国民突撃隊に国の防衛を頼らざるをえないような状態に陥ってしまう。ドイツ軍はいったいなぜ、そしていつのころから敗北へと向かい始めたのだろうか。

■転換点

　1942年から1943年はじめにかけて行われたスターリングラード攻防戦は、ドイツ軍にとってひとつの転換点となる戦いだったと言われている。ドイツ軍はこの戦いで20万人からの兵士を失った。そのうちの半分は戦死し、残る半分はソ連軍の捕虜となり、そのほとんどは再びドイツへ戻ることはなかった。
　師団数で見るとドイツ軍は22個師団を失い、ソ連に敗北した。ただ、ソ連軍の受けた損害も大きかった。アラン・クラークはスターリングラード攻防戦後のソ連について次のような指摘も行っている。

「ソ連軍は第一次世界大戦後に弱体化し、それから完全に立ち直ってはいなかった。ソ連軍には開戦以来、250万人の新兵が加わっていたが、その一方ですでに400万人の兵士が死亡していた。兵器や輸送車の生産量は、工場の3分の2を失っていたにもかかわらず、ドイツをしのいでいた。その種類が、戦車や輸送車は2種、火砲は3種と限られていたため効率よく生産することができたのだ。しかし人材は不足しており、ドイツ軍の司令官は柔軟な考え方で部隊を速やかに動かすことができたが、ソ連軍の司令官はそうした能力に欠けていた」

　スターリングラード攻防戦の後、ヒトラーの健康状態の悪化などの理由で、一時期、各部隊の司令官に指揮が委ねられた。その司令官のひとりはエーリヒ・フォン・マンシュタインである。マンシュタインはドイツの名将であり、1942年に元帥となり、スターリングラード攻防戦ではドン軍集団を率いた。そしてその後のハリコフ攻防戦において、マルキアン・ポポフ大将が指揮する正面軍機動集団を破ってハリコフ奪還に成功した。
　春になると雪解けとともに泥濘期に入り、軍が消耗していたこともあり、ドイツ軍はいったん戦闘を休止した。ドイツ軍はソ連軍を東へ押し戻したものの、クルクスの周辺にはまだソ連軍が残っており、そこだけ戦線が突出する形になっていた。ヒトラーは大部隊で先制攻撃を仕掛けてその突出部を一気に「摘み取る」べきだと考えた。マンシュタインはもう少し慎重な作戦を提案したが、最終的にはヒトラーの作戦が通った。一方ソ連軍は、クルクスに中央正面軍とヴォロネジ正面軍を配置してドイツ軍の攻撃に備えた。
　ヒトラーの作戦はツィタデレ作戦と名づけられ、1943年7月5日に発動された。クルスクにおける戦いでは、

作戦を担当した第4装甲軍と第9軍が使用した戦車は2700両にのぼった。フランスからも装甲部隊が動員され、1800機の航空機が戦車部隊の支援にあたった。なお、この時期の東部戦線全体の兵力は330万人である。

対するソ連軍が使用した戦車の数はドイツ軍を上回った。当時のソ連の戦車生産量はドイツの2倍であり、対戦車砲とロケット砲を中心とする火砲の生産量もドイツに勝り、戦闘開始時に対戦車砲を合計2万1000門用意し、各連隊に配備した。後方には200個の対戦車砲連隊を予備部隊として揃えた。また、1943年春から戦闘が開始されるまでの4か月間に、ロケット砲などの火砲、戦車、地雷によってクルクスの突出部の防衛態勢を固め、各部隊間の通信網も調えていた。

ドイツ軍が2700両、ソ連軍が4000両の戦車を投入し、両軍合計で200万人の兵士が参加した空前の大戦車戦を制したのは、ソ連軍だった。ドイツ軍はソ連軍の防衛線を突破したものの、軍を進めるうちに、戦意を喪失してしまうほど損害が大きくなった。そして7月半ばからソ連軍の猛反撃が始まり、7月23日には作戦開始時の位置まで後退してしまう。

■敗因

クルクスの戦いにおいてドイツ軍が失った戦車の数は、500両とも900両とも言われている。そして戦死した兵士、負傷した兵士、捕虜となった兵士は合わせて数十万人にのぼった。一方ソ連軍は、戦車や兵の損失はドイツ軍より大きかったが、戦いに勝利した。歴史家ジョン・キーガンはこの結果の理由のひとつとして、ドイツ軍の戦車の不足を挙げている。

陸軍の死傷者数と行方不明者数

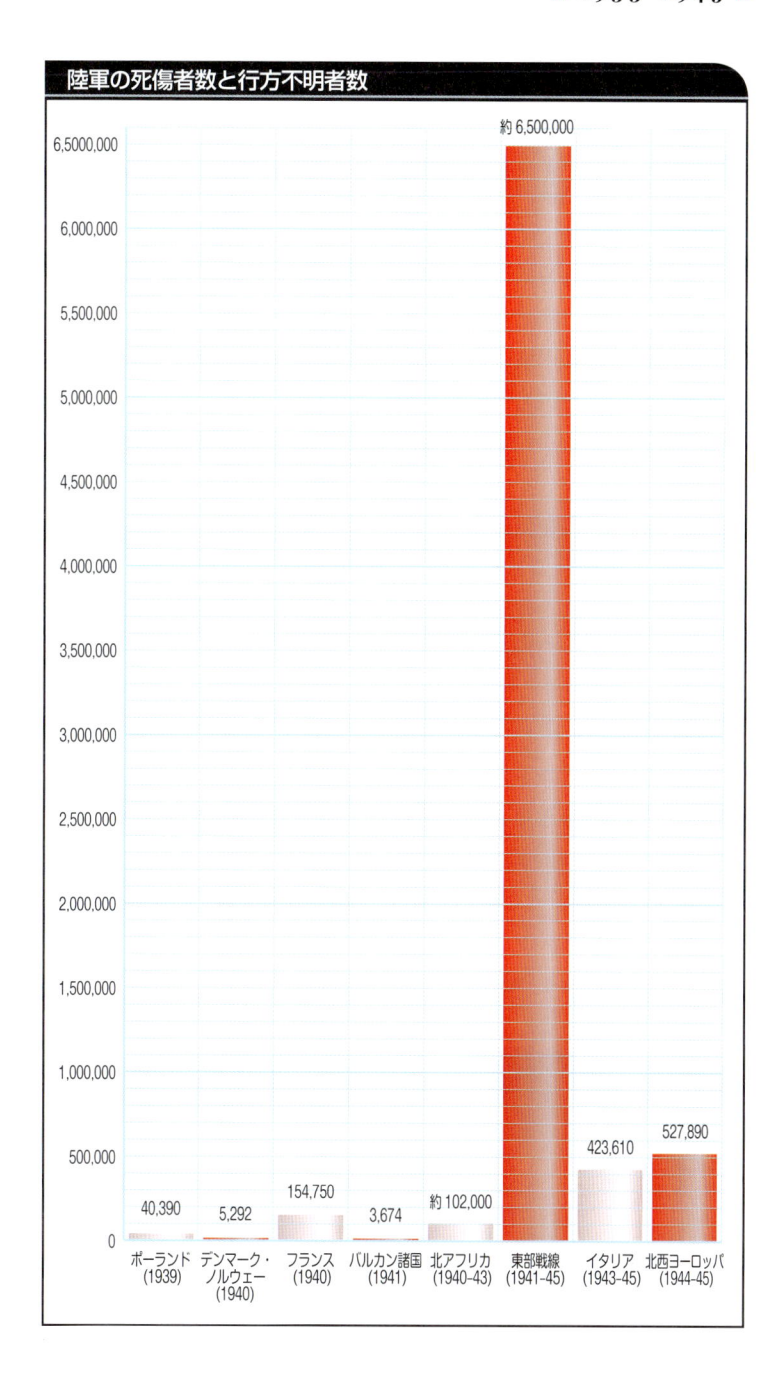

戦域	死傷者数
ポーランド (1939)	40,390
デンマーク・ノルウェー (1940)	5,292
フランス (1940)	154,750
バルカン諸国 (1941)	3,674
北アフリカ (1940-43)	約 102,000
東部戦線 (1941-45)	約 6,500,000
イタリア (1943-45)	423,610
北西ヨーロッパ (1944-45)	527,890

「1934年、ドイツはひと月に1000両の戦車を生産する目標を掲げていた。しかし、グデーリアンやシュペーアの努力にもかかわらず、月生産量は平均で330両だった。ツィタデレ作戦では、わずか数日のあいだに月生産量を上回る数の戦車が失われた。第4装甲軍は160両を戦闘で破壊された。東部戦線の装甲部隊はそれまで、戦車が足りなくなれば予備の戦車で不足分を補っていた。しかしツィタデレ作戦時には予備の戦車は無くなり、生産を待たなければ補充ができないという状況だった」

それに対してソ連の生産量は多かった。1944年には、ひと月に2500両を生産するに至っている。

クルスクの戦いでは、ドイツ軍の火砲や地上攻撃機によって戦車をどれだけ破壊されようと、戦車不足に陥ることはなかった。そのため「ドイツ軍は結局戦況を覆すことができなかった。そして戦いの主導権は完全にソ連に移ってしまった」

東部戦線のドイツ軍は、スターリングラードで大敗を喫した。そして、再起をかけて臨んだクルスクの戦いにも負けてしまう。この後ドイツ軍はほとんど防戦一方のまま、ドイツ本土まで後退を続ける。そして西方においては、1944年6月6日にフランスから上陸して第二戦線を構築した連合国軍と、再び激しい戦いを繰り広げることになる。

負傷した兵員の割合 1944年6月6日 (Dデイ) まで	
負傷回数	割合
1回	35%
2回	11%
3回	6%
4回	2%
4回以上	2%

東部戦線の兵力 1941 - 1944年	
年	兵力(単位 100万人)
1941	3.3
1942	3.1
1943	2.9
1944	3.1

THE THIRD REICH
1933-1945

■ヒトラーの責任

　ドイツ軍が第二次世界大戦で敗北した理由はさまざまだろうが、ひとつにはヒトラーの指揮に問題があったからではないだろうか。ヒトラーが独断で下した数々の決定が、軍に大きな損害をもたらしている。とくにクルクスの戦い以降ヒトラーはいっそう独断的になった。ヒトラーは7月13日にツィタデレ作戦の中止を命じるが、その際彼は、軍が作戦を成功させることができなかったとして次のように言っている。「もうこれからは、参謀の意見は聞かないことにする」

■誤った判断

　ヒトラーが下した判断のなかで不適切だったと思われるものとしては、例えば1940年5月のフランス侵攻の際の「進軍停止命令」が挙げられる。ヒトラーは、ダンケルクまで追い詰めた連合国軍への最後の攻撃に向かっていた装甲部隊に、いったん進撃を止めるよう指示した。装甲部隊の側面援護を担当する部隊の進行が遅れていたからだ。これは一理ある判断ではあるのだが、その結果、連合国軍はイギリスの海軍と空軍の助けにより海岸からの脱出に成功した。そしてこのときに脱出したイギリス軍の精鋭部隊が、数年後、アメリカの空軍や陸軍とともに再びフランスから上陸し、第二戦線を構築した。

　1941年にはバルカン半島と北アフリカへ部隊を投入したが、これは貴重な戦力を浪費する結果となった。ヒトラーは1940年12月13日、バルカン半島の侵攻に関して次のように述べている。「イギリス軍がバルカン半島を占領して空軍基地を築けば、ルーマニアの油田とイタリアが危

険にさらされる。だからイギリスの動きを封じなければならない」

こうしたヒトラーの判断については、決して間違っていたとは言えないとする意見もある。しかし、1941年末のアメリカへの宣戦布告は間違いだったと断言してよいだろう。圧倒的な工業力を誇るアメリカに戦いを挑むなど、まさに自殺行為である。

バルバロッサ作戦では、モスクワ攻略を目標とする中央軍集団の装甲部隊を、ウクライナ攻撃へ回した。この決定についても歴史家のあいだで見解は分かれるが、結果としては、中央軍集団はモスクワ攻略に失敗している。そしてバルバロッサ作戦の後半に入ると、ヒトラーは戦略によるのではなく、たんに軍の撤退を嫌って戦線の死守を命じるようになった。それによっていくつもの部隊が壊滅した。ヒトラーは参謀との溝を深めてゆくばかりだった。そして戦争末期の数週間は、現実を把握することがまったくでき

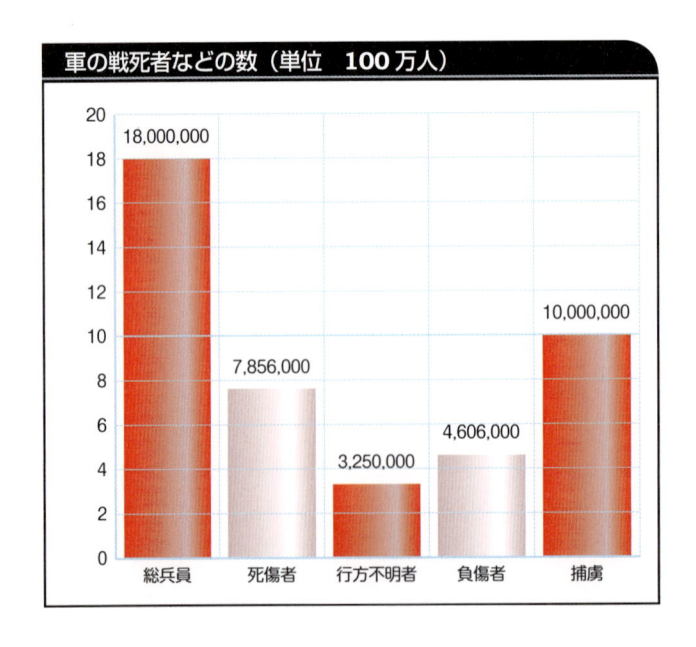

軍の戦死者などの数（単位　100万人）

総兵員	18,000,000
死傷者	7,856,000
行方不明者	3,250,000
負傷者	4,606,000
捕虜	10,000,000

なくなっていたようだ。ヒトラーは、もはや地図の上にしか存在しない部隊に対して指示を出し続けていたという。

■犠牲

　ドイツ軍は各戦線において多くの兵士を失った。ポーランドでは1万3000人、フランスでは4万3000人、イタリアでは6万人、北西ヨーロッパでは12万8000人の兵士が戦死した。東部戦線では200万人からの兵士が命を落とした。第二次世界大戦において、ドイツ軍はじつに大きくて無益な犠牲を払ったのである。

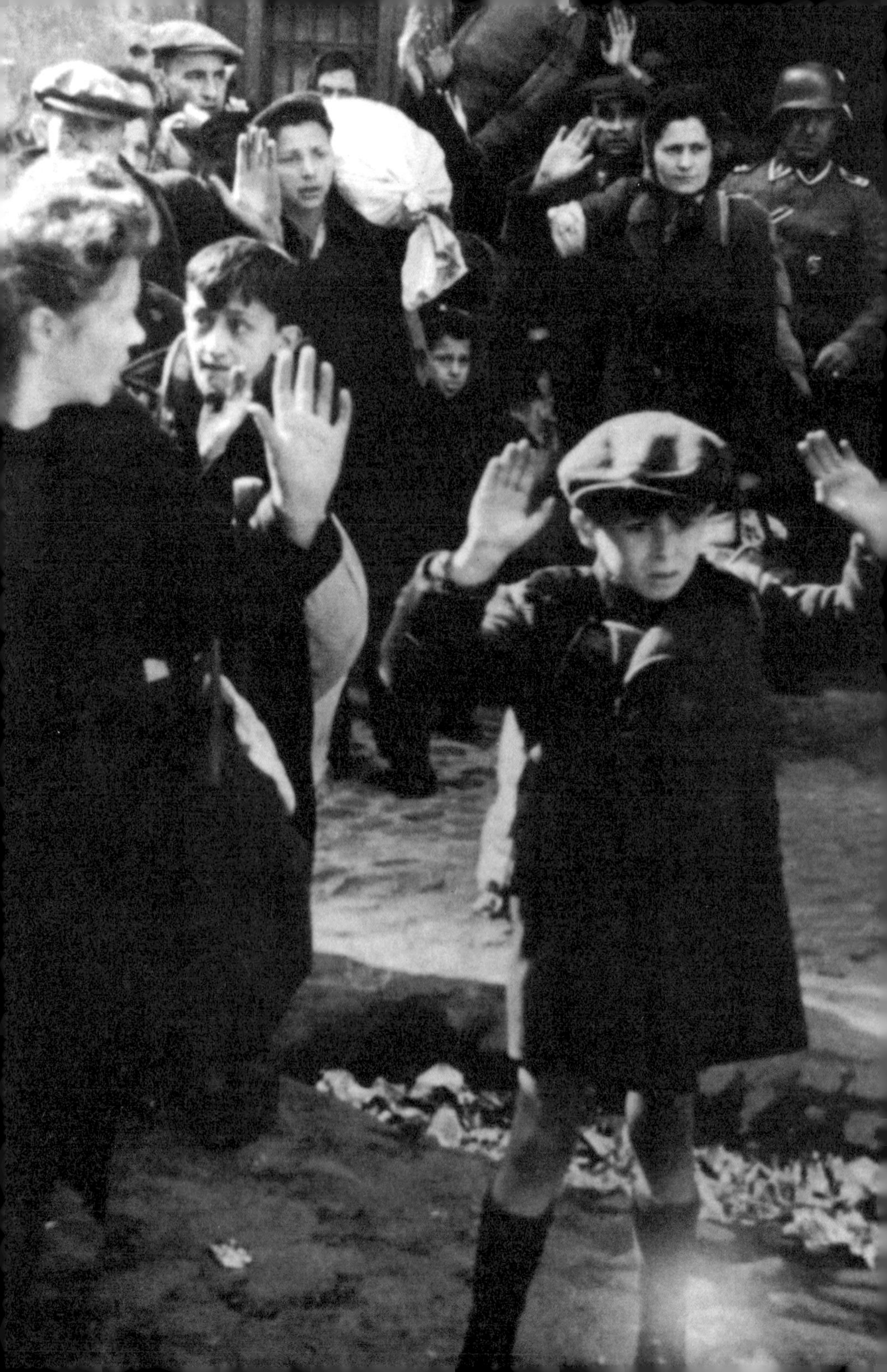

第7章 民族政策

　ナチスが人びとの記憶にいつまでも強く残るのは、世界を戦争へと引きずり込み、その戦争において、ホロコーストというあまりにも罪深いことを行ったからだろう。

　ヒトラーは若いころに反ユダヤ主義の影響を受けて強烈な反ユダヤ主義者となり、政権に就くとユダヤ人政策を進めた。そして戦争に入り、ついに大量殺害を開始した。ナチスはわずか数年のあいだに600万人のユダヤ人を殺害したと言われている。また、ジプシーや同性愛者、ソ連兵捕虜、障害者なども多数殺害した。

　ホロコーストは、いったいなぜ起こったのだろうか。そしてホロコーストには、だれがどのようにかかわっていたのだろうか。

移送のため集められたポーランドのユダヤ人。ポーランドのユダヤ人は90パーセント以上がナチスに命を奪われた。

迫害

> ナチスはさまざまな法律を制定し、ユダヤ人からあらゆる自由や権利を奪った。そして戦争が始まると、大量殺害を実行するための絶滅収容所を開設した。

ヨーロッパの社会には古くから反ユダヤ主義が存在し、それは近代に入っても根強く残っていた。そしてヒトラーが政権に就いたころのドイツには、ユダヤ人はドイツ人社会に「寄生」しながら良い生活をしている、というふうな見方が広がっていた。歴史家ジェフ・レイトンは当時のドイツについて次のように述べている。

「1933年ごろのドイツには、暮らしに不満を持つ者が多数存在していた。しかしユダヤ人は、伝統に基づく独特な共同体を維持しながら、多くの者が弁護士など社会的地位の高い職業に就き、裕福な暮らしを送っていた。1933年のユダヤ人の人口はドイツの総人口の1パーセントにも満たなかったが、弁護士の16パーセント、医師の10パーセント、編集者や作家の5パーセントをユダヤ人が占めていた」

このころのドイツでは、多くのユダヤ人が裕福に暮らしていた。そしてそれを妬む者や苦々しく思う者が少なくなかった。

■法による迫害

ナチスが1933年に始めたユダヤ人政策は、しだいに厳しさを増し、1942年の絶滅収容所開設へとつながること

になるのだが、ナチスのユダヤ人政策に対して、ドイツ国民はどのような態度を取っていたのだろうか。反ユダヤ主義者やユダヤ人を妬む者などは、賛成していたかもしれない。

ナチスは経済回復に努力しているからとユダヤ人政策には目をつぶる者、反ユダヤのプロパガンダに影響を受けて容認するようになった者もいただろう。もちろん批判的な者もいただろう。しかし批判を公に口にすればゲシュタポ監獄送りとなるかもしれず、勇気がなければ、ユダヤ人政策に異を唱えることなどできなかっただろう。

ナチスはユダヤ人政策を着実に進めた。1933年4月には「公務員再建法」を制定し、ユダヤ人が公職に就くことを禁じた。また「高等教育機関の学生数に関する法律」によって、各高等教育機関におけるユダヤ人学生数を定員の1.5パーセントまでと制限した。さらに、ユダヤ人が弁護士として開業することを禁じる法律も制定した。7月にはロシア系ユダヤ人とポーランド系ユダヤ人の市民権を剥奪

ドイツのユダヤ人人口　1933年

国籍	人口
オーストリア	4,647
イギリス	532
チェコ	4,275
オランダ	1,604
ドイツ	400,935
ハンガリー	2,280
ラトヴィア	827
リトアニア	903
ポーランド	56,480
ルーマニア	2,210
ソ連	1,650
トルコ	753
アメリカ	536
上記以外のヨーロッパ諸国	1,692
上記以外の非ヨーロッパ諸国	398
無国籍	19,746

ドイツからのユダヤ人移民の数 1937 - 1939年

地域名	1937	1938	1939
オーストリア	–	1,193	1,915
バーデン	624	950	654
バイエルン	776	1,547	1,169
ブレーメン	59	189	141
ハンブルク	429	1,620	2,187
ヘッセ	386	566	381
プロイセン	4,248	9,393	14,671
ザクソニー	104	229	496
ヴュルテンベルク	350	600	442
上記以外の地域	179	274	650

出典：Tim Kirk, The Longman Companion to Nazi Germany (Longman, 1995)

「安楽死計画」推進のための教育

次の資料は、カール・バレスとアルフレート・フォーゲルによる『小中学生のための遺伝学と民族学』第2版（ビュール＝バーデン　コンコルディア社　1937年）の資料のひとつ。心身に病気や障害を持つ者が、なぜ国家にとって負担なのかを子どもに説明するためのものである。

遺伝性の病気などを持つ子どもは国家の大きな負担となっている。国は毎日、各種学生ひとりにつき以下の予算を費やしている。

- 健康体の学生　1/3 ライヒスマルク
- 軽度の障害を持つ学生　1 1/2 ライヒスマルク
- 知的障害を持つ学生　2 4/5 ライヒスマルク
- 全盲或いは聾の学生　4 ライヒスマルク

ある都市では、1932年に以下の予算を費やした。

- 小額年金（ひとり当たり）433 ライヒスマルク
- 失業手当（ひとり当たり）500 ライヒスマルク
- 知的障害者のための予算（ひとり当たり）1,944 ライヒスマルク

1930年に、遺伝性の病気などを持つ者のために国が費やした予算は10億ライヒスマルクである。また1933年から1934年にかけての冬季救済計画期間中は3億5,000万ライヒスマルクだった。

遺伝性の病気や障害は脅威である。その脅威から国家を守るために、1933年7月14日、国は「遺伝性疾患子孫防止法」を制定した。この法律に基づき、以下の病気や障害を持つ者に対しては、断種手術が施される。

1. 知的障害者
2. 統合失調症
3. 躁うつ病
4. 癲癇
5. 舞踏病
6. 全盲
7. 聾
8. 重度の奇形
9. 重度のアルコール依存症

おもな反ユダヤ法　1933 - 1938年

公布年月日	法律名	内容
1933年4月7日	公務員再建法	ユダヤ人が公職に就くことを禁じる。
1933年4月7日	弁護士の開業に関する法律	非アーリア人が弁護士として開業することを禁じる。
1933年4月25日	高等教育機関の学生数に関する法律	高等教育機関において、非アーリア系ドイツ人の学生数が、アーリア系ドイツ人の学生数を上回らないよう、非アーリア系ドイツ人の学生数を制限する。
1935年9月15日	ドイツ民族の血と名誉を守るための法律	ユダヤ人とアーリア系ドイツ人との結婚と性交渉を禁じる。ユダヤ人が帝国旗を掲揚すること、帝国色を身に着けることを禁じる。
1935年9月15日	ドイツ国市民法	ユダヤ人はドイツ国市民権を有しないと定める。
1935年11月14日	ドイツ国市民法第1施行令	ドイツ国市民法の内容を具体的に定める。
1938年8月17日	氏名変更に関する法律第2施行令	「ユダヤ人が使用する名」として定められたもの以外の名を持つユダヤ人は、ユダヤ人であることを表すミドルネームを氏名に入れるよう義務づける。ミドルネームは男性が「イスラエル」、女性が「サラ」である。

第7章　民族政策

し、10月にはユダヤ人ジャーナリストの活動を禁じた。

1934年になると、軍がユダヤ人隊員を追放した。1935年11月からは、あらゆる公的な仕事からのユダヤ人の締め出しを開始した。1936年末には、ユダヤ人の医師、歯科医、弁護士、公証人の活動を禁じ、ユダヤ人教師を「アーリア系の学校」から追放した。また、「ドイツ国市民法」を制定してユダヤ人から市民権を剥奪した。これによってユダヤ人は法による保護を受けることができなくなった。さらに「ドイツ民族の血と名誉を守るための法律」によって、ユダヤ人がアーリア系ドイツ人と結婚する

ドイツ国市民法第1施行令（1935年11月14日公布）の条項（抜粋）

1935年9月15日公布のドイツ国市民法第3条に基づき、以下のことを規定する。

第1条
1　ドイツ国市民法により、ドイツ国市民と認められたドイツ民族及びドイツ民族に近い血統を持つ民族は、新たな法律による変更が為されない限り、市民権と国会議員選挙の選挙権を有する。内務大臣及び副総統により、特別に市民権を付与された者も同様である。
2　ただし、市民権を特別に付与された者は、内務大臣及び副総統により、付与を取り消されることもありうる。

第2条
1　第1条の規定は、ユダヤ人との混血であるドイツ国市民にも適用される。
2　ユダヤ人との混血であるドイツ国市民とは、ひとりかふたりのユダヤ人の祖父母を持つ者のことであり、現時点においては、第5条第2項でユダヤ人ではないと規定されている。ただしいかなる血統の者であれ、ユダヤ人共同体に所属している者はユダヤ人であると見なされる。

第3条
選挙権は、政治的権利を有するドイツ国市民のみが有する。また、ドイツ国市民のみが公職に就くことができる。ただし、公職就任に関しては、内務大臣或いは内務大臣より委任を受けた者により、例外的な措置が取られることもありうる。宗教団体については、これにあたらない。

第4条
1　ユダヤ人はドイツ国市民ではない。ユダヤ人は選挙権を有しない。ユダヤ人は公職に就いてはならない。
2　公職に就いているユダヤ人は、1935年12月31日をもって職を辞さなければならない。ただし、第1次世界大戦においてドイツ国或いは同盟国のために従軍した者は、恩給を満額受けることができる。恩給額は、その者が最後に受けた給与額に応じて算定される。恩給額は、受給者が一定の年齢に達すると新たに算定される。この算定も、その者が最後に受けた給与額に応じて行われる。
3　宗教団体については、これにあたらない。
4　ユダヤ人学校の教師は、ユダヤ人学校の制度に関する新たな法律が制定されるまで、その職に留まることができる。

こと、性的関係を持つことを禁じた。

■国外移住

　ナチスはこのような社会的な迫害だけでなく、経済的な面からも迫害を加えた。1938年3月には産業界を「アーリア化」するための法律を制定し、多くのユダヤ系企業を破産に追い込んだ。同年4月には、5000ライヒスマルク以上の資産を持つユダヤ人に対して資産登録を義務づけた。国の管理下に置いたユダヤ人の資産は、ゲーリングが進める「四カ年計画」などの財源として利用した。11月に起こった水晶の夜事件では「賠償金」として10億ライヒスマルクをユダヤ人社会に課した。1939年2月には、所有する宝石と貴金属類をすべて国に差し出すよう命じた。

　さまざまな厳しいユダヤ人政策が進められた結果、多くのユダヤ人が国外へ移住した。しかし、移住先がドイツと海によって隔てられたイギリスやアメリカではなく、地続きのヨーロッパ諸国だった者は、後に再び迫害にさらされることになった。戦争開始によってヨーロッパ諸国がドイツの占領下に置かれたからだ。

　なお、ナチスはユダヤ人ばかりではなく、ジプシーや黒人などにも法のもとで迫害を加えている。

■暴力と安楽死計画

　突撃隊や親衛隊による暴力も年を追うごとに激しさを増した。その暴力行為は、法によって罰せられることはほとんどなかった。1938年11月9日には「水晶の夜」事件が発生した。パリにおいて、ドイツ外交官がポーランド系ユダヤ人に殺害された事件を受け、ユダヤ人に対する大々

恐怖の収容所群
収容所はドイツ本土とポーランドを中心に、西方のフランスやベルギー、南方のイタリアやバルカン半島にまで広く設置されていた。絶滅収容所はおもにポーランドに建設された。その存在は一般のドイツ国民には隠されていた。ポーランドをはじめとする各地域のユダヤ人が絶滅収容所で多数殺害された。収容所の多くは労働収容所だったが、労働収容所でも銃やガスによって大量殺害が行われる場合があった。収容所の環境は劣悪で、労働は苛酷だったため、それが原因で命を落としたユダヤ人も数知れない。

THE THIRD REICH
1933-1945

的な襲撃が行われたのである。9日の深夜より始まったこの事件では、91人のユダヤ人が殺害され、200のシナゴーグ（ユダヤ教会堂）が放火によって焼け落ち、7500のユダヤ系商店が破壊と略奪に遭った。そして多くのユダヤ人男性が逮捕され、強制収容所へ送られた。

1939年からは「安楽死計画」が開始された。これはナチスの冷酷性が表れた計画である。

ヒトラーをはじめとするナチスのひとつの願いは、アーリア人であるドイツ民族の「純血」を守ることだった。また、「健康」なドイツ民族による民族共同体を建設したいとの思いも強く持っていた。「健康」なドイツ民族による

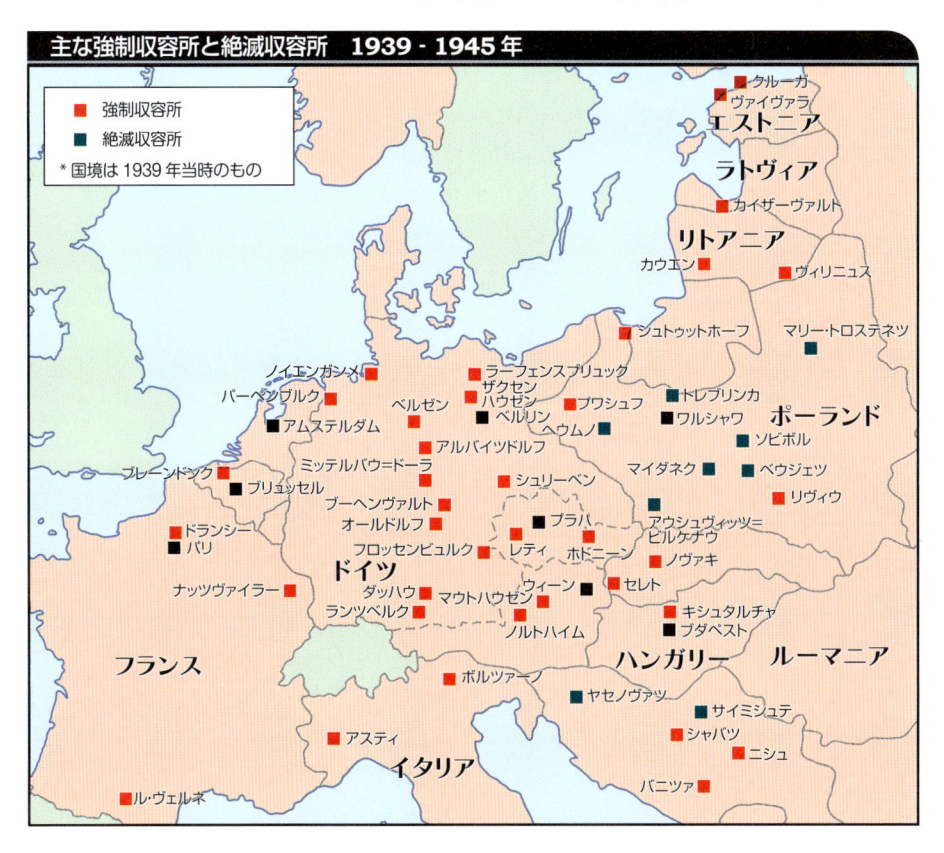

主な強制収容所と絶滅収容所　1939－1945年

- ■ 強制収容所
- ■ 絶滅収容所
- ＊国境は1939年当時のもの

クルーガ、ヴァイヴァラ、エストニア、ラトヴィア、カイザーヴァルト、リトアニア、カウエン、ヴィリニュス、シュトゥットホーフ、マリー・トロステネツ、ノイエンガンメ、ラーフェンスブリュック、ザクセンハウゼン、プワシュフ、トレブリンカ、ポーランド、パーペンブルク、ベルゼン、ベルリン、ヘウムノ、ワルシャワ、アムステルダム、アルバイツドルフ、ソビボル、ミッテルバウ＝ドーラ、シュリーベン、マイダネク、ベウジェツ、ブレーンドンク、ブリュッセル、ブーヘンヴァルト、リヴィウ、ドランシー、オールドルフ、プラハ、アウシュヴィッツ＝ビルケナウ、パリ、フロッセンビュルク、レティ、ホドニーン、ノヴァキ、ダッハウ、ドイツ、ウィーン、セレト、ナッツヴァイラー、マウトハウゼン、キシュタルチャ、ランツベルク、ノルトハイム、ブダペスト、フランス、ハンガリー、ルーマニア、ボルツァーノ、ヤセノヴァツ、サイミシュテ、アスティ、シャバツ、ニシュ、イタリア、ル・ヴェルネ、パニツァ

219

共同体を望むナチスにとって、心身に障害を持つ者は邪魔者であり、将来にわたって国家の重荷となる存在だった。1939年8月、内務大臣の命を受けた産科医らが、3歳までの障害を持つ乳幼児のリストを作成した。そしてナチスはそのリストに載った乳幼児を強制的に親元から離して施設に入れた。ナチスはその施設を小児医療施設としていたが実態は違っていた。そこは障害を持つ子どもを殺害するために設けた施設だった。殺害にはおもに致死薬を注射する方法を採ったが、食べ物を与えず餓死させる場合もあった。

　ナチスは殺害対象年齢をすぐに17歳にまで引き上げ、9月までに、心身に障害を持つ子ども7000人を殺害した。10月に入ると計画の名称を「T4作戦」と改め、知的障害者や身体障害者だけでなく、統合失調症や癲癇といったナチスが遺伝性と見なす病気を持つ者も殺害対象とした。そして、効率的に殺害を行うために一酸化炭素ガスを使用する殺害方法を考案し、ガス室を全国6か所に作った。ナチスはそれらのガス室をシャワー室と偽っていた。1940年1月から1941年8月のあいだを見ると、ナチスは7万273人を殺害している。1941年に入ると「安楽死計画」は広く国民の知るところとなり、批判の声が高まったため、同年8月、ナチスは計画を中止した。しかし障害者らの殺害はその後も密かに続けた。

■特別行動隊によるユダヤ人殺害

　障害や病気を持つ人びとへの殺害が始まったころから、特別行動隊によるユダヤ人の大量殺害も行われるようになった。特別行動隊は、1939年9月のポーランド侵攻の際に親衛隊隊員を中心に編制され、占領地域のユダヤ人と、そのほかの「好ましくない」者たちを殺害する任務

主な収容所

収容所名	所在地	種類	設置期間
アメルスフォールト収容所	オランダ	刑務所　中継収容所	1941-45
アルバイツドルフ収容所	ドイツ	労働収容所	1942
アウシュヴィッツ＝ビルケナウ収容所	ポーランド	絶滅収容所　労働収容所	1940-45
バニツァ収容所	セルヴィア	強制収容所	1941-44
バルドゥフォス収容所	ノルウェー	強制収容所	1944-?
ベウジェツ収容所	ポーランド	絶滅収容所	1942-43
ベルゲン＝ベルゼン収容所	ドイツ	強制収容所	1943-45
ベルリン＝マルツァーン収容所	ドイツ	労働収容所（当初は「宿泊所」）	1936-?
ボルツァーノ収容所	イタリア	中継収容所	1944-45
ブレットヴェト収容所	ノルウェー	強制収容所	1941-45
ブレーンドンク収容所	ベルギー	刑務所　労働収容所	1940-44
ブライテナウ収容所	ドイツ	労働収容所（当初は「野外」収容所）	1933-34, 1940-45
ブーヘンヴァルト収容所	ドイツ	労働収容所	1937-45
ヘウムノ収容所	ポーランド	絶滅収容所	1941-43, 1944-45
ツルヴェニ・クルスト収容所	セルビア	強制収容所	1941-45
ダッハウ収容所	ドイツ	労働収容所	1933-45
ファルスタッド収容所	ノルウェー	刑務所	1941-45
フロッセンビュルク収容所	ドイツ	労働収容所	1938-45
グリニ収容所	ノルウェー	刑務所	1941-45
グロース＝ローゼン収容所	ポーランド	労働収容所　「夜と霧」収容所	1940-45
ヘルツォーゲンブッシュ収容所	オランダ	刑務所　中継収容所	1943-44
ヒンツァート収容所	ドイツ	付属収容所	1940-45
ヤノフスカ収容所	ウクライナ	ゲットー　中継収容所　労働収容所　絶滅収容所	1941-43
ヤセノヴァツ収容所	クロアチア	絶滅収容所	1941-45
カイザーヴァルト（メザパルクス）収容所	ラトヴィア	労働収容所	1942-44
カウフェリング／ランツベルク収容所	ドイツ	労働収容所	1943-45
カウエン収容所	リトアニア	ゲットー　拘置所	?
クルーガ収容所	エストニア	労働収容所	1943-44
シルト（オルダニー）収容所	チャネル諸島	労働収容所	1943-44
ランゲンシュタイン＝ツヴィーベルゲ収容所	ドイツ	ブーヘンヴァルト付属収容所	1944-45
ル・ヴェルネ収容所	フランス	拘置所	1939-44
マイダネク（ルブリン）収容所	ポーランド	絶滅収容所	1941-44
マルヒョウ収容所	ドイツ	労働収容所　中継収容所	1943-45
マリー・トロステネツ収容所	ベラルーシ	絶滅収容所	1941-44
マウトハウゼン＝グーゼン収容所	オーストリア	労働収容所	1938-45
ミッテルバウ＝ドーラ収容所	ドイツ	労働収容所	1943-45
ナッツヴァイラー＝シュトルートホーフ収容所	フランス	労働収容所　「夜と霧」収容所	1941-44
ノイエンガンメ収容所	ドイツ	労働収容所	1938-45
ニーダーハーゲン収容所	ドイツ	刑務所　労働収容所	1941-43
オラニエンブルク収容所	ドイツ	強制収容所	1933-34
オストホーフェン収容所	ドイツ	強制収用所	1933-34
プワシュフ収容所	ポーランド	労働収容所	1942-45
ラーフェンスブリュック収容所	ドイツ	労働収容所（女性用）	1939-45
リシエラ・ディ・サン・サッバ（トリエステ）収容所	イタリア	拘置所	1943-45
ザクセンハウゼン収容所	ドイツ	労働収容所	1936-45
サイミシュテ収容所	セルビア	絶滅収容所	1941-44
サラスピルス収容所	ラトヴィア	労働収容所	1941-44
ソビボル収容所	ポーランド	絶滅収容所	1942-43
ソルダウ収容所	ポーランド	労働収容所　中継収容所	1939-45
シュトゥットホーフ収容所	ポーランド	労働収容所	1939-45
テレジエンシュタット（テレジーン）収容所	チェコ	ゲットー　中継収容所	1941-45
トレブリンカ収容所	ポーランド	絶滅収容所	1942-43
ヴァイヴァラ収容所	エストニア	強制収容所　中継収容所	1943-44
ワルシャワ収容所	ポーランド	労働収容所　絶滅収容所	1942-44
ヴェステルボルク収容所	オランダ	中継収容所	1940-45

に就いた。1941年6月にバルバロッサ作戦が開始された際にも編制され、ソ連やバルト諸国において殺害任務にあたった。特別行動隊が殺害した人の数は100万人とも200万人とも言われる。とくにユダヤ人の殺害を大規模に行っており、ひとつの地域に入るとそこに暮らすユダヤ人を、男性はもちろん女性や子ども、乳飲み子まで集めて郊外へ連行し、そこで銃殺した。激しい暴力を加えて死に至らせることもあった。特別行動隊のユダヤ人殺害には、地元の警察や住民が協力することも少なくなかった。特別行動隊C隊は1941年9月末、ウクライナのキエフ近くのバビ・ヤール渓谷において、わずか2日のあいだに3万3000人のユダヤ人を殺害している。特別行動隊の下部組織である特別行動中隊（アインザッツコマンド）の第3隊は、1941年、リトアニアにおいて13万7346人を殺害した。第3隊は任務についての報告書を作成しているが、それには殺害人数や殺害日、場所などが細かく記されている。

　ナチスは特別行動隊によるユダヤ人殺害を進める一方、ゲットーを設けてそこにユダヤ人を隔離した。ゲットーは環境が悪く、ユダヤ人はつねに飢えた状態に置かれていた。

　ナチスには、ヨーロッパのユダヤ人をすべて殺害してしまおうという考えがあったようだ。ヒトラーは1939年1月の国会において、来るべき戦争で「ヨーロッパのユダヤ人を根絶する」と演説している。しかしそれを特別行動隊のみで行うことは不可能だった。また、殺害任務は隊員に精神的負担を与えていた。女性や幼児までも殺害しなければならなかったし、銃による殺害は長い時間を要した。殺害行為以外の事柄、例えば銃殺前にユダヤ人に自身の墓となる穴を掘らせるといったことなども精神的な負担となっていた。そのためナチス幹部らは、もっと効果的にユダヤ人を殺害する方法を考えるようになった。

■ユダヤ人問題の「最終的解決」

　ユダヤ人問題の「最終的解決」とは、ドイツ本土と占領地域のユダヤ人を根絶することを意味するナチスの言葉である。この「最終的解決」について、ナチス幹部のあいだで正式な決定がなされたのかどうかは分からない。ただ、ユダヤ人の大量殺害に向けた準備は確実に進められている。1941年の夏のはじめ、ゲーリングの指示を受けたラインハルト・ハイドリヒのもと、ユダヤ人問題の「最終的解決」のための新たな計画が開始された。計画は「ラインハルト作戦」と名づけられ、ヒムラーを責任者として設けられた特別委員会が実行にあたった。この計画ではいくつかの新しい収容所が建設された。新しい収容所は、それまでの労働収容所や政治犯収容所などとは性質の異なるものであり、大量殺害を行うことだけを目的とするいわゆる絶滅収容所だった。建設は1941年9月から始まった。場所はポーランドのトレブリンカ、マイダネク、ソビボル、ヘウムノ、ベウジェツなどである。新しい収容所には特別に設計されたガス室が設けられた。ガス室は一見するとシャワー室のように見えるつくりになっていた。なお、有名なアウシュヴィッツ＝ビルケナウ収容所は3つの大きな収容所で構成されており、そのひとつ、アウシュヴィッツ第2収容所（ビルケナウ）が絶滅収容所だった。アウシュヴィッツ＝ビルケナウ収容所では1941年9月3日に、青酸ガスを出すツィクロンBを用いた実験的な殺害が行われた。実験はその後も定期的に行われ、ガス殺の方法に改良が加えられた。この実験段階で殺害されたのはおもにソ連兵捕虜である。

■ヴァンゼー会議

　絶滅収容所の完成を控えた1942年1月、ベルリン近郊のヴァンゼーにおいて、ハイドリヒを議長とする会議が開かれた。

　この会議は、ユダヤ人問題の「最終的解決」について話し合うものだった。ヴァンゼー文書と呼ばれる会議の議事録が残っているが、それには、ドイツ本土と占領地域のすべてのユダヤ人を労働収容所か絶滅収容所へ移送し、ガスを使って殺害するか、労働による消耗や飢えによって死に至らせる、という内容が記されている。ただし、ヴァンゼー文書では婉曲的な言い回しが用いられており、収容所へ移送することは「移住させる」、殺害することは「退去させる」などと表現されている。ヴァンゼー文書には次のようなハ

ヴァンゼー会議　1942年1月20日	
出席者	所属組織／役職
ラインハルト・ハイドリヒ親衛隊大将	国家保安本部長官
	ベーメン・メーレン保護領副総督
ヨーゼフ・ビューラー博士	ポーランド総督府
ローラント・フライスラー博士	法務省
オットー・ホフマン親衛隊中将	親衛隊人種及び移住本部
ゲルハルト・クロプファー親衛隊上級大佐	党官房
フリードリヒ・ヴィルヘルム・クリツィンガー	総統官邸局長
ルドルフ・ランゲ親衛隊少佐（博士）	ラトヴィア地区親衛隊司令官代理
ゲオルク・ライプブラント博士	東方占領地域省
マルティン・ルター博士	外務省
アルフレート・マイアー（大管区指導者　博士）	東方占領地域省
ハインリヒ・ミュラー親衛隊中将	国家保安本部第Ⅳ局（ゲシュタポ）局長
エーリヒ・ノイマン	四カ年計画庁
カール・エベルハルト・シェーンガルト親衛隊上級大佐（博士）	ポーランド総督府親衛隊保安部司令官
ヴィルヘルム・シュトゥッカート博士	内務省
アドルフ・アイヒマン親衛隊中佐	国家保安本部第Ⅳ局（ゲシュタポ）B4課課長　議事録作成担当

イドリヒの言葉が残っている。

「最終的解決のためのひとつの方法として、ユダヤ人を東方での労働に従事させる。男女別に労働隊を組織し、道路建設などにあたらせる。この労働によってかなりの数のユダヤ人を取り除くことができるだろう。

残るユダヤ人に対しては相応の処置を施さなければならない。労働に耐えた強い者らを解放すれば、歴史にも例があるように、その者らが基となり、やがてユダヤ人は復活するだろう。

ヨーロッパの西から東に至るまで、確実に最終的解決が

イェーガー報告書

この報告書は、特別行動中隊（アインザッツコマンド）第3隊司令官カール・イェーガーが作成した。リトアニアにおいて殺害したユダヤ人の数がまとめられている。報告書は6枚からなり、6枚目には殺害総数は13万7,346人と記されている。

なされることが望まれる」

　ハイドリヒの言葉は、労働により体力を消耗させてユダヤ人を死に至らせるか、直接殺害するという意味を含んでいた。殺害という言葉は使われていないが、会議出席者はハイドリヒの意味するところを暗黙のうちに理解していた。ただしヴァンゼー会議については、議事録にユダヤ人根絶に関する明確な表現がないため、ホロコースト修正主義者のあいだには、会議ではあくまで強制労働計画について話し合われたのであって、ユダヤ人根絶について話し合われたとは言えないとする意見もある。

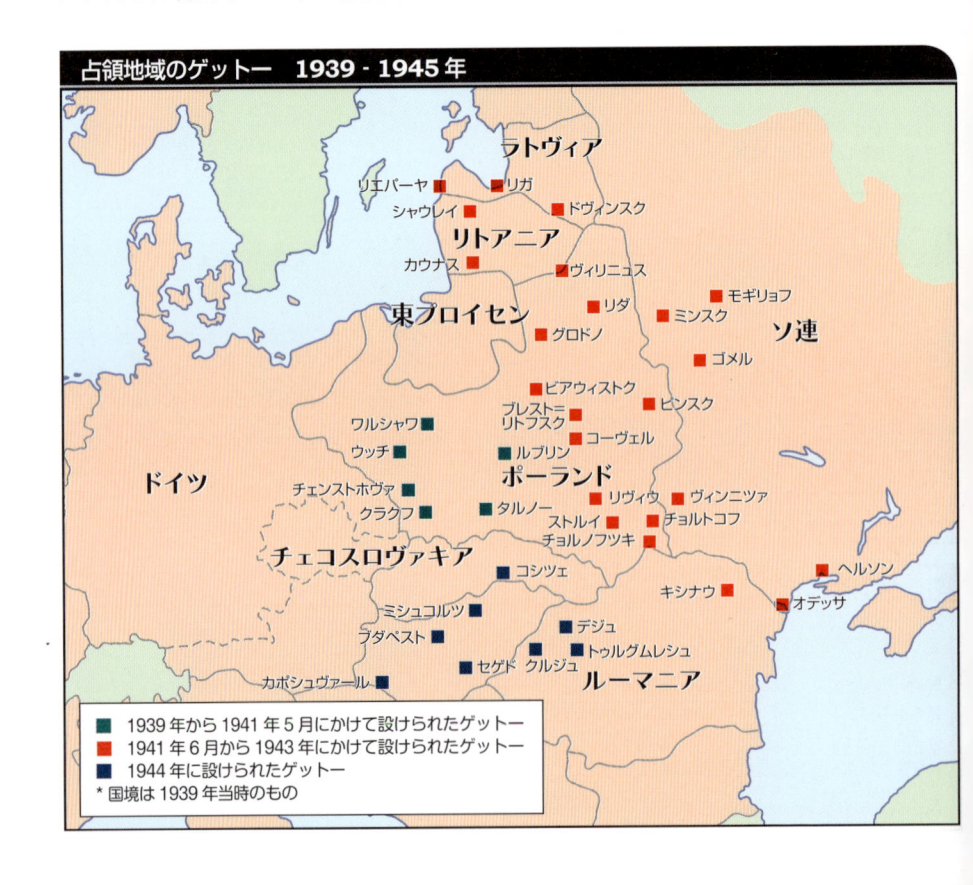

ゲットー
ナチスは占領地域の都市にゲットーを設け、そこにユダヤ人を移住させた。これはユダヤ人を効率的に収容所へ移送するための措置だった。ユダヤ人は移送されるまでのあいだ強制労働に従事した。また、飢えや伝染病で死亡する者がたいへん多かった。

占領地域のゲットー　1939-1945年

- ■ 1939年から1941年5月にかけて設けられたゲットー
- ■ 1941年6月から1943年にかけて設けられたゲットー
- ■ 1944年に設けられたゲットー
- ＊国境は1939年当時のもの

第7章　民族政策

THE THIRD REICH
1933-1945

　ヴァンゼー会議についてはさまざまな見方があるだろうが、ナチス上層部に、ユダヤ人をすべて殺害してしまおうという考えがあったのは間違いないように思える。ロベルト・ライは1942年5月に開かれたある会議で「ユダヤ人は隔離するだけではだめだ。ユダヤ人という人類の敵は抹殺しなければならない」と述べている。「最終的解決」の責任者であるヒムラーは1943年10月、ポーランドにおいて親衛隊幹部を前に次のように語っている。

　「この場で君たちにあらためて話をしておきたい。ユダヤ人を退去させること、つまり殺害すること、そして根絶することについて、我々は率直に話し合わなければならない。しかしそれは公然と行ってはならない……君たちは今、ユダヤ人の死体を100、500、1000と確実に積み上げている。人間の弱さゆえに時にためらいを見せるこ

絶滅収容所における大量殺害

収容所名	大量殺害開始年月日	主な殺害方法	死亡者数
ヘウムノ収容所	1941年12月7日	ガス殺（ガス殺用トラックを使用）	320,000
アウシュヴィッツ＝ビルケナウ収容所	1941年9月	ツィクロンBによるガス殺	1,400,000
ベウジェツ収容所	1942年3月17日	一酸化炭素によるガス殺	600,000
ソビボル収容所	1942年3月	一酸化炭素によるガス殺	250,000
トレブリンカ収容所	1942年7月23日	一酸化炭素によるガス殺	870,000
マイダネク収容所	1942年10月	酸化炭素とツィクロンBによるガス殺	360,000
シュトゥットホーフ収容所	1944年6月	ツィクロンBによるガス殺	65,000

識別のため囚人服につけられた印　アウシュヴィッツ＝ビルケナウ収容所

印	印の意味
赤色の三角形	政治犯
緑色の三角形	刑事犯
黒色の三角形	反社会分子（ジプシーを含む）
紫色の三角形	宗教犯（エホバの証人の信者、平和主義者など）
桃色の三角形	同性愛者
黄色と赤色の三角形を重ねた「ダビデの星」	ユダヤ人

ともあるが、じつに立派に任務を遂行している。この君たちの功績は公にされることはないだろう。しかしその功績は偉大である」

このヒムラーの言葉も、ナチスが「最終的解決」を目指して進んでいたことを示すものではないだろうか。

ホロコースト

> ナチスは極端な民族観により多くのユダヤ人の命を奪った。とくに1942年から1945年にかけてのナチスの殺害行為は凄まじい。ナチスのもとで犠牲となったユダヤ人の数は600万人にのぼるとも言われている。

ナチスは、ドイツ本土と占領地域からユダヤ人を根絶するために、大量殺害を可能にするガス室を備えた収容所を建設した。そして各地域のユダヤ人を、家畜列車で収容所へ移送した。移送には数日を要したが、そのあいだ、水や食べ物をほとんど与えなかった。そのため移送の段階で何千ものユダヤ人が命を落とした。収容所に到着すると、収容所の「医師」が、労働力として使う者とすぐに殺害する者とに分けていった。女性、子ども、老人はたいてい後者に分類された。殺害する集団は、そのままガス室へ移動させた。そして服をすべて脱ぐよう指示した。裸になるのはシャワーを浴びるため、あるいはしらみ駆除のためだと説明した。混乱を避けるため、彼らにどれほど恐ろしいことが待っているのかを告げることはなかった。そして数百人をまとめてガス室に入れ、ツィクロンBや一酸化炭素を用いて殺害した。ツィクロンBは、粒状のものを、天

井に開けた孔から投下した。ガス室の扉にはのぞき窓があり、そこからなかのようすを確認することができた。だいたい15分から20分ほどですべての者が死亡した。

ガス室のなかが静かになると扉を開き、ガス室の換気が済むと、特務班（ゾンダーコマンド）に命じて死体を運び出させた。特務班はユダヤ人囚人で構成され、死体の搬出などの作業を負っていた。死体から金歯を集めるのも特務班の仕事だった。集められた金歯の金は溶かして延べ棒にされ、国へ納められた。ユダヤ人が所持していた金目の品物は、親衛隊の隊員の懐に入った。

ガス室から運び出した死体は、通常、焼却炉か戸外に掘った大きな穴で焼却処分した。死体の数はおびただしく、焼却作業はたいへんな労力を要した。絶滅収容所では数知れ

ホロコーストにおけるユダヤ人推定死亡者数

国名	ユダヤ人人口	推定死亡者数
オーストリア	185,000	65,000
ベルギー	65,700	28,900
ベーメン・メーレン	118,310	71,150
デンマーク	7,800	60
エストニア	4,500	2,000
フィンランド	2,000	7
フランス	350,000	77,320
ドイツ	214,000	200,000
ギリシア	77,380	67,000
ハンガリー	800,000	596,000
イタリア	44,500	7,680
ラトヴィア	95,000	80,000
リトアニア	168,000	143,000
ルクセンブルク	3,000	1,950
オランダ	140,000	100,000
ノルウェー	1,700	762
ポーランド	3,300,000	3,000,000
ルーマニア	342,000	287,000
スロヴァキア	88,950	71,000
ソ連	3,020,000	1,100,000
ユーゴスラヴィア	78,000	63,300

ぬ人びとが命を奪われた。アウシュヴィッツ＝ビルケナウ収容所では、最も強力に計画が進められていた 1942 年から 1943 年のあいだで見ると、1 日に 2 万人が殺害された例もある。また、収容所到着時にガス室送りを免れた者も、その後の労働や飢えや虐待によって多くが亡くなった。

■犠牲者の数

　絶滅収容所ばかりでなく労働収容所やそのほかの場所においても、多くのユダヤ人が惨く非情な扱いにより命を落とした。ナチスのもとで犠牲となったユダヤ人の総数は 600 万人にのぼる。このうちの 300 万人はポーランドのユダヤ人だった。ポーランドのユダヤ人の犠牲者がもっとも多く、それに続いてソ連が 110 万人、ハンガリーが 59 万 6000 人、ルーマニアが 28 万 7000 人となっている。ほかの国の犠牲者数はこれらの国よりもずっと少なくなる

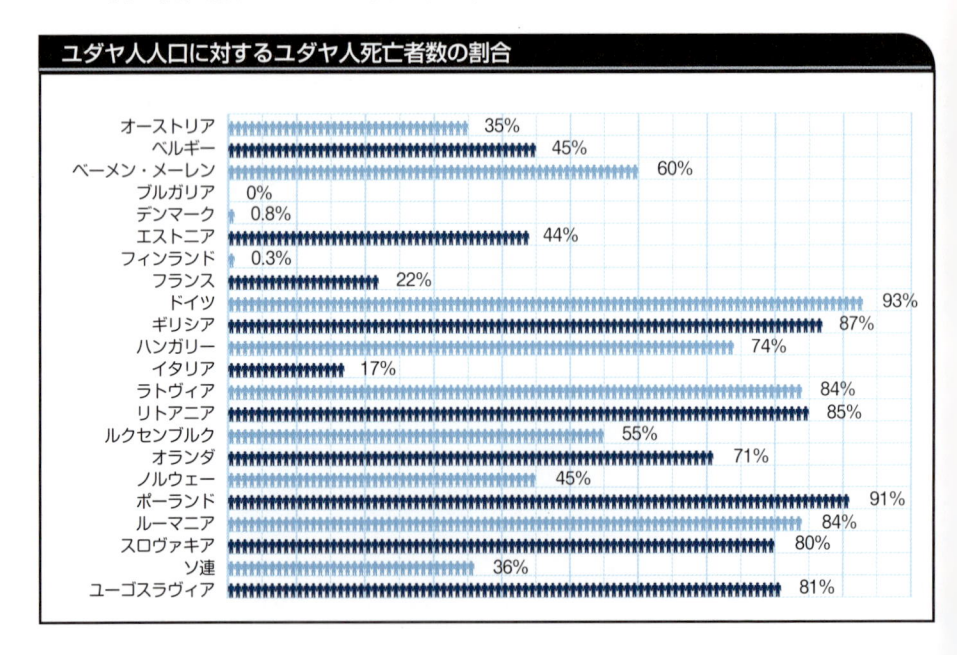

ユダヤ人人口に対するユダヤ人死亡者数の割合

国	割合
オーストリア	35%
ベルギー	45%
ベーメン・メーレン	60%
ブルガリア	0%
デンマーク	0.8%
エストニア	44%
フィンランド	0.3%
フランス	22%
ドイツ	93%
ギリシア	87%
ハンガリー	74%
イタリア	17%
ラトヴィア	84%
リトアニア	85%
ルクセンブルク	55%
オランダ	71%
ノルウェー	45%
ポーランド	91%
ルーマニア	84%
スロヴァキア	80%
ソ連	36%
ユーゴスラヴィア	81%

THE THIRD REICH
1933-1945

ブーヘンヴァルト収容所における死亡者数 1937-1945年

年	死亡者数
1937	48
1938	771
1939	1,235
1940	1,772
1941	1,522
1942	2,898
1943	3,516
1944	8,644
1945年1-3月	13,056
1945年3-4月11日	913
計	34,375

アウシュヴィッツ=ビルケナウ収容所へ移送された人の数

	移送者数
ユダヤ人	1,000,000
ポーランド人	70,000-75,000
ジプシー	21,000
ソ連兵捕虜	15,000
その他	10,000-15,000

アウシュヴィッツ=ビルケナウ収容所に関する出来事

1940年1月25日
ポーランドのオシフィエンチム郊外に収容所を建設することが決まる。これがアウシュヴィッツ第1収容所となる。

1940年5月20日
収容所に最初の囚人となる一団が到着する。

1941年3月1日
ハインリヒ・ヒムラーが視察に訪れる。3万人を収容できる規模に第一収容所を拡張すること、ビルケナウに第2収容所を建設することを命じる。

1941年9月3日
最初のガスによる殺害が行われる。ツィクロンBが使用され、850人が犠牲となる。

1942年2月15日
最初のユダヤ人がオーバーシュレジエンから到着する。到着後ただちにガスにより殺害される。

1943年1月29日
国家保安本部が、ドイツ、オーストリア、ベーメン・メーレン保護領に住むジプシーをアウシュヴィッツ=ビルケナウ収容所へ移送するよう命じる。2月26日、最初のジプシーが到着し、B・Ⅱe区画に収容される。ジプシーは合計で2万人移送され、1944年8月2日までに全員殺害される。

1944年10月7日
特務班(ゾンダーコマンド)が蜂起する。第4クレマトリウム(ガス室と焼却炉)を破壊し、親衛隊隊員数人を殺害。親衛隊により鎮圧される。

1944年11月25日
ソ連軍が東方より迫る。ハインリヒ・ヒムラーがガス室と焼却炉の破壊を命じる。

1945年1月18-27日
囚人が別の収容所へ徒歩で移動させられる。この「死の行進」において1万5000人が死亡。また、移動先の収容所で数千人が殺害される。

1945年1月27日
ソ連軍により解放される。解放時、収容所には7,000人の囚人が残っていた。

が、割合で見ると、例えばギリシアは、国のユダヤ人の87パーセントが犠牲となっている。オランダやスロヴァキアも割合が高く、それぞれ71パーセント、80パーセントである。ドイツは93パーセントとなっている。ポーランドの場合は、当時のユダヤ人人口が330万人だったから、91パーセントのユダヤ人が犠牲となったことになる。恐ろしいことに、ナチスが目指していた「最終的解決」は達成されつつあったのだ。なお、ジプシーは1945年までに22万4000人が殺害されている。

■ホロコーストの罪

　1942年から1943年にかけて、ナチスは絶滅収容所を中心にユダヤ人殺害を進めた。しかし1944年に入ると、戦況の悪化にともない、ユダヤ人の移送や殺害を続けることが困難になった。しかし収容所に残る囚人の殺害はできる限り続けた。収容所をソ連軍に占領された場合、囚人によって収容所の実態が明かされることになる。ナチスはそのことを恐れていた。ソ連軍は1944年にはポーランドへ、1945年にはドイツ本土へ侵攻するが、ソ連軍の侵攻を受けて親衛隊が収容棟に火を放ち、囚人を焼き殺すこともあった。ドイツ内陸部の収容所へ徒歩で移動させる場合もあったが、途中で歩けなくなった者はその場で殺害していた。

　戦争末期、収容所は連合国軍によって次々と解放され、その実態が明らかになった。ナチス政権下のドイツは、ホロコーストという決して許されざることを行った。ただ、ヨーロッパ各国の国民のなかにも、ホロコーストにかかわった者が存在した。例えば、ナチスはヨーロッパ各国からユダヤ人を移送したが、それに各国の者が協力していた。なかには強制されてやむなく協力した者もいただろ

う。しかし進んでナチスに手を貸した者もいた。ヨーロッパに広がる反ユダヤ主義が、ナチスへの協力者を生み出していた。東ヨーロッパでは、地元の住民や警察が自らユダヤ人を殺害することも珍しくなかった。ホロコーストの罪を背負わなければならないのは、ドイツだけではないのかもしれない。

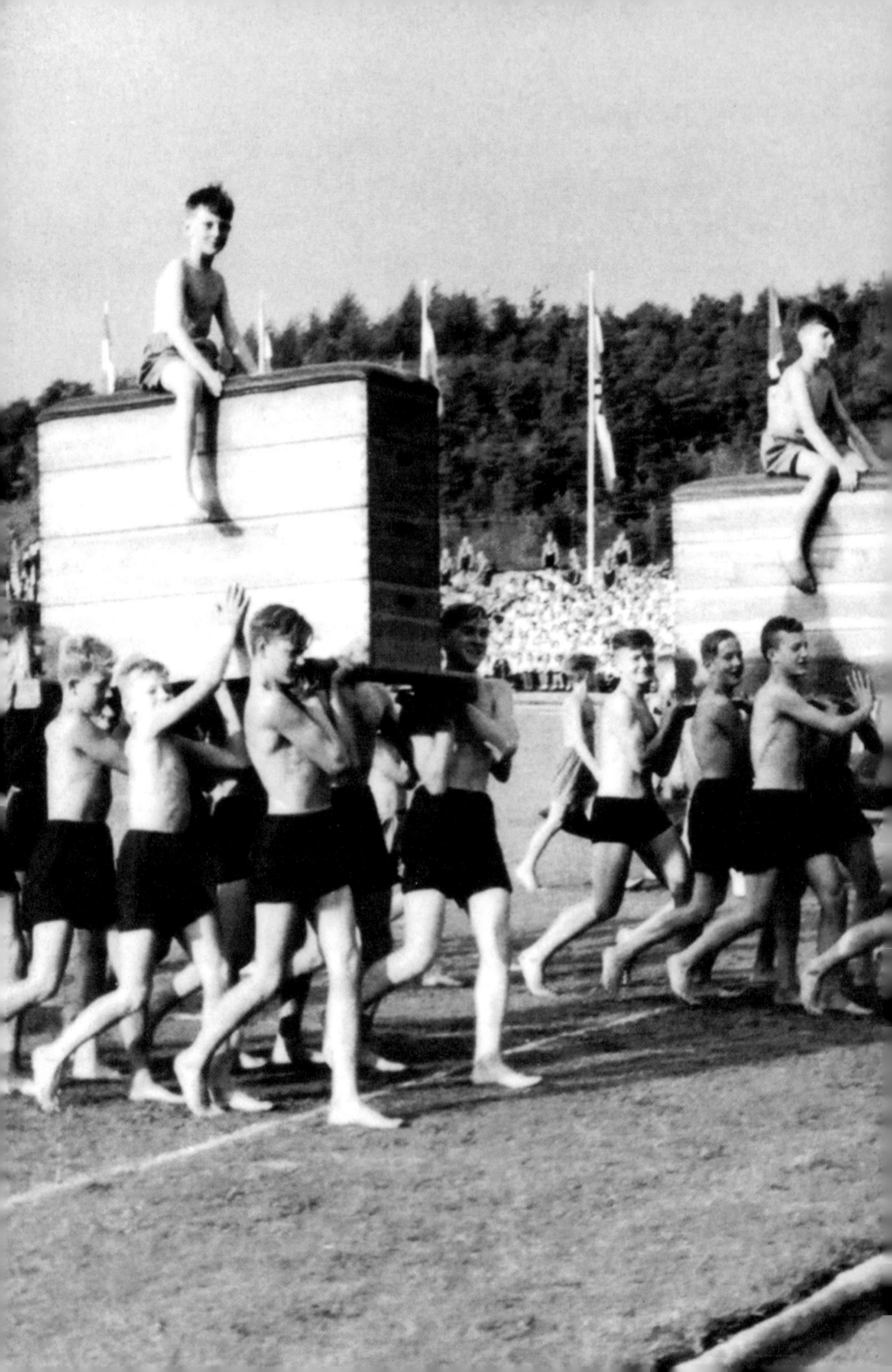

第8章 社会政策

　ナチスはさまざまな政策によって社会の姿を変えていった。そして社会全体にナチスの思想を広げようとした。

　ナチスは青少年の教育に力を入れた。そして青少年が将来、ナチスの理想を実現してくれることを望んでいた。女性に対しては、子どもを産み、母親としての務めを果たすことを求め、戦争が始まると労働力として動員するようにもなった。また戦争末期は老人を兵士として戦場へ送り込んだ。ナチスはすべての国民に、ナチスの理想を実現するための役割を課していた。

体育大会で跳び箱を担ぐ若者たち。ナチスはドイツ民族は身体的にも優れた民族だと考えていた。1930年代後半

青少年政策

> ヒトラーは青少年組織を通じて青少年の教化に努めた。青少年にナチスの思想に基づく教育を施し、国に奉仕する人間を作り上げようとした。

　ヒトラーの青少年政策は大きな成果を上げていた。1936年に出版された写真集『アドルフ・ヒトラー』には、バルドゥール・フォン・シーラッハの次のような文章が載っている。シーラッハは1933年より青少年全国指導者を務めていた人物だ。

「若者は総統のすべてを敬愛している。彼らはアドルフ・ヒトラーを心より慕い、アドルフ・ヒトラーに奉仕する……若者は総統の理想をよく理解している。10歳の子どもさえ総統の理想を理解している。そしてまるで30歳か40歳の大人のように、理想を実現するために自分が何を為すべきかを心得ており、その為すべきことを実行している。このくらいの年ごろの子どもたちはとりわけ総統を慕っている。それは、総統が子どもたちのことをとくに気にかけ、思いやりを注いでいるからだ。子どもたちの将来のために尽くしているからだ。子どもたちはそのことを分かっているのだ」

　シーラッハの言葉は少々大げさかもしれない。しかし、多くの青少年がヒトラーとナチスを支持していたのは確かである。ナチスの青少年組織の団員数を見てみると、1923年の時点では1200人ほどだったが、1932年には10万7000人に増えている。ヒトラーが首相に就任した1933年には一気に229万2000人に増え、1939年には

772万8000人に達している。

■ヒトラー・ユーゲント

ナチスの青少年組織はヒトラー・ユーゲントと呼ばれていた。そして大きく4つの組織に分かれていた。そのうちのふたつは男子の組織で、10歳から14歳までの男子で構成するドイツ少年団と、14歳から18歳までの男子で構成するヒトラー青年団（HJ）である。残りのふたつは女子の組織で、ドイツ少女団とドイツ女子団（BDM）である。女子の組織も、男子の組織と同様に年齢で分けられていた。

■ヒトラー・ユーゲントの活動

ヒトラー・ユーゲントでは、若者の親睦を深めるための行事や文化的な活動が行われることもあったが、通常はスポーツなど身体を動かす活動が行われていた。1939年、

ヒトラーユーゲントの団員数　1923 - 1939年

年	団員数	年	団員数	年	団員数
1923	1,200	1929	13,000	1935	3,943,000
1924	2,400	1930	26,000	1936	5,437,000
1925	5,000	1931	63,700	1937	5,879,000
1926	6,000	1932	107,000	1938	7,031,000
1927	8,000	1933	2,292,000	1939	7,728,000
1928	10,000	1934	3,577,000		

ヒトラー・ユーゲントの各団の団員数　1932 - 1939年

団名	年齢	1932	1933	1934	1935	1936	1937	1938	1939
ドイツ女子団	14-18歳	19,244	243,750	471,944	569,599	873,127	1,035,804	1,448,264	1,502,571
ドイツ少年団	10-14歳	28,691	1,130,521	1,457,304	1,498,209	1,785,424	1,884,883	2,064,538	2,137,594
ドイツ少女団	10-14歳	4656	349,482	862,317	1,046,134	1,610,316	1,722,190	1,855,119	1,923,419
ヒトラー青年団	14-18歳	55,365	568,288	786,000	829,361	1,168,734	1,237,078	1,663,305	1,723,886

ヒトラーは次のようなことを語っている。

「強く、猛々しく、勇ましい若者——わたしはそのような若者を望む。若者には、どのような苦難にも負けないたくましさがなければならない。弱さがあってはならない。わたしは、若者たちの瞳が誇り高き野獣のように光るのを見たい。強くあること。それがなによりも大切なのだ。わたしは若者を徹底的に鍛えるつもりだ。この数千年で失われてしまった人間の野生の強さを、若者に取り戻してほしい。その気高い強さを備えた若者こそが、新しいドイツ国を作り出すことができるのだ」

　ヒトラーはドイツの青少年に強さを求めていた。そのためヒトラー・ユーゲントはスポーツや遠足、キャンプといった野外活動を盛んに行った。また、ヒトラー青年団では徴兵制が復活した 1935 年から、将来の兵役に備えて軍事訓練に近い活動も行われるようになった。ライフル銃を用いた射撃訓練、野外実戦訓練、カムフラージュの訓練、軍事基地の見学といったことが活動に盛り込まれた。青年団では、弱いことは恥ずべきこととされていた。そのためひ弱な者は指導員や仲間からいじめられることもあった。

　さらにヒトラー青年団では、ヒトラー青年団自動車部、ヒトラー青年団海上部、ヒトラー青年団航空機部などの特別部が設けられた。これらの組織は、自動車、船、飛行機にとくに興味を持つ青年を集め、陸軍の戦車部隊、自動車化部隊、海軍、空軍で必要とされる専門技術を教えていた。このほかにも通信部や対空部といった特別部が作られている。

　1942 年 3 月にはヒトラー青年団軍事教練キャンプが設置された。このキャンプでは 16 歳から 18 歳の青年に歩兵戦闘訓練が施された。訓練期間は 3 週間で、軍や親衛

ヒトラー・ユーゲントの階級例

ヒトラー青年団
- 全国青少年指導者
- 本部指導者
- 上級地域指導者
- 地域指導者
- 高級地区指導者
- 地区指導者
- 上級主幹指導者
- 主幹指導者
- 高級忠誠指導者
- 上級忠誠指導者
- 忠誠指導者
- 上級群指導者
- 群指導者
- 上級同志指導者
- 同志指導者
- 上級班指導者
- 班指導者
- 青年団員

ドイツ少年団
- 少年地区指導者
- 少年下級地区指導者
- 少年団旗指導者
- 少年隊列指導者
- 少年指導者
- 少年団員（ピムプフ）

ドイツ女子団
- 全国女子指導者
- 上級管区指導者
- 高級女子指導者
- 下級管区指導者
- 女子連合指導者
- 女子集団指導者
- 女子群指導者
- 女子指導者
- 女子団員

ドイツ少女団
- 少女下級管区指導者
- 少女連合指導者
- 少女集団指導者
- 少女群指導者
- 少女指導者
- 少女団員

ヒトラー青年団の隊

隊名	構成
同士隊	10-15人の団員で構成
群隊	3個の同志隊（50-60人）で構成
忠誠隊	3個の群隊（150-190人）で構成
下級地区隊	4個の忠誠隊（600-800人）で構成
地区隊	5個の下級地区隊（3,000人）で構成
上級地区隊	5個の地区隊（1万5,000人）で構成
地域隊	7万5,000人で構成。223個の地区隊が42個の地域隊に分けられた
上級地域隊	37万5,000人で構成。42個の地域隊が6個の上級地域隊に分けられた

隊が指導にあたった。

　女子の組織でも身体を鍛える活動が中心だった。とくに女子団では「健康な女性」を育てるために運動に力を入れていた。ヒトラーは国家の発展のために、女子団員が将来たくさんの子どもを産むことを望んでいた。そしてそのためには健康な身体が必要だと考えていた。

　戦争が始まると女子団でも軍事訓練が行われるようになった。訓練は正式なものではなかったが、団員は小火器、対空砲、パンツァーファウスト（対戦車擲弾発射装置）の扱い方などを学んだ。

　ヒトラー・ユーゲントでは、知的活動はほとんど行われていなかった。それはヒトラーが知的活動に価値を置いていなかったからだ。次の言葉は1939年にヒトラーが語ったものである。

「学問などは、強いて身につける必要はない。学問は若者を柔にする。わたしは学びたい者だけが学べばよいと思っている。若者にほんとうに必要なのは、何ものにも動じない精神力だ。たとえ死に直面しても動じることのない精神力だ。そのような力を身につけた大胆で勇敢な若者は自由を得る。この世において不可欠な人材となる。創造的に生きることもできる。そして神のような存在ともなりうるだろう」

　青少年の身体の育成を重視するヒトラー・ユーゲントの方針は、学校教育にも持ち込まれた。ナチスは、学校の教師の多くにヒトラー・ユーゲントの指導員を務めさせていた。1938年を例に見ると、ヒトラー・ユーゲントには専任の指導員7000人に加えて、非常勤の指導員が72万人いたが、非常勤指導員の多くは学校の教師だった。この教師たちがヒトラー・ユーゲントの体育重視の方針を学校に

持ち込んでいたのである。

■ 入団の強制

　ヒトラー・ユーゲントへの入団は当初は任意だった。シーラッハも「我々が若者に入団を強制することはない」と述べていた。しかし半ば強制的な勧誘も行っていた。そしてナチスは1939年3月、10歳から18歳までの青少年の入団を法律によって義務づけた。

　また、カトリック青年団以外の各種青少年組織の活動を禁止した。しかし、ナチスの青少年組織に入ることを拒む者も存在した。そのような者に対してはいろいろな手を使って入団を促した。学校では教師が宿題を多く課したり、体罰を加えたりして入団を迫ることもあった。1930年代末になると、入団を拒む者を政治的な危険分子と見なすようになった。1941年5月3日には、ヒトラー青年団が次のような文書を未加入の青年に送付している。

「我々ヒトラー青年団は君に問いかけたい。なぜ君はヒトラー青年団の仲間に加わらないのか？　君は総統アドルフ・ヒトラーを支持しているはずだ。しかし、総統によって創設されたヒトラー青年団に参加しないならば、君が総

女子団の隊

隊名	構成
女子隊	10-15人の団員で構成
女子群隊	3-4個の女子隊（50-60人）で構成
女子集団隊	3-4個の女子群隊（150-190人）で構成
女子連合隊	4-6個の女子集団隊（600-800人）で構成
下級管区隊	5個の女子連合隊（3,000人）で構成
管区隊	5個の下級管区隊（1万5,000人）で構成
上級管区隊	5個の管区隊（7万5,000人）で構成
管区団隊	5個の上級管区隊（37万5,000人）で構成

統をほんとうに支持しているとは言えない。君が総統を支持しているのなら、同封の入団申込書に署名してほしい。そしてもし君に参加する意思がないならば、その旨を申込書に記してもらいたい」

　この文書は脅しを含んでいた。もしも参加の署名をしないならば、以後は「総統を支持していない者」と見なす、ということを青年たちに示唆するものだった。

■プロパガンダ

　青少年のなかにはヒトラー・ユーゲントへの入団を拒む者もいたが、多くの青少年は自ら進んで入団した。野外活動、格好の良い制服、軍事訓練、ナチスが唱える同志愛といったものは青少年にとって魅力的だった。ナチスが制作していたプロパガンダ映画に影響を受けて入団を決める者もいた。映画では団員の姿がたいへん立派に描かれた。1933年には『ヒットラー青年』という映画が作られている。映画の主人公ハイニー・ヴォルケルは不幸な境遇に置かれた青年だった。ハイニーの父親はアルコール中毒の共産党員という設定である。しかしハイニーはヒトラー・ユーゲントに入団し、そこで仲間と生きる目標を得た。そして共産党員の一団との闘争で、ヒトラー・ユーゲントの仲間を守るために盾となって死んでいった。ハイニーは国家や仲間のために自分のすべてを捧げたのである。
　こうした映画は多くの青少年の心を捉えた。そして青少年は自分も入団したいと思うようになった。歴史家スティーヴン・ロバーツは1930年代にドイツを訪ねているが、そのときのことをこう語っている。「子どもたちはヒトラー・ユーゲントに入りたがっていた。ドイツにおいては、子どもへの最も重い罰は、ヒトラー・ユーゲントへの

入団を許さないというものだった」

■労働奉仕

　ナチスはヒトラー・ユーゲントの団員を労働奉仕活動にも従事させた。例えば農村奉仕として、農作物の収穫などの農作業を行わせた。奉仕期間は6週間ほどで、時期は夏の休みに集中していた。ナチスはヒトラー・ユーゲントのこうした活動を、肉体労働の尊さを学ばせるためのものとし、教育の一環と位置づけていた。歴史家アラン・ダーンは農村奉仕について次のように述べている。

「農村奉仕は1942年から義務となった。ヒトラー・ユーゲントはドイツにとって貴重な労働力となっていた。その年の夏季休暇中、60万人の男子と140万人の女子が農村へ送られた。彼らは6週間、収穫作業などに従事した。ヒトラー・ユーゲントは農村奉仕のほかにも国家のための奉仕活動に従事させられていた」

ヒトラー・ユーゲントに関する法律　1936年12月1日

ドイツ国の将来は青少年が担うのであり、青少年は将来の責務のために備えなければならない。

よってドイツ国政府は以下の法律を制定し、ここに公布する。

第1条　ドイツ国のすべての青少年は、ヒトラー・ユーゲントのもとにまとめられる。

第2条　青少年は、家庭と学校において育成されるとともに、ヒトラー・ユーゲントにおいて、民族と共同体に奉仕するための、国家社会主義の精神に基づく、身体的、精神的、道徳的教育を施される。

第3条　ヒトラー・ユーゲントにおける青少年の教育は、国家社会主義ドイツ労働者党青少年全国指導者の指導のもとに行われる。青少年全国指導者は「ドイツ国青少年指導者」となる。全国青少年指導部は、ベルリンの中央官庁の地位と等しく、ドイツ国総統に直属する。

第4条　本法律の施行に必要となる細則は、ドイツ国総統によって公布される。

ベルリン　1936年12月1日

ドイツ国総統　アドルフ・ヒトラー

国務長官　総統官邸長官　ラマース博士

ナチスは女子団の 16 歳以上の女子に、1 年間の奉仕活動を行わせることもあった。この 1 年間は「労働義務年」とされていた。女子団の団員はおもに東方の占領地域へ送られた。そしてその地域へ移住したドイツ国民や民族ドイツ人の生活を支援した。彼女たちは農作業から家事までこなしていた。

　なお、ナチスは、青少年が 18 歳になると国家労働奉仕団（RAD）においてさらなる労働奉仕活動に従事させた。男子の場合は、1935 年 6 月から、9 か月間の活動を義務づけた。そしてその後、徴兵して兵役に就かせていた。女子の場合は 1939 年から 6 か月間の活動を義務づけ、戦争が激化する 1942 年になると、国家労働奉仕団の活動以外に、軍需工場などでの 6 か月間の労働義務を課した。

■ヒトラー・ユーゲントと戦争

　ナチスは、戦争が始まると、ヒトラー・ユーゲントを戦闘補助員として動員するようになった。そして 1943 年からはヒトラー青年団を兵士として戦闘に参加させた。1940 年までは徴兵年齢を 19 歳としていたが、1943 年には 17 歳に、兵力が枯渇する 1945 年 3 月には 15 歳にまで引き下げた。また、国家労働奉仕団への入団年齢も戦争の進行とともに引き下げている。戦争末期には国民突撃隊に入れて本土防衛にあたらせることもあった。国民突撃隊は 1944 年 9 月 25 日に設立され、軍ではなくナチスの大管区指導者が指揮した部隊である。また、選抜した者を「人狼部隊」（ヴェアヴォルフ）へ配属することもあった。人狼部隊はヒムラーによって編制されたゲリラ組織であり、サボタージュや要人の暗殺といったことを任務としていた。このようにして、多くの青少年が銃弾の飛び交う前

線へ送り込まれていった。なかにはすぐに降伏してしまう者もいたが、ナチスを信じる者は戦い続け、その多くが命を落とした。

補助員として動員されたヒトラー・ユーゲントが与えられた任務のひとつは防空である。1943年春から終戦までに、15歳から17歳までのヒトラー青年団団員20万人が、対空砲部隊やサーチライト部隊に動員された。戦争末期になると青年団のみで防空を担うようにもなった。また、女子団も補助員として動員された。対空部隊の補助員は、連日のように連合国軍の空爆を受けている大きな都市へ派遣されていた。

防空の任務のほかには消防部隊での任務などが与えられた。女子団の場合は、空爆で家を失った人びとに食事を提供する施設での任務などもあった。ヒトラー青年団の団員は、このような任務に就いて実戦を経験し、徴兵年齢に達

国家労働奉仕団の労働管区

	労働管区名	本部		労働管区名	本部
I	オストプロイセン	ケーニヒスベルク	XXI	ニーダーライン	デュッセルドルフ
II	ダンツィヒ=ヴェストプロイセン	ダンツィヒ	XXII	ヘッセン=ノルト	カッセル
III	ヴァルテラント=ヴェスト	ポーゼン	XXIII	テューリンゲン	ヴァイマル
IV	ポンメルン=オスト	ケースリン	XXIV	モーゼルラント	コブレンツ
V	ポンメルン=ヴェスト	シュテッティン	XXV	ヘッセン=ジュート	ヴィースバーデン
VI	メクレンブルク	シュヴェリン	XXVI	ヴュルテンベルク	シュトゥットガルト
VII	シュレスヴィヒ=ホルシュタイン	キール	XXVII	バーデン	カールスルーエ
VIII	ブランデンブルク=オスト	フランクフルト・オーダー	XXVIII	フランケン	ヴュルツブルク
IX	ブランデンブルク=ヴェスト	ベルリン=ランクヴィッツ	XXIX	バイエルン=オストマルク	レーゲンスブルク
X	ニーダーシュレジエン	リーグニッツ	XXX	バイエルン=ホッホラント	ミュンヘン
XI	ミッテルシュレジエン	ブレスラウ	XXXI	ケルン=アーヘン	ケルン
XII	オーバーシュレジエン	オッペルン	XXXII	ヴェストマルク	メス
XIII	マクデブルク=アンハルト	マクデブルク	XXXIII	アルペンラント	インスブルック
XIV	ハレ=メルセブルク	ハレ ザーレ	XXXIV	オーバードナウ	リンツ
XV	ザクセン	ドレスデン	XXXV	ニーダードナウ	ウィーン
XVI	ヴェストファーレン=ノルト	ミュンスター	XXXVI	ジュートマルク	グラーツ
XVII	ニーダーザクセン=ミッテ	ブレーメン	XXXVII	ステーテンラント=ヴェスト	テプリッツ=シェーナウ
XVIII	ニーダーザクセン=オスト	ハノーヴァー	XXXVIII	ベーメン=メーレン	プラハ
XIX	ニーダーザクセン=ヴェスト	オルデンブルク	XXXIX	オストプロイセン=ジュート	ツヘナウ
XX	ヴェストファーレン=ジュート	ドルトムント	XL	ヴァルテラント=オスト	リッツマンシュタット

すると軍に入った。あるいは、軍と新兵募集を競っていた武装親衛隊に入隊する者もいた。そして兵士として戦場へ向かい、多くの者がヒトラーの望んだとおり勇猛果敢に戦った。

教育政策

> ナチスは国の教育行政も支配下に収めた。そして小学校から大学に至るすべての教育機関において、ナチスの思想に沿った教育を行った。

　ナチスは政権の座に就いた翌年の1934年、科学・教育・文化省を新設し、それまで各州に委ねられていた教育行政の権限を掌握した。大臣に就任したのはベルンハルト・ルストである。なお、ルストは、優柔不断で人の意見に左右されやすい人物だったようだ。また、以前は教職に就いていたが、女子生徒に性的ないたずらを行ったとして1930年に解雇されている。

■学校教育

　ナチスは1933年から、ナチスの教育政策に従わない教師やユダヤ人の教師を次々と解雇した。そしてナチスの役人を各学校に送り込み、教師を監視させた。教師がナチスの方針に反するような授業を行っていないかどうかを、生徒に報告させる場合もあった。校長もナチスに従順な者に変えた。授業ではナチスの民族観や歴史観を教えることに力を入れた。

　また、教師に思想的な指導を行うため、国家社会主義教員同盟（NSLB）を組織した。1937年の時点で全国の教

師の97パーセントが教員同盟に加入しているが、これはナチスが組織への加入を強制していたからである。

　ナチスは、国家政治教育学校（ナポラ）、アドルフ・ヒトラー学校、騎士団の城といった党の学校も設立した。国家政治教育学校は、10歳から18歳までの男子を対象に、軍事に重点を置いた教育を行う学校で、親衛隊の管轄下にあった。アドルフ・ヒトラー学校は、12歳から18歳までの男子を対象とする、党幹部養成学校だった。身体の育成にたいへん力を入れており、1日の授業時間の75パーセントは体育にあてられていた。1943年末の時点で12校が存在していた。騎士団の城は、アドルフ・ヒトラー学校の卒業生が進む、最終的な党幹部養成学校だった。寄宿制で、対象年齢は25歳から30歳までとされた。アドルフ・ヒトラー学校の卒業生は卒業後そのまま騎士団の城に入るのではなく、まず国家労働奉仕団での労働奉仕活動や兵役に就き、その後進学することになっていた。

　ナチスの教育政策によって、ドイツの青少年は、ナチスの偏狭な民族観や歪んだ歴史観を植えつけられた。そして学校の教育の質は著しく低下した。

■大学教育

　ナチスは大学も同様に支配下に置いた。国家社会主義ドイツ教授同盟（NSDDB）を組織し、教授に対して思想的

ナチスの学校

学校名	対象年齢	注
国家政治教育学校（ナポラ）	10-18歳	兵役に備え軍事教練も行われていた。
アドルフ・ヒトラー学校（AHS）	12-18歳	党幹部養成学校。
騎士団の城	25歳前後	高等の党幹部養成学校。アドルフ・ヒトラー学校の卒業生が進んだ。
ランゲマルク学校	15歳以上	18か月間の大学入学準備学校

な指導を行った。学生には、国家社会主義ドイツ学生同盟（NSDSB）を通じて思想教育を施した。そのほか、突撃隊のキャンプへの参加や4か月間の労働奉仕活動を課すこともあった。

　ナチスは、大学で学ぶということにあまり価値を置いていなかった。また、工学系などの「硬い」大学ではない芸術系などの大学をとりわけ軽んじた。ナチスのそうした考え方が影響し、大学へ進学する者の数は減少していった。1932年にはドイツの大学生の数は12万7580人だったが、1939年には5万6477人にまで落ちた。ナチス政権下のドイツでは、大学から活気が失われた。

女性政策

> ナチスは、女性が男性と同様に社会に出て働くことを嫌っていた。そして女性が為すべきことは、子どもを産み、母親として家庭を守ることだと考えていた。

　ナチスは戦争が始まると、女性を軍需工場の労働力や対空部隊の補助員として動員した。しかし、じつはナチスには、できることならば女性の動員は避けたいという思いがあった。

■女性の役割

　ヒトラーは、女性が為すべきことはなによりもまず、子どもを産むことだと思っていた。彼は1934年に演説でこう語っている。「男性は、戦場で勇敢に戦わなければならない。そして女性は、出産という戦いに挑まなければなら

大学の学科の学生数　1935 - 1936 年（冬期）

学科	男	女
農林学科	2,030	36
航空機製造学科	229	2
建築学科	3,565	62
化学科	2,765	271
歯学科	4,100	749
教育学科	6,133	1,088
電気工学科	1,921	1
工学科	2,701	2
福音主義神学科	4,113	138
人文学科	7,409	2,633
法学科	8,026	175
数学科　自然科学科	3,797	782
医学科	20,556	3,818
採鉱学科　冶金学科	461	–
薬学科	2,193	510
ローマ・カトリック神学科	4,654	5
社会学科　経済学科	4,591	514
獣医学科	1,534	12
その他	660	178

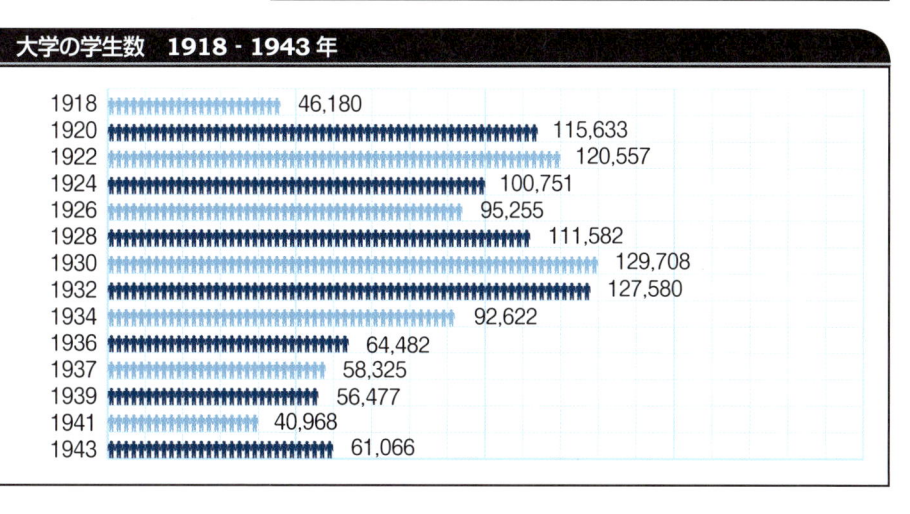

出典：Tim Kirk, The Longman Companion to Nazi Germany (Longman, 1995)

大学の学生数　1918 - 1943 年

年	学生数
1918	46,180
1920	115,633
1922	120,557
1924	100,751
1926	95,255
1928	111,582
1930	129,708
1932	127,580
1934	92,622
1936	64,482
1937	58,325
1939	56,477
1941	40,968
1943	61,066

ない。国家のために、自己を犠牲にし、苦痛に耐え、子どもを産まなければならない」。ヒトラーは女性に対し、国家の発展と繁栄のためにたくさんの子どもを産むことを求めた。そしてたくさんの子どもを産むために、女性が健康であること、元気であること、そして家庭に居ることを望んだ。

　また、ハインリヒ・ヒムラーは1939年に、ドイツ女子団の幹部を集め、出生率を向上させることの重要性を説いているが、幹部のひとりウッタ・ルーディガーは、そのときのことをこんなふうに回想している。

「彼はこう話したの。戦争が始まれば多くの国民が殺されていなくなってしまうから、国にはより多くの子どもが必要となる。だから男性が妻とばかりでなく、女性の友だちとも子どもを作るということがあってもよいのではないだろうか、とね。わたしたち女の子はみんな、ぞっとしてしまったわ」

　ナチスは1935年から、ヒムラーのもとで「生命の泉計

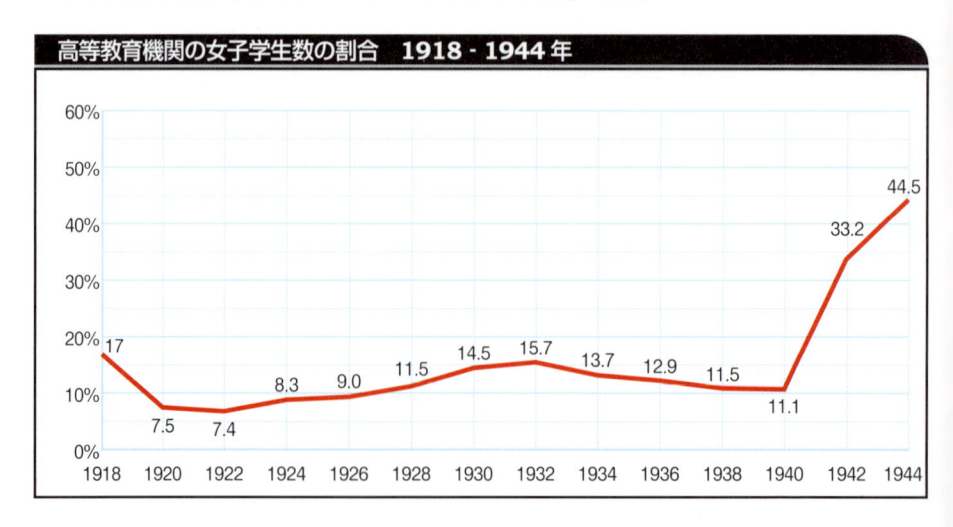

高等教育機関の女子学生数の割合　1918 - 1944年

年	割合
1918	17
1920	7.5
1922	7.4
1924	8.3
1926	9.0
1928	11.5
1930	14.5
1932	15.7
1934	13.7
1936	12.9
1938	11.5
1940	11.1
1942	33.2
1944	44.5

> **ナチス女性団体へ向けたヒトラーの演説（抜粋）**
> **1934年9月**
>
> 「女性の解放」などというものは、ユダヤのインテリが言い出したたわ言にすぎない。公の場というのは男性の世界であり、男性が力を尽くして奉仕する場所である。仮にこれを大きな世界と呼ぶならば、女性は小さな世界に居るべきである。小さな世界とは家庭である。女性は、家庭に居て夫や子どもなどの家族に尽くさなければならない。もし、小さな世界を守る者がいなくなってしまったら、大きな世界はいったいどうなってしまうだろうか？ 小さな世界がしっかりしていなければ、大きな世界はだめになってしまうだろう。だから女性は男性の世界へ入るべきではない。女性が居るべき世界は家庭なのだ。

画」を開始し、各地域に母子のための生活保護施設を開いた。戦争が始まると占領地域にも同様の施設を作った。そして「アーリア系ドイツ人」を増やすため、親衛隊隊員にアーリア系女性と子どもを作ることを奨励した。相手の女性としてドイツ女子団の団員を薦めることも多かった。アーリア系ドイツ人を増やすためとして、占領地域からアーリア系と見られる子どもを強制的に連れ去ることすらあった。その子どもはアーリア系ドイツ人の家庭でドイツ人として育てさせた。

■出生数

　ドイツの子どもの出生数は、ヴァイマル共和政期から減少傾向が続いていた。ヒトラーはそのことをとても憂慮していた。1920年には160万人だった出生数が、1932年には99万人にまで減少していた。ただ、幸いなことに、生活環境が全体的に良くなったことから乳児の死亡率は下がっていた。ナチスは1933年、結婚と出産を促すために、結婚資金貸付制度を設けた。これは結婚する男女に無利子

で金を貸す制度で、平均貸付額は600ライヒスマルクだった。そして夫婦に子どもがひとり産まれるごとに、貸付金の25パーセント分の返済を免除した。また、子どもを持つ家庭を税金面で優遇した。

　しかし、出生数はナチスが期待したほどには増えなかった。例えば1934年の出生数を見ると、119万8350人にとどまっている。ナチスはたくさんの子どもを産んだ女性を表彰するためのメダルまで用意していたが、女性の多くはひとりかふたりの子どもしか産まなかった。また、1939年の時点で100万人の女性が未婚であり、既婚女性でも540万人が子どもを産んでいなかった。

　戦争が始まると、たくさんの子どもを産み育てることのできるような環境ではなくなった。男性は次々と出征し、女性は労働力として農村や軍需工場などに動員されるようになった。軍需工場で働く女性の数は、1944年9月には1400万9000人に達した。ただ、1943年から女性の総動員が開始されているが、その後の動員数は50万人程度で、動員の対象となっていた女性全体の数から見るとそれほど多くはない。数が伸びなかった理由のひとつは、ナチ

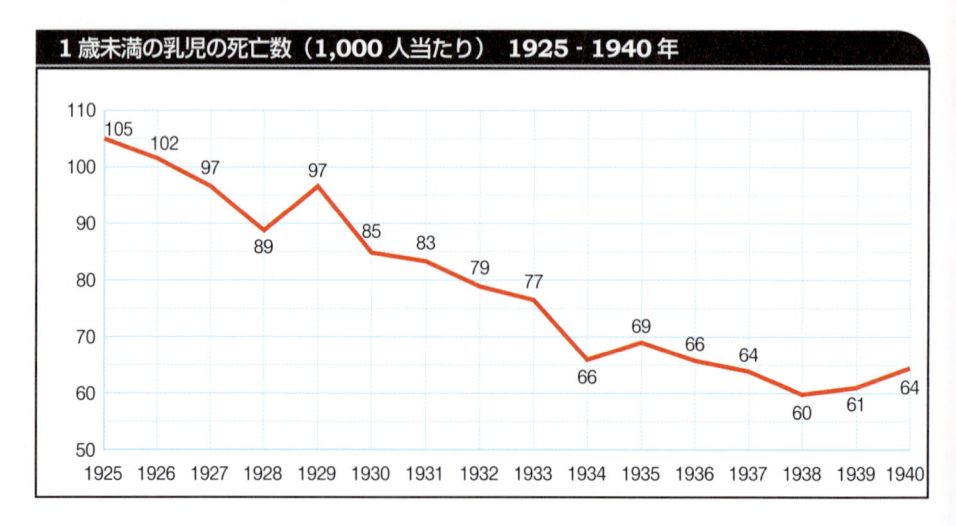

1歳未満の乳児の死亡数（1,000人当たり）　1925 - 1940年

年	1925	1926	1927	1928	1929	1930	1931	1932	1933	1934	1935	1936	1937	1938	1939	1940
死亡数	105	102	97	89	97	85	83	79	77	66	69	66	64	60	61	64

スが動員を簡単に免除していたからだ。ナチスは総動員を決定したが、やはり女性は「男性の世界」へ入るべきではないという思いのほうが強かったのだろう。

歓喜力行団

> 歓喜力行団は、労働者へ余暇の娯楽を提供した組織である。労働者は、歓喜力行団が企画する行事に参加して余暇を楽しんでいた。

　歓喜力行団はドイツ労働戦線の下部組織であり、組織の活動は、賃金や労働時間に関する労働者の不満をそらすために行われていた面もあった。教化のため、行事に思想教育が盛り込まれることもあった。健康な身体を作ることを目的とする運動行事も盛んに催された。国の各地域への理解を深めようとの考えから、国内をめぐる旅行も企画された。ナチスには、こうした行事への参加を通じて、国民のあいだに存在する対立や隔たりをなくし、国民をひとつにまとめたいという思いもあった。

■参加費用

　歓喜力行団は、観劇、音楽鑑賞、スポーツ大会、国内旅行、海外旅行などさまざまな行事を企画した。そして労働者が少ない出費で余暇を楽しむことができるよう、行事への参加費用を低く抑えていた。それが可能だったのは歓喜力行団が比較的多くの予算を国から与えられていたからだ。1933年から1936年にかけての予算は5600万ライヒスマルクだった。ただ、労働者はドイツ労働戦線に定期

的に寄付金を納めていたから、実質的には参加費用よりも多く出費していたと言える。労働者は、ドイツ労働戦線に加入すると自動的に歓喜力行団の一員となる仕組みになっていたため、成員数は1935年の時点で3500万人に達していた。

■旅行

歓喜力行団の企画のなかでとくに人気があったのは旅行である。旅行は1930年代の経済回復とともに盛んになった。当時整備が進められていた鉄道を利用した国内旅行、一般にはまだ珍しかった外国旅行、保養のためのリゾート地への旅行、歓喜力行団が所有するクルーズ客船による船旅といった多様な旅行が企画され、1938年には、全労働者の半数が国内旅行を楽しんだ。クルーズ客船の旅には18万人が参加している。

ただ、クルーズ客船の旅は費用が高かったため、参加できるのは中流階級以上の者に限られた。具体的な旅行費用を見ると、例えばハルツ地方をめぐる1週間の旅だと28ライヒスマルクほどだったが、イタリアへの2週間の船旅となると155ライヒスマルクが必要となった。外国旅行の行き先はポルトガル、リビア、マデイラ諸島、フィンランド、ブルガリア、トルコなどさまざまだった。ノルウェーへのスキー旅行も行われた。歓喜力行団はバルト海沿岸の景勝地に大きな保養施設を持っていたが、そこもたいへん人気を集めていた。

■クルーズ客船の旅

クルーズ客船の旅は高価なため一部の国民しか利用できない状態だった。また、船の上階の上級船室はナチス党員

が優先的に使用していた。ナチスの党員は大酒を飲んだり女性の乗客に絡んだりと、問題のある行為を行う者も少なくなかったという。労働戦線の指導者であるロベルト・ライ自身も、旅に参加した際に、周囲が眉を顰めるほど酒を飲んで騒いだらしい。また、クルーズ客船にはゲシュタポ

ドイツ帝国鉄道の線路建設距離　1933 - 1944 年

年	km
1933	53,816
1934	53,871
1935	54,331
1936	54,458
1937	54,522
1938	62,942
1939	72,656
1940	75,553
1941	78,257
1942	78,730
1943	78,879
1944	75,763

歓喜力行団のクルーズ客船

- ベルリン号
- コルンボス号
- デア・ドイッチェ号
- ドレスデン号
- モンテ・オリヴィア号
- モンテ・ザルミーント号
- オセアナ号
- ロベルト・ライ号
- ジーラ・コルドバ号
- シュトゥットガルト号
- ヴィルヘルム・グストロフ号

歓喜力行団の活動に関する統計　1933-1938 年

歓喜力行団が改修した施設などの数	工場の中庭　6,000
	従業員食堂　休憩室　17,000
	シャワー室　更衣室　13,000
	公会堂　800
	スポーツ施設　1,200
	プール　200
	船の乗組員室　3,500
歓喜力行団の美術館の来場者数	2,500,000
歓喜力行団主催のコンサートの観客数	5,600,000
歓喜力行団主催の演劇の観客数	2,200,000
歓喜力行団主催の各種興行数	40,000
歓喜力行団の企画への参加者数（1934 年以降）	20,000,000
歓喜力行団が企画した国内旅行数	60,000
歓喜力行団の旅行における列車の全走行距離	2,160,000km
歓喜力行団が所有するクルーズ客船数	9
クルーズ客船旅行の主な行き先	ノルウェー　マヨルカ島　イタリア

が密かに乗り込み、乗客を監視することもあったようだ。

■ 国民車

　ナチスは、一般労働者も自分の車を持てるようにとの考えから、小型大衆車を開発した。この大衆車は現在、フォルクスワーゲン・ビートルとして知られている。ナチスは、1000 ライヒスマルク以下で販売することのできる車を目指し、自動車設計者フェルディナント・ポルシェに設計を依頼した。開発計画には歓喜力行団が大きくかかわっていたため、完成した車は「歓喜力行団車」と名づけられた。また、歓喜力行団は車購入のための積立制度を設けた。この制度には 34 万人の労働者が申し込んで積立を行った。なかには 1 週間の賃金の 4 分の 1 を積立金にあてる者もいた。しかし、1939 年に戦争が始まると、軍用車を作るために国民車の生産は中止されてしまった。そしてそれま

「歓喜力行団車」（国民車）に関する歓喜力行団の声明　1938 年 8 月 1 日

1938 年 8 月 1 日より、「歓喜力行団車」購入のための特別積立制度を開始する。すべての国民が自動車を所有するためのこの制度について、以下に述べる。

1　すべての労働者は積立制度によって、階級や職業や財産の有無に関係なく、国民車を購入することができる。

2　積立金の支払いは毎週 5 マルクからである。積立金には保険料が含まれる。積立金を一定期間支払うことで国民車の購入が可能となる。購入が可能となる時期については、生産が開始された後に決定される。

3　国民車積立制度への申込みと、制度の詳細についての確認は、ドイツ労働戦線事務所か歓喜力行団事務所にて行うことができる。申込みは各工場や企業がまとめて行ってもよい。

すべての労働者に国民車を——これが総統の願いである。みなで協力し、総統の願いを実現させよう。そしてそれによって我々の「感謝」の意を総統に示そう。

での積立金が労働者に戻されることもなかった。
　歓喜力行団は、国民車普及計画において労働者に大きな損害を与えた。しかし、そのほかの活動において労働者に楽しみを与えていたのは確かであり、それは労働者の勤労意欲の向上にもつながっていたのではないだろうか。

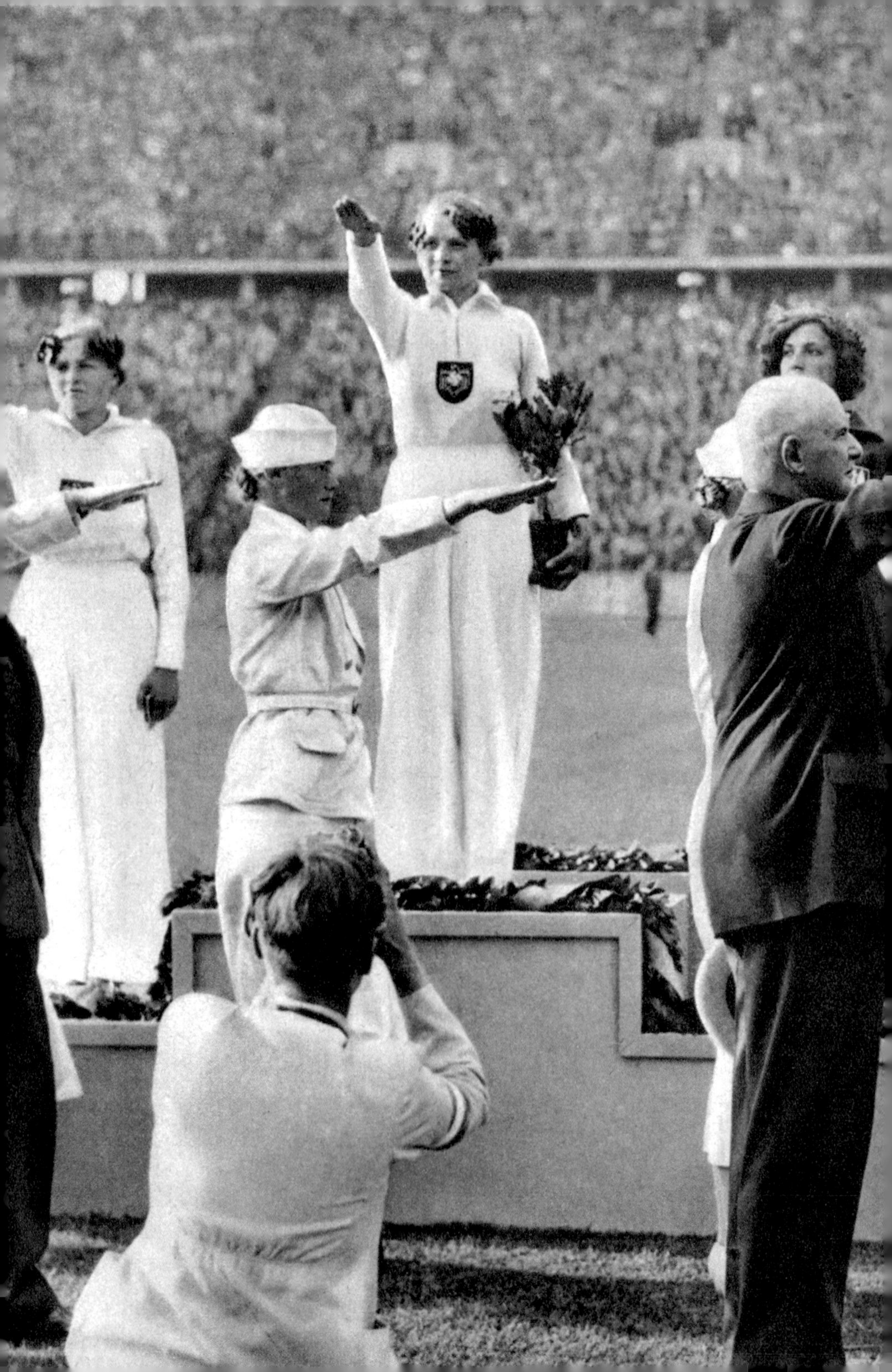

第9章 スポーツ・芸術文化・宗教

　ナチスはスポーツを推進した。心身ともにたくましく、戦う精神にあふれる国民を育てようと考えていたからだ。芸術文化に関しては、人びとの創作活動を統制下に置き、好ましくないと考える芸術のことを「退廃芸術」と呼んだ。
　ナチスの思想に反するような芸術文化活動はすべて禁じた。そして宗教に関しては、信仰を認める一方で、弾圧も行った。
　ナチスはドイツの芸術文化を、創造性のない、退屈で陳腐なものにしてしまった。また、焚書も行った。そして、ナチスに抵抗した宗教者を投獄し、場合によっては死刑に処した。

ベルリン・オリンピック、女子やり投げの表彰式。ドイツのティリー・フライシャーが金メダル、ルイゼ・クリューガーが銀メダル、ポーランドのマリア・クファシニエフスキが銅メダルを獲得した。クファシニエフスキはナチス式敬礼を行うことを拒否している。その前に立ち敬礼を行っているのは、ベルリン・オリンピック組織委員会会長のテオドア・レヴァルト。

スポーツ

> ナチスはスポーツ活動をたいへん熱心に推進した。ドイツ国民がたくましく健康であることを望んだからだ。また、1936年のベルリン・オリンピックには、ドイツ民族の身体的な優秀さを世界に示そうという思いで臨んだ。

　ナチス政権下のドイツでは、スポーツや運動が社会全体で盛んに行われた。青少年組織ではスポーツが活動の中心だったし、工場などでは、作業の合間に30分ほどの運動の時間が設けられていた。歓喜力行団もスポーツ関係の行事をたびたび企画した。また、スポーツテストも実施された。このテストでは500万人が国家スポーツ合格証を受けた。なお、ドイツの平均寿命は、1910年は45歳から48歳ほどだったが、1939年には60歳から63歳に延びている。平均寿命が延びたひとつの理由は、脳卒中や癌といった病気にかかる者が減少したためだが、ナチスが推進したスポーツや運動が健康改善の一助となっていたのかもしれない。ただ、その一方で、青少年や年配者を中心に、過度の運動で身体を痛めてしまう者も少なくなかった。スポーツテストでは厳しい合格基準が設けられていたため、多数の者が無理をしてけがを負った。

　ナチスのスポーツ政策は民族政策と深く結びついていた。ナチスは、ユダヤ人やジプシーのスポーツ選手をドイツのスポーツ界から追放した。追放されたのは、ボクシングのヨハン・トロルマン、テニスのダニエル・プレン、走り高跳びのグレーテル・ベルクマンなどだ。1935年からは毎年10月、スポーツチームにおいてナチスの民族観についての学習会を開くようになった。学習会では、ドイツ民族が身体的にいかに優れているかということを、ユダヤ

人、黒人、スラヴ人などと比較しながら説いた。1936年に行われたボクシングの国際試合には、ドイツ人ボクサーのマックス・シュメリングをドイツ民族の代表として送り出した。そしてシュメリングはナチスの期待どおり、アメリカの黒人ボクサーでヘビー級王者のジョー・ルイスに勝利した。ただし、1938年6月22日の再対決では、シュメリングは1ラウンドでノックアウトされ、敗者としてドイツに帰国している。なお、シュメリング自身は決して民族差別主義者ではなかった。

■ベルリン・オリンピック

　1936年、ドイツはベルリン・オリンピックを開催した。ナチスはオリンピックにおいて、ドイツ民族の優秀さを国際社会に知らしめようと思っていた。また、ドイツ経済の復活を示す格好の機会だとも考えていた。そのためオリンピックはたいへん盛大に行われた。開会式では、オリンピック・スタジアムの上空を飛行船ヒンデンブルク号が旋回し、その空に向けて2万羽の伝書鳩が放たれた。
　しかしドイツでのオリンピック開催が決まってから、世界中で、ナチスのユダヤ人政策に対する批判の声があがった。ナチスは国際社会からの批判をかわすために、ベルリンと周辺の都市においてユダヤ人政策を一時的に緩和した。また、反ユダヤ主義的なものを街から一掃した。さらにドイツ選手団に幾人かのユダヤ人選手を加えた。そのうちのひとり、ヘレーネ・マイアーは片親がユダヤ人のフェンシング選手で、オリンピック金メダリストだった。マイアーは、ベルリン・オリンピックでは銀メダルを獲得し、ヒトラーからのメダル授与の際はナチス式敬礼を行っている。ベルリン・オリンピックにおいてドイツは33個の金メダルを獲得した。金メダル獲得数は参加国中で1位と

なり、この結果にナチスはたいへん満足した。ただ、ドイツ人選手以外の選手も同様の活躍ぶりを見せた。例えばアメリカの黒人選手は14個のメダルを獲得した。とりわけジェシー・オーウェンスは100メートル走、200メートル走、走り幅跳び、400メートルリレーで金メダルを獲

ベルリン・オリンピックにおいて獲得したメダル　1936年

陸上

男子
4×100m リレー	銅	チーム
4×400m リレー	銅	チーム
走幅跳び	銀	ルッツ・ロング
砲丸投げ	金	ハンス・ヴェルケ
	銅	ゲルハルト・シュテック
ハンマー投げ	金	カール・ハイン
	銀	エルヴィン・ブラスク
やり投げ	金	ゲルハルト・シュテック

女子
100m	銅	ケーテ・クラウス
80m ハードル	銀	アンニ・シュトイアー
走高跳び	銅	エルフリーデ・カウン
円盤投げ	金	ギゼラ・マウエルマイアー
	銅	パウラ・モーレンハウアー
やり投げ	銀	ルイゼ・クリューガー

水泳

男子
200m 平泳ぎ	銀	エルヴィン・ジータス
高飛び込み	銅	ヘルマン・ストルク
水球	銀	チーム

女子
100m 自由形	銅	ギゼラ・アレント
200m 平泳ぎ	銀	マルタ・ゲネガー
4×100m 自由形リレー	銀	チーム
高飛び込み	銅	ケーテ・ケーラー

ボクシング
フライ級	金	ヴィリー・カイザー
フェザー級	銅	ヨーゼフ・ミナー
ウェルター級	銀	ミヒャエル・ムラハ
ライトヘビー級	銀	リヒャルト・フォークト
ヘビー級	金	ヘルベルト・ルンゲ

ウエイトリフティング
ライト級	銅	カール・ヤンセン
ミドル級	銀	ルドルフ・イスマイアー
	銅	アドルフ・ヴァーグナー
ライトヘビー級	銀	オイゲン・ドイッチュ
ヘビー級	金	ヨーゼフ・マンガー

レスリング（グレコローマンスタイル）
バンタム級	銅	ヤコブ・ブレンデル
ウェルター級	銀	フリッツ・シェーファー
ミドル級	銀	ルートヴィヒ・シュヴァイケルト
ヘビー級	銅	クルト・ホルンフィッシャー

レスリング（フリースタイル）
バンタム級	銅	ヨハネス・ヘルベルト
ライト級	銀	ヴォルフガング・エール
ライトヘビー級	銅	エーリッヒ・ジーベルト

フェンシング
フルーレ団体	銅	
サーブル団体	銅	
フルーレ個人	銀	ヘレーネ・マイアー

近代五種競技
個人	金	ゴットハルト・ハントリック

得するという快挙をなし遂げた。ヒトラーはこれらの黒人選手と握手を交わすことを拒み、メダルの授与も行っていない。

カヌー
1,000m カヤックシングル K1	銀	ヘルムート・ケンメラー
10,000m カヤックシングル K1	金	エルンスト・クレブス
1,000m カヤックペア K2	銀	チーム
10,000m カヤックペア K2	金	チーム
1,000m カナディアンシングル C1	銅	エーリヒ・コシック
10,000m フォールディングカヤックシングル K1	銅	クサーヴァー・ヘルマン
10,000m フォールディングカヤックペア F2	銀	チーム

ボート
シングルスカル	金	グスタフ・シェーファー
ダブルスカル	銀	チーム
舵手なしペア	金	チーム
舵手つきペア	金	チーム
舵手なしフォア	金	チーム
舵手つきフォア	金	チーム
エイト	銅	チーム

セーリング
モノタイプ級	銀	ヴェルナー・クログマン
スター級	金	チーム
8m 級	銅	チーム

自転車
1,000m タイムトライアル	銅	ルドルフ・カルシュ
1,000m スプリント	金	トニ・メルケンス
2,000m タンデム	金	チーム

馬術
総合馬術個人	金	ルートヴィヒ・シュトゥッペンドルフ
総合馬術団体	金	チーム
馬場馬術個人	金	ハインツ・ポライ
	銀	フリードリヒ・ゲルハルト
馬場馬術団体	金	チーム
障害飛越個人	金	クルト・ハッセ
障害飛越団体	金	チーム

射撃
ラピッドファイアピストル	銀	ハインツ・ハックス
50m ピストル	銀	エーリヒ・クレンペル

体操
男子
個人総合	金	アルフレート・シュヴァルツマン
	銅	コンラート・フライ
団体総合	金	チーム
平行棒	金	コンラート・フライ
	銅	アルフレート・シュヴァルツマン
床	銅	コンラート・フライ
跳馬	金	アルフレート・シュヴァルツマン
	銅	マティアス・フォルツ
鉄棒	銀	コンラート・フライ
	銅	アルフレート・シュヴァルツマン
つり輪	銅	マティアス・フォルツ
あん馬	金	コンラート・フライ

女子
団体総合	金	チーム

その他
ハンドボール	金	チーム
ホッケー	銀	チーム

党大会

> ナチスは党大会によって党員の団結を図った。また、党大会はナチスの力を広く世に示すための手段でもあった。

　ナチスの党大会は、1923年、ミュンヘンにおいて初めて開催された。その後最後の党大会が開かれるまでの16年間に規模を拡大し、党の一大行事となった。党大会には軍事セレモニーや、党旗の聖別といった宗教的儀式も盛り込まれた。スワスティカや鷲を描いた旗が高々と掲げられた会場は、いつも熱狂的な空気に包まれていた。また、整然と行進する松明行列は美しかった。

　第2回党大会はニュルンベルクで、第3回はヴァイマルで開かれたが、1929年以降、開催場所はニュルンベルクに定められた。そしてこの年から、党大会はより神秘的で荘厳なものになった。ニュルンベルクには党大会のための施設群が建設された。設計を担当したのはパウル・ルートヴィヒ・トローストとアルベルト・シュペーアであ

党大会　1923-1939年

開催年		プログラムの題名
1923（1月）	第1回党大会	―
1923（9月）	「ドイツ国の日」大会	―
1926	第2回党大会	大会の再興
1927	第3回党大会	目覚めの日
1929	第4回党大会	静穏の日
1933	第5回党大会	勝利の大会
1934	第6回党大会	統一と力の大会
1935	第7回党大会	自由の大会
1936	第8回党大会	名誉の大会
1937	第9回党大会	労働の大会
1938	第10回党大会	大ドイツの大会
1939	第11回党大会（開催中止）	平和の大会

る。党大会の演出には、国民啓蒙・宣伝大臣のヨーゼフ・ゲッベルスも携わった。また、大会期間は1週間に延び、1938年の党大会には100万人以上が参加した。

■党大会の演出

ナチスは党大会のようすを広く伝えるためにフィルムに

ニュルンベルク党大会プログラム　1938年

9月5日月曜日　歓迎式典
- 記者会見
- ニュルンベルク市庁舎でのヒトラー歓迎式典

9月6日火曜日　開会式
- ヒトラーによるヒトラー・ユーゲント団旗観閲
- 開会宣言　ルドルフ・ヘス、ユリウス・シュトライヒャー、アドルフ・ヴァーグナーの演説
- クラウン・ジュエル（皇帝冠など）がヒトラーへ渡される
- 「東方における戦い」についての集会　アルフレート・ローゼンベルクの演説
- 芸術科学国家賞表彰式　アルフレート・ローゼンベルク、アドルフ・ヒトラーの演説

9月7日水曜日　ドイツ労働戦線の日
- ドイツ労働戦線パレード　コンスタンティン・ヒール、アドルフ・ヒトラーの演説
- ニュルンベルク市街でのドイツ労働戦線パレード
- アルフレート・ローゼンベルク、エーリヒ・ヒルゲンフェルト、アドルフ・ヴァーグナーの演説

9月8日木曜日　同志の日
- 運動競技会
- フリッツ・トート、オットー・ディートリヒ博士の演説

- 松明行進

9月9日金曜日　指導者の日
- コンスタンティン・ヒール、ヴァルター・ダレ、マックス・アマンの演説
- 国家社会主義女性同盟　ゲルトルート・ショルツ＝クリンクの演説
- ツェッペリン広場での政治的指導者観閲式　ロベルト・ライ、アドルフ・ヒトラーの演説

9月10日土曜日　ヒトラー・ユーゲントの日
- ヒトラー・ユーゲント観閲式　ルドルフ・ヘス、アドルフ・ヒトラーの演説
- ドイツ労働戦線の集会　ロベルト・ライ、ヘルマン・ゲーリングの演説
- 最終運動競技会
- ロベルト・ライ、フリッツ・ラインハルト、ヨーゼフ・ゲッベルスの演説

9月11日日曜日　突撃隊と親衛隊の日
- 大集会　ヴィクトール・ルッツェ、アドルフ・ヒトラーの演説
- ニュルンベルク市街でのパレード
- 政治的指導者の集会　ルドルフ・ヘスの演説

9月12日月曜日　国防軍の日
- 国防軍観閲式及び国防軍軍事パレード　アドルフ・ヒトラーの演説
- 閉会式　アドルフ・ヒトラーの演説

収めた。1934年の党大会はレニ・リーフェンシュタールが撮影を担当し、ヒトラーをたたえる3時間の記録映画『意志の勝利』を制作した。

　1934年の党大会では、ヒトラーがツェッペリン広場において、30万人からの党員や招待客を前に演説を行った。夜になると、会場の周囲に設置された130基の対空サーチライトの光がまっすぐ空へ向けて放たれ、会場は「光の大聖堂」となった。この演出を行ったのはシュペーアである。また、この大会から歩兵パレード、戦車パレード、空軍の儀礼飛行などが大規模に行われるようになった。ヴェルサイユ条約の軍事条項の破棄により、軍事力を堂々と示すことができるようになったからだ。1938年の9月5日から12日にかけて開かれた党大会のようすは世界のメディアが伝えた。そしてこの党大会後、ヒトラーはさらなる領土拡張へ向かって進むことになるのである。

芸術文化

> ナチスはドイツの芸術文化の世界を一変させた。芸術家には「芸術のための芸術」を許さず、ナチスの思想を反映するような作品を作るよう求めた。芸術文化はナチスのプロパガンダの道具となったのだ。

　第一次世界大戦が終わった1918年ごろから、ドイツでは芸術文化の世界に新しい動きが起こった。敗戦によるドイツ帝国の崩壊にともない、人びとはそれまでの価値観にとらわれない新しい表現を試みるようになり、表現主義、キュビズム、超現実主義、ダダイズム、後期印象主義が盛んになった。また、人びとは創作活動を通して、世界を戦

争に巻き込んだ者たちへの批判も展開した。ヴァイマル共和政期のドイツには、小説家のハインリヒ・マン、エーリヒ・マリア・レマルク、エーリヒ・ケストナー、作曲家のアルノルト・シェーンベルク、クルト・ヴァイル、バウハウスを設立した建築家のヴァルター・グロピウス、同じく建築家のルートヴィヒ・ミース・ファン・デア・ローエ、画家のエルンスト・ルートヴィヒ・キルヒナー、マックス・ベックマンなど多くの才能が生まれた。

■ナチスの芸術文化

　ナチスは、芸術家らによる新しい活動を好まなかった。ナチスにとって芸術文化は、人びとを元気にしたり勇気づけたりするものでなければならず、否定的、内省的なものであってはならなかった。そして、ダダイズムやキュビズムを文化ボルシェヴィズムと呼び、国家にとって有害で、危険なものだと見なした。芸術家らの新しい活動は国家転覆を意図するものだとも考えていた。ナチスが好んだのは「英雄的」な作品だった。また、社会の調和、家族の結びつき、肉体美を表現した作品、ドイツ民族とドイツ国土との結びつきを重んじる「血と土」の思想を反映した作品なども好んだ。戦争に関する作品では、兵士がたくましく凛々しく描かれることを望み、敗北主義的な表現は許さなかった。

　ナチスは1933年、帝国文化院を設立した。帝国文化院は、芸術文化活動を統制するための組織であり、国民啓蒙・宣伝大臣のヨーゼフ・ゲッベルスが総裁に就任した。帝国文化院は次の7部門に分かれていた。

　帝国視覚芸術院
　帝国映画院

帝国音楽院
帝国新聞院
帝国ラジオ院
帝国文学院
帝国演劇院

■映画

ナチス政権下のドイツでは映画が多数制作されている。映画は国民に人気があり、映画館に足を運んだ人の数は1933年は2億4500万人だったが、1942年には10億人にまで増加した。

ゲッベルスは映画の振興に力を入れた。それは、映画が国民の良い気晴らしとなることを理解していたからでもあるが、同時に、プロパガンダの媒体として利用するためで

主な映画　1933年

題名	監督	ジャンル
カルメン	ロッテ・ライニガー	アニメーション
ロイテンの聖歌	カール・フレーリヒ アルツェン・フォン・チェンピー	戦争　歴史
ドン・キホーテ	ゲオルク・ヴィルヘルム・パプスト	ドラマ
F・P1号応答なし	カール・ハートル	航空映画
あかつき	グスタフ・ウツィツキ	歴史
ハンス・ヴェストマル	フランツ・ヴェンツラー	プロパガンダ
ヒットラー青年	ハンス・シュタインホフ	プロパガンダ
私と女王様	フリードリヒ・ホレンダー	ミュージカル・コメディ
笑う相続人たち	マックス・オフルス	ロマンティック・コメディ
リーベライ	マックス・オフルス	ロマンティック・ドラマ
朝やけ	ヴァーノン・ソーウェル　グスタフ・ウツィツキ	戦争
突撃隊員ブラント	フランツ・ザイツ	プロパガンダ
SOS 氷山	アルノルト・ファンク	サバイバル・ドラマ
SOS 氷山	テイ・ガーネット	サバイバル・ドラマ
信念の勝利	レニ・リーフェンシュタール	ドキュメンタリー
怪人マブゼ博士	フリッツ・ラング	クライム・ドラマ
トンネル	クルト・ベルンハルト	ドラマ
カルメン狂想曲	ラインホルト・シュンツェル	ミュージカル・コメディ

もあった。ゲッベルスは映画上映の前にニュース映画を入れるよう指導し、戦争が始まると戦況を伝える映像を流すよう求めた。帝国映画院は制作される映画の内容を検閲した。また、国民啓蒙・宣伝省はドイツの４大映画会社の主要株主となっていたため、映画制作全般にわたって強い影響力を持っていた。そして、ナチスはユダヤ系の俳優、監督、制作者、脚本家を映画界から追放した。また、自由主義的な思想を持つ者も追放した。そのなかにはフリッツ・ラング、フリッツ・コルトナー、マレーネ・ディートリヒといった著名な人物が多く含まれていた。ヴァイマル共和政期のドイツ映画はこうした人物らの活躍によって国際的に高い評価を得ていた。ナチスは1942年にはすべての映画会社を国有化した。

レニ・リーフェンシュタールの作品

出演作品	制作年
力と美への道	1926
聖山	1926
大いなる跳躍	1927
ハーブスブルク家の運命	1928
死の銀嶺	1929
モンブランの嵐	1930
白銀の乱舞	1931
青の光	1932
SOS氷山	1933
低地	1954
監督作品	
青の光　共同監督ベラ・バラージュ	1932
信念の勝利	1933
意志の勝利	1934
自由の日	1935
オリンピア　第1部 民族の祭典 　　　　　　第2部 美の祭典	1938
低地	1954
ワンダー・アンダー・ウォーター　原色の海	2002

ドイツでは1933年から1945年にかけて1363本の映画が制作されている。内容もロマンス、コメディ、冒険、ミュージカルなど多様だったが、こうした大衆娯楽作品のほかにプロパガンダ映画も制作された。ナチス政権下のドイツで制作された映画のうち14パーセントがプロパガンダ映画だった。プロパガンダ映画の監督として有名なのは、女優としても活躍していたレニ・リーフェンシュタールだ。『意志の勝利』はヒトラーを賛美する作品であり、1936年のベルリン・オリンピックの記録映画『オリンピア』はドイツ民族の身体的な優秀性を強調している。この2本は、ナチスの思想を色濃く反映した内容となっているが、映画としての仕上がりはすばらしく、そのため作品とリーフェンシュタールに対する後世の評価は分かれている。

　プロパガンダ映画の多くは、ナチスにとって「悪の枢軸」である共産主義者とユダヤ人を攻撃するためのものだった。『ヒットラー青年』、『突撃隊員ブラント』、『ハンス・ヴェストマル』は共産主義者と戦ったナチスの英雄を描いている。『永遠のユダヤ人』、『ロスチャイルド』、『ユダヤ人ジュース』は反ユダヤ映画である。とくに『ユダヤ人ジュース』では主人公のユダヤ人が極悪人として描かれている。ナチスは、占領地域でユダヤ人殺害の任務に就く親衛隊を刺激するために、この映画を見せることもあった。そのような事実から、1945年、監督のファイト・ハーランが人道に対する罪で起訴されている。ハーランは1949年に無罪となったが、彼の作品をはじめとする反ユダヤ映画が反ユダヤ主義を助長したのは確かだろう。こうした映画を観て、ナチスのユダヤ人政策を許すようになった国民もいたのではないだろうか。

■退廃芸術

　ナチスは、自分たちの趣味に合わない芸術作品を「退廃芸術」と呼んでいた。絵画を例にとると、退廃芸術のなかには、ファン・ゴッホ、ゴーギャン、マティス、ピカソ、セザンヌといった画家の作品も含まれていた。ナチスが好んだ絵画は、英雄的なものや写実主義的なものであり、アー

「退廃」芸術家とされた人物
（1937年の退廃芸術展において作品が展示された）

氏名	生没年	注
マルク・シャガール	1887-1985	画家。ユダヤ人の伝統文化を描いた。
マックス・エルンスト	1891-1976	画家。超現実主義運動の中心人物。
ワシリー・カンディンスキー	1866-1944	画家。美術理論家。抽象絵画の創始者。
パウル・クレー	1879-1940	キュビズム、超現実主義の画家。
エルンスト・ルートヴィヒ・キルヒナー	1880-1938	表現主義の画家、版画家。
エミール・ノルデ	1867-1956	表現主義の画家。
フランツ・マルク	1880-1916	表現主義の画家、版画家。
エドヴァルド・ムンク	1863-1944	象徴主義、表現主義の画家、版画家。
マックス・ベックマン	1884-1950	画家、製図工、版画家、彫刻家、文学者。
オットー・ディックス	1891-1969	写実主義の画家、版画家。

第二次世界大戦時のナチスによる略奪

数字はニュルンベルク裁判の資料からのものだが、実際の数はもっと多かったと考えられている。

- 各種美術品　21,903点
- 油絵　パステル画　水彩画　写生画　5,281点
- 細密画　ガラス画　エナメル画　装飾本　装飾写本　684点
- 彫刻　テラコッタ製の品　メダル　飾り板　583点
- 美術的価値のある家具調度品　2,477点
- タペストリー　敷物　刺繍品　コプト織　583点
- 陶磁器　ブロンズ製の品　ファイアンス焼　マヨルカ焼　セラミックス製の品　硬貨　宝石　宝飾品　5,825点
- 東アジアの美術品（ブロンズ製の品　彫刻　陶磁器　絵画　屏風　武器）1,286点
- 古代美術品（彫刻　ブロンズ製の品　花瓶　宝石　鉢　宝石彫刻　テラコッタ製の品）259点

リア系ドイツ人がスポーツをする姿、総統とその周りに集う兵士たちの姿、幸せそうに畑を耕す農夫の姿などを画家に描かせた。

　1937年7月、ナチスはミュンヘンにおいて退廃芸術展を開催した。これは、退廃芸術とはどのようなものなのかを国民に示すために企画された展覧会だった。ナチスは各地の美術館から1万2000点にのぼる「退廃芸術作品」を撤去し、そのなかから選んだ作品を展示した。そして退廃芸術への理解を促すために、作品の横に「ドイツ女性への侮辱」、「ドイツの農夫—ユダヤ的な描き方」といった言葉を添えた。また、退廃芸術展と同時に、大ドイツ芸術展と銘打った展覧会を開いた。この展覧会では、突撃隊隊員の戦う姿や田園風景を描いた絵画などを、良い芸術作品として展示した。これらの芸術展によって国民がどれほど教化されたのかは分からないが、来場者数を見ると、退廃芸術展が大ドイツ芸術展の3倍以上の来場者を集めている。芸術展はその後いくつかの都市を巡回した。

　帝国視覚芸術院は作品制作における規則を設けていた。その規則に違反した芸術家は作品を没収された。場合によってはゲシュタポに逮捕されることもあった。そのためドイツの視覚芸術作品からは独創性が失われていった。

■文学

　視覚芸術ばかりでなく、文学もナチスの厳しい統制下に置かれた。ルイス・シュナイダーは次のように述べている。

「文学者はとりわけ迫害にさらされた。ヒトラーは、文学は政権を倒す力ともなりうると考えていた。1933年以降、ノーベル文学賞受賞者を含む2500人からの文学者が、迫害を受けてドイツから去っていった。世界から称賛

THE THIRD REICH
1933-1945

されていたドイツ文学は、たちまちのうちに退屈なものとなった。国民もそうした作品を読みはしなかった」

　1933年5月、ナチスは若者らを使い、書店や図書館からナチスが有害と見なす書物を没収した。

　対象となったのは、反戦を唱える書物や、ユダヤ人、共産主義者、抽象派の作家の書物が中心で、没収された後に燃やされた。ベルリンではウンター・デン・リンデン通りにおいて数千冊が燃やされ、灰となった。焚書は国際的な非難を浴びた。

　1939年になると、ナチスは作品内容の統制をさらに強めた。この年以降ドイツの小説や詩は、戦う精神、共同体

おもな小説、政治書、哲学書　1918-1943年

年	著者	題名
1918	ハインリヒ・マン	臣民
1919	フランツ・カフカ	流刑地にて
1922	ルートヴィヒ・ヴィトゲンシュタイン	論理哲学論考
	オスヴァルト・シュペングラー	西洋の没落
1924	トーマス・マン	魔の山
1925	フランツ・カフカ	審判
	ハンス・グリム	土地なき民
	アドルフ・ヒトラー	我が闘争（第1巻　民族主義的世界観）
1926	フランツ・カフカ	城
	アドルフ・ヒトラー	我が闘争（第2巻　国家社会主義的運動）
1929	アルフレート・デーブリン	ベルリン・アレクサンダー広場
	エーリヒ・ケストナー	エミールと探偵たち
	エーリヒ・マリア・レマルク	西部戦線異状なし
1930	トーマス・マン	マリオと魔術師
	アルフレート・ローゼンベルク	20世紀の神話
1932	ハンス・ファラダ	背の低い男
1936	トーマス・マン	エジプトのヨセフ
	クラウス・マス	メフィスト
1939	エルンスト・ユンガー	大理石の断崖の上で
	トーマス・マン	ヴァイマルのロッテ
1943	ロベルト・ムジル	特性のない男

の調和、ドイツ民族の優秀性といったものを強調する、ナチスの思想に沿った作品ばかりとなった。またナチスは、作品の出版と販売についても管理していた。なお、ヒトラーの著書『我が闘争』はベストセラーとなり、発行部数は1940年までに600万部に達した。

■建築

ヒトラーは数々の建築計画を進めた。彼は、第三帝国の力を象徴するような建物を作りたいと考えていた。そしてかつて自身が建築家を目指していたこともあり、建築計画にはたいへん熱心に取り組んだ。ヒトラーが理想とした建物は、壮大で、古代ギリシア・ローマ建築のように堂々とし、新古典主義様式やバロック様式の装飾美を備え、かつ、ドイツ的な厳格さや質実さも感じさせるようなものだった。

ナチス政権下のドイツの代表的な建築家は、パウル・ルートヴィヒ・トローストとアルベルト・シュペーアである。ふたりともヒトラーのお気に入りの建築家だった。トローストは1920年代からナチスの建築家として活動していた。彼はミュンヘンのナチス党本部やベルリンの総統官邸の改修を手がけている。ミュンヘンのドイツ芸術の家も彼の設計だ。ドイツ芸術の家は、装飾が抑えられた直線的なつくりで、正面にはどっしりとした円柱がずらりと配され、威風を漂わせる建物だった。

■アルベルト・シュペーア

トローストはほかにもいろいろな建設計画に携わり活躍していたが、1934年3月に死去した。そしてその後任としてヒトラーに指名されたのがアルベルト・シュペーア

焚書

焚書はベルリンをはじめ、ドイツ各地で行われた。焚書の対象となった書物には、エーリヒ・マリア・レマルク、トーマス・マン、アルベルト・アインシュタイン、マルセル・プルースト、ジャック・ロンドン、リオン・フォイヒトヴァンガー、ヘレン・ケラー、ジークムント・フロイトなどの作品も含まれていた。各地で焚書が行われるなか、ヨーゼフ・ゲッベルスは「燃え上がる炎とともに、古い時代が終わり、新しい時代が始まる」と宣言した。ナチスは公式に焚書を行ったが、批判を避けるために、メディアで大きく報じることはなかった。

THE THIRD REICH
1933-1945

焚書が行われた主な都市

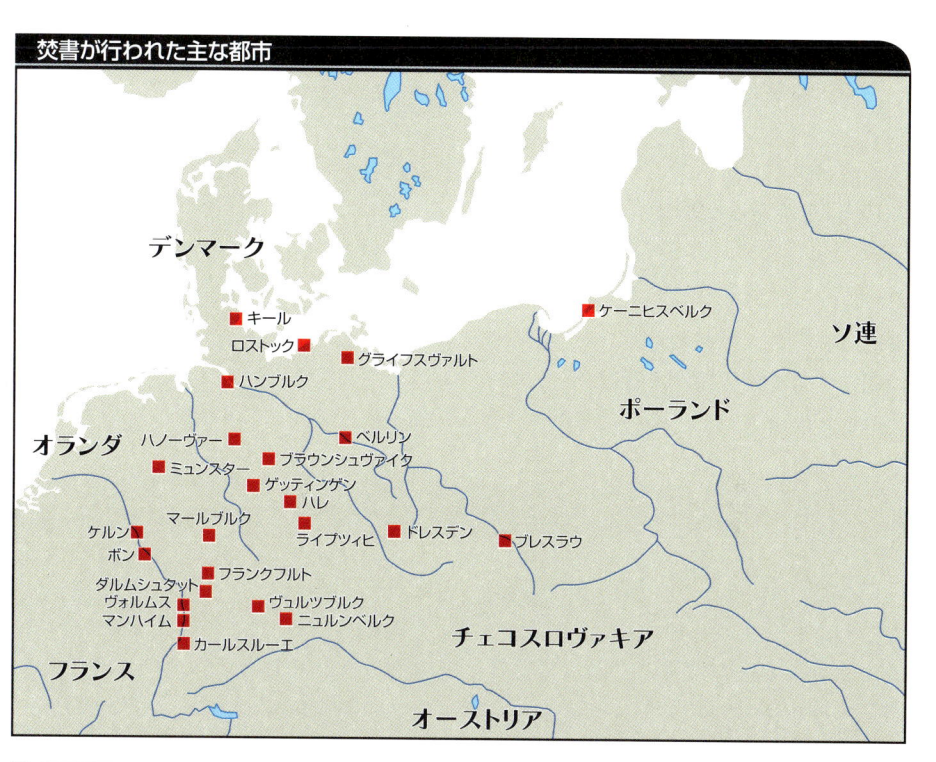

デンマーク
キール
ロストック
グライフスヴァルト
ハンブルク
ケーニヒスベルク
ソ連
ポーランド
オランダ
ハノーヴァー
ベルリン
ミュンスター
ブラウンシュヴァイク
ゲッティンゲン
ハレ
ケルン
マールブルク
ライプツィヒ
ドレスデン
ブレスラウ
ボン
ダルムシュタット
フランクフルト
ヴォルムス
ヴュルツブルク
マンハイム
ニュルンベルク
チェコスロヴァキア
カールスルーエ
フランス
オーストリア

主な建築物

建物	建築家	所在地	完成年	用途
テンペルホーフ空港	エルンスト・ザゲビール	ベルリン	1934	空港
名誉の聖殿	パウル・ルートヴィヒ・トロースト	ミュンヘン	1935	記念堂
航空省	エルンスト・ザゲビール	ベルリン	1936	政府建物
オリンピック・スタジアム	ヴェルナー・マルヒ アルベルト・シュペーア	ベルリン	1936	スポーツ・スタジアム
ツェッペリン広場	アルベルト・シュペーア	ニュルンベルク	1937	ナチス党大会会場
国民啓蒙・宣伝省	アルベルト・シュペーア	ベルリン	1937	政府建物
国防軍司令部	アルベルト・シュペーア	ベルリン	1937	国防軍建物
ドイツ芸術の家	パウル・ルートヴィヒ・トロースト	ミュンヘン	1937	美術館
総統官邸	パウル・ルートヴィヒ・トロースト アルベルト・シュペーア	ベルリン	1938	政府建物
ニュルンベルク・コングレスホール	アルベルト・シュペーア ルートヴィヒ・ルフ フランツ・ルフ	ニュルンベルク	1938	議事堂
プロラ	ロベルト・ライ エーリヒ・プトリッツ	リューゲン島	1939	保養施設

だった。

　シュペーアは穏健な人物だった。生まれは1905年である。ベルリン工科大学で建築を学び、卒業後しばらくは教授の助手を務めていた。1931年にナチスに入党し、1932年には親衛隊の隊員となった。ヒトラーはこのころすでにシュペーアのことを、党に忠実で建築家としても有能な男だと認めていた。シュペーアは1934年、テンペルホーフ広場で行われた党大会の演出を任された。彼は無数の党旗で囲んだ会場を、対空サーチライトを使って「光の大聖堂」に変えた。また、松明行列によって幻想的な雰囲気を作り出した。シュペーアの演出はヒトラーをはじめ多くの参加者に強い印象を与え、大会の成功にも大きく貢献した。

　そして、トローストの後任として党の主任建築家となった。シュペーアは、トローストが手がけていた総統官邸の改修を引き継いだ。また、ニュルンベルクの党大会会場ツェッペリン広場を、30万人を収容できる大理石の広場に作り変え、ヴェルナー・マルヒが設計したベルリンのオリンピック・スタジアムも、ヒトラー好みの石造りの建物となるよう手を加えた。

　シュペーアはベルリンの国防軍司令部や宣伝省の建物などの改修も担当し、1937年には建設総監に就任した。そして、ヒトラーからベルリンの改造を託された。ヒトラーはベルリンが世界の首都となることを願い、それにふさわしい姿に改造したいと考えていた。ベルリンの改造計画は「ゲルマニア計画」と名づけられ、シュペーアが設計を進めた。計画では、ベルリンの南北5キロメートルと東西に大通りを通し、その通り沿いに、15万人を収容することのできる、高さ99メートルの巨大ドームを有する大会堂や、映画館、ホテル、温泉、高級レストランなどのさまざまな施設を配する予定だった。しかし、計画は夢に終わ

り、ベルリンはやがて廃墟と化すのである。

ラジオと新聞

> 1930年代から1940年代のマスメディアといえば、ラジオと新聞だった。ナチスはこのふたつのメディアを支配下に置き、情報を統制した。

当時のラジオは、現在のテレビのような役割を果たしていた。ドイツでは1939年の時点で全世帯の70パーセントがラジオ受信機を所有していた。聴取率も高く、例えば1941年を見ると、シュトゥットガルトでは87パーセント、キールでは85パーセントに達した日もあったようだ。そのほかの都市でも日によっては65パーセントから80パーセントに達している。

ラジオが普及したのは、ナチスがプロパガンダの媒体としてとりわけラジオを重視し、廉価なラジオ受信機を開発したからだ。開発はゲッベルスのもとで進められ、「国民ラジオ301型」が生まれた。価格は78ライヒスマルクだった

主な都市のラジオ聴取率 1941年

都市名	聴取率 (%)
アウクスブルク	73
ベルリン	78
ブレーメン	75
ケルン	67
ダンツィヒ	68
ドルトムント	71
ドレスデン	78
デュッセルドルフ	72
エッセン	61
フランクフルト・アム・マイン	77
ハレ	81
ハンブルク	75
ハノーヴァー	79
キール	85
ケーニヒスベルク	80
ライプツィヒ	80
マクデブルク	80
マンハイム	73
ミュンヘン	77
ニュルンベルク	76
シュテッティン	71
シュトゥットガルト	87
ヴッパータル	67

が、その後さらに安くなった。ただし、ラジオ受信機を所有する世帯は1年間に2ライヒスマルクのラジオ税を払わなければならなかった。

ラジオでは、ニュースやプロパガンダ番組ばかりでなく、音楽番組やコメディ番組も放送された。ただし番組内容はすべてナチスによって統制されていた。

ゲッベルスは1933年、ラジオ放送に関して次のような演説を行っている。

「ラジオでは、政治的な教育のための番組を放送するだけでなく、芸術やゲーム、コメディ、音楽などに関する娯楽番組も放送したほうがよい。ただし娯楽番組であっても、これから始まる我々の偉大な国家再建の助けとなるものであるべきで、それを妨害するものであってはならない。ラジオ放送には注意を払う必要がある。ラジオ放送は国民を精神的に高めるようなもの、また、我々の考えや展望を良く伝えるものでなければならない」

ゲッベルスは、ラジオ放送が政治的な番組やプロパガンダ番組に偏るべきではないが、娯楽番組でもすべてナチスの思想に基づくものでなければならないと考えていた。

■ラジオ支配

ナチスは1933年に帝国ラジオ院を設立するが、総裁に就任したオイゲン・ハダモヴスキーが1933年8月には次のような報告書を作成している。

「我々は、国家社会主義の力を、ドイツ国と世界に対して速やかに伝えなければならない。わたしは7月13日、同志ゲッベルス博士から、我々の目的を妨げるような番組は

排除するようにとの命を受けた。そしてここに、その任務が完了したことを報告する」

　ゲッベルスはラジオ放送の統制を進めた。そしてラジオ放送ができるだけ多くの国民の耳に入るよう、工場、会社、レストラン、街の広場など人が多く集まる場所に拡声器を設置させた。また、各職場に対して、ヒトラーの演説が放送されるときは仕事を中断して聴くよう指導した。ヒトラーの演説は頻繁に放送されていた。

■娯楽番組

　ナチスは、娯楽番組もナチスの思想に沿ったものでなければならないとしていたが、例えば音楽番組では、マイアーベーアやメンデルスゾーンの曲を流すことを禁じていた。彼らがユダヤ系の作曲家だったからだ。当時の作曲家で世界的な評価も高かったパウル・ヒンデミットの曲も禁じていた。ヒンデミットはナチスの望むような活動を行わず、そのため彼の作品は「退廃音楽」の烙印が押されていた。ナチスが推奨したのは、ヒトラーが好んだヴァーグナーや、当時帝国音楽院の総裁を務めていたリヒャルト・シュトラウスの曲である。また、郷土音楽などはよしとしたが、ポピュラー音楽は放送を控えるよう指導した。ジャズのた

ナチスが好んだ音楽家

氏名	生没年	
アントン・ブルックナー	1824-1896	作曲家
エリー・ナイ	1882-1968	ピアニスト
ハンス・プフィツナー	1869-1949	作曲家
ヘルベルト・フォン・カラヤン	1908-1989	指揮者
ルートヴィヒ・ファン・ベートーヴェン	1770-1827	作曲家
リヒャルト・ヴァーグナー	1818-1883	作曲家
リヒャルト・シュトラウス	1864-1949	作曲家

ぐいは若者を堕落させるとして禁じた。

　ナチスにとってラジオのひとつの問題は、外国放送を聴くことができるという点だった。そしてナチスによる統制が進むと、外国放送にラジオを合わせる国民が増加した。統制された放送に国民が飽きたからだ。ゲッベルスもそのことを理解していたようで、ラジオ放送関係者に対する演説でこんなふうに語っている。

「ラジオ放送が退屈なものになってはならない。我々は、おもしろく、現代の暮らしや社会の雰囲気に合った、国家主義的芸術文化番組を作り出さなければならない。我々の主義を基礎にして、想像力を働かせ、工夫を凝らし、モダンで、おもしろく、魅力的な番組を作り、国民の耳に届けよう」

　しかし、ゲッベルスが理想とするような番組は生まれなかった。そしてイギリス放送協会（BBC）の放送などにラジオを合わせる国民はさらに増えた。ナチスは外国のラ

ホルスト・ヴェッセルの歌

旗を高く掲げよ！
隊列を組め！
突撃隊は勇敢に力強く行進する
赤色戦線と反動勢力の銃弾に倒れた同志は
魂となった今も我らとともにいる
褐色部隊のために道を開け
突撃隊のために道を開け！
民は希望を胸に鉤十字を仰ぎ見ている
自由と糧を得る日は近い

整列の合図は鳴らされた！
戦いの用意はととのった！
ヒトラーの旗はやがて街々に翻る
奴隷の時代は終わるのだ！
旗を高く掲げよ！
隊列を組め！
突撃隊は整然と力強く行進する
赤色戦線と反動勢力の銃弾に倒れた同志は
魂となった今も我らとともにいる

ジオ放送を聴くことを禁じ、違反者は逮捕して罰した。1939年には1500人を強制収容所へ送っている。しかしそれでも、多くの国民が自宅で密かに外国放送を聞き続けていたという。戦争後期にはソ連のプロパガンダ放送を聴く者もいたようだ。ソ連は新しい技術を使って、ドイツのラジオ放送の途中に、自国のプロパガンダ放送を割り込ませることもあった。

　しかしナチスも、連合国に対抗して外国向けに短波放送を行っていた。ナチスのプロパガンダ放送は占領地域はもとより、アメリカや南アメリカ、アジアにまで届いていた。

■新聞

　ナチスは、ラジオと並ぶプロパガンダの重要な媒体だった新聞も統制下に置いた。ナチスが政権に就いた当時、ドイツで発行されていた新聞は、小さな地方紙なども含めると3000紙以上にのぼっていた。ナチスはまず1933年に「民族と国家の防衛のための緊急令」に基づき、社会主義系と共産主義系の新聞の発行を禁じた。そしてそのほかの

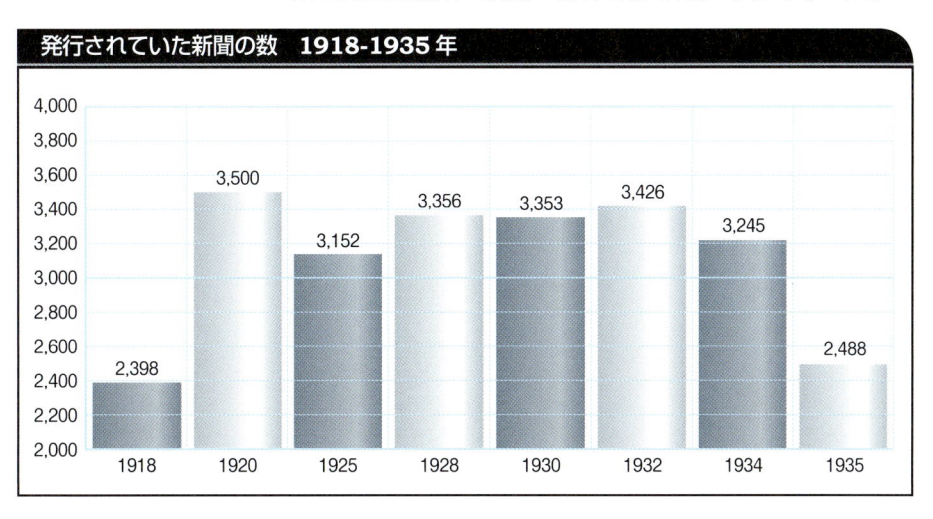

発行されていた新聞の数　1918-1935年

年	発行数
1918	2,398
1920	3,500
1925	3,152
1928	3,356
1930	3,353
1932	3,426
1934	3,245
1935	2,488

新聞はすべて帝国新聞院の統制下に置いた。

1933年10月4日には「編集者に関する法律」を制定した。これは、記事の内容に対する編集者の責任を明確に定めた法律で、ナチスの求めるとおりの記事を載せるよう編集者に圧力をかけるためのものだった。

国民啓蒙・宣伝省は、編集者やジャーナリストに対し、記事の書き方についての具体的な指示を毎日与えるようになった。その指示は、ドイツ通信局（DNB）を通じて、あるいは電報や郵便で伝えていた。また、ナチスは「民族的に純粋な新聞」を目指し、ユダヤ系の編集者とジャーナリストを追放した。自由主義的な思想を持つ者も同じく追放した。

■ 新聞の買い上げ

ナチスは党の機関紙として、1921年から続く『フェルキッシャー・ベオバハター』や反ユダヤ新聞『デア・シュテュルマー』などを発行していた。政権初期のころは、ナチスの機関紙の発行部数はドイツの新聞全体の発行部数の2.5パーセントを占めるにすぎなかった。例に挙げた2紙の1935年の発行部数は合計で80万部だった。

ナチスは新聞の買い上げを進めた。1933年には27紙

主なナチスの機関紙　1935年

機関紙名		発行地域	発行部数
デア・アングリフ	攻撃	ベルリン	95,000
デア・ミッテルドイッチェ	中部地方	マクデブルク	103,100
デア・シュテュルマー	突撃者	ニュルンベルク	450,000
ナティオナルツァイトゥング	国民新聞	エッセン	140,600
ライニッシェ・ランデスツァイトゥング	ライン新聞	デュッセルドルフ	166,200
フェルキッシャー・ベオバハター	民族の観察者	ミュンヘン・ベルリン	400,700
ヴェストドイッチャー・ベオバハター	西ドイツの観察者	ケルン - アーヘン	187,300
ヴェストフェリッシェ・ランデスツァイトゥング	ヴェストファーレン新聞	ドルトムント	171,800

を買い上げた。この27紙の読者数は合わせて270万人だった。1939年にはドイツの新聞の69パーセント、1944年には82パーセントを所有するに至った。また、ナチスは印刷会社や販売網も管理下に置いた。しかし、ナチスに統制された新聞の記事は偏向していたため読者が減少し、1932年から1935年のあいだに1000紙が廃刊した。なお、ナチスは新聞の統制を進めるなか、『フランクフルター・ツァイトゥング』にはある程度自由に記事を書くことを許していた。この新聞はエリート層を読者とする、国際的にも知られていた新聞で、ナチス政権を批判する記事を載せることもあったが、とくに激しいものではなかった。

宗教

> ヒトラーはキリスト教を嫌っていた。それはヒトラーが、キリスト教の教えを軟弱だと考えていたからだ。また、キリスト教がユダヤ教から生まれた宗教だったからでもある。しかしキリスト教はドイツに深く根づく宗教であり、人びとから信仰を奪うことはできなかった。

　ヒトラーが反キリスト教だったことは間違いない。しかし、ヒトラーがキリスト教を公然と攻撃することはなかった。それは、ドイツがキリスト教国であり、ドイツの社会に深く根づいていたからだろう。ドイツには、カトリック教徒とともに、かつての宗教改革運動の中心地だったことからプロテスタントも多かった。ヒトラーはキリスト教に対してある程度の寛容さも見せた。もちろんユダヤ教に対してはそうした態度を示すことはなかった。

■ 寛容と新しい信仰

　ヒトラーがキリスト教を嫌ったのは、キリスト教がユダヤ教から生まれた宗教であり、旧約聖書がユダヤ教の正典でもあったからだ。そして、戦争、暴力、冷酷さ、異民族への憎しみも必要だと考えるヒトラーは、キリスト教が説く和解、敵への愛、優しさ、慈悲、赦しなどといったものを好まなかった。

　そのためヒトラーは、自らの考えに合う「積極的キリスト教」をドイツに広げようと試み、党の綱領にも「積極的キリスト教」の活動を支持すると明記した。民族主義的キリスト教組織や、ナチズムがドイツのキリスト教をボルシェヴィズムから守ってくれると期待する組織は、ヒトラーを支持するようになった。

　ヴァティカンとは1933年に政教条約（コンコルダート）を結び、カトリック教徒のドイツにおける信仰の自由を保証し、カトリック系の学校と青少年組織の存続を許した。ただ、カトリック教徒の信仰を認める代わりに、ヴァティカンに対し、ドイツの政治的な事柄には干渉しないよう要求した。

　ヒトラーは自分の世界観に合ったキリスト教信仰を広めようとしたが、それを助けたのはナチスの神学者たちだった。そのひとり、エルンスト・ベルクマンは著書『ドイツ的信仰綱領25か条』において、キリストはユダヤ人ではなくアーリア人であり、アドルフ・ヒトラーは新しい救世主であるという考えを示した。また、旧約聖書をキリスト教の正典として認めないとした。ベルクマンは「我々が信じるのはドイツ的な神のみである」といったことも述べている。なお、ベルクマンの著書のうち何冊かはカトリック教の禁書目録に入っている。そして「帝国監督」ルートヴィ

ヒ・ミュラーは「ドイツ的キリスト者運動」を進めた。しかしキリスト教徒のあいだに、この運動に対する反発が生まれた。また、ナチスのユダヤ人政策へ批判の声を上げる者も現れはじめ、1939年に戦争が始まりナチスの非道な行為が伝わるようになると、反発や批判はいっそう強まった。

■ 抵抗運動

キリスト教徒によるナチスへの抵抗運動はそれほど大きなものではなかった。また、ナチス政権下のドイツでは、キリスト教の信徒の数が減少した。とくに1930年代後半の減少は著しい。この時期は多くの国民がヒトラーを信じ、支持するようになっており、そのことが信徒数減少のひとつの要因となっていたのだろう。キリスト教徒の抵抗運動としては、まずマルティン・ニーメラー牧師が設立した告白教会の運動が挙げられる。告白教会は、プロテスタントの教えとナチズムは相容れないものだとし、「ドイツ的キリスト者運動」に影響されることなく、従来のプロテ

キリスト教信徒の数の減少 1932-1944年

年	カトリック	プロテスタント	計
1932	52,000	225,000	277,000
1933	34,000	57,000	91,000
1934	27,000	29,000	56,000
1935	34,000	53,000	87,000
1936	46,000	98,000	144,000
1937	104,000	338,000	442,000
1938	97,000	343,000	440,000
1939	95,000	395,000	490,000
1940	52,000	160,000	212,000
1941	52,000	195,000	247,000
1942	37,000	105,000	142,000
1943	12,000	35,000	47,000
1944	6000	17,000	23,000

スタントの信仰を守ることを宣言した。そして7000人の牧師が宣言書への署名を行った。

キリスト教への寛容さを見せていたヒトラーだったが、告白教会の牧師たちには厳しい処置をとった。告白教会の牧師は収容所へ送られるか処刑された。ニーメラー牧師は7年間を強制収容所で送った。

告白教会の設立者のひとりである神学者ディートリヒ・ボンヘッファーは、スパイ活動やヒトラー暗殺計画にもかかわっていた。ボンヘッファーは1943年4月、ゲシュタポ監獄に収監され、その後強制収容所に送られ、2年後の1945年4月9日に処刑された。

抵抗運動はプロテスタントばかりでなく、カトリック教徒のあいだでも起こった。ミュンスターのクレメンス・ガレン司教はナチスの民族政策と安楽死計画を批判した。ガレン司教はドイツのカトリック教において強い力を持っていたため、ナチスによる弾圧を免れていたが、1944年7月のヒトラー暗殺未遂事件後、ついにダッハウ強制収容所へ送られた。ガレン司教はそこで虐待を受けながらも生き延び、終戦を迎えている。

こうした人物のほかにも、批判の声をあげ、キリスト教の教えに従って、ユダヤ人を死から救うための活動などに身を投じる者がいた。ただ、そうしたキリスト教信徒は全体から見ればほんの一握りであり、ほとんどの者は沈黙していた。また、ナチスに追従するキリスト教信徒も少なくなかった。

古代信仰とシンボルマーク

> ナチスはさまざまなシンボルマークを使っていた。それは、シンボルマークによって政治的、社会的な結束力を強めることができると考えていたからだ。

　ヒトラーはキリスト教を嫌っていたが、宗教的なもの、精神的なものを好まなかったわけではない。救世主、「血と土」の思想、古代信仰などに強い関心を持っていたし、ナチスの行事では宗教的な儀式を行うこともあった。

　ナチス幹部のなかには、古代ゲルマン民族の信仰を、キリスト教信仰に代わるドイツの信仰とすべきだと考える者もいた。親ナチスの学者には、ナチズムを、古代ゲルマン民族の信仰やそこから生まれた北欧神話と結びつけようと試みる者もいた。ただ、ヒトラーは神秘主義へあまりに傾くことは好まなかったらしく、古代ゲルマン信仰を復活さ

北欧神話

姿	注
ヴォータン（オーディン）	主神。戦神であるためナチスの思想に合う神だった。
トール	雷神。ヴォータンの息子。ヴォータンと同じく戦神である。
巨人族	巨人たち。神々の敵。ナチスは、とくに戦争末期、敵を巨人族にたとえた。
マグニ　モディ	トールの息子たち。戦いにおいてまったく弱さを見せず、勇猛であるため、ナチスはマグニとモディを好んだ。
ヤルンサクサ	女性の巨人。トールの妻となる。ナチスはドイツ女性をヤルンサクサにたとえたが、ほかの神ほど重視しなかった。
ヴァルハラ　アスガルト	アスガルトは神々の国のこと。ヴァルハラはアスガルトにあるヴォータンの宮殿。勇敢に戦って死んだ兵士の魂が迎えられる「天国」。兵士はここでさらなる戦いに備える。ナチスにとってヴァルハラは、キリスト教の天国よりも望ましい「天国」だった。

せようとしたフリードリヒ・ベルンハルト・マルビーやそのほかの学者数名を強制収容所へ入れている。

アーリア人に関して言い伝えられている事柄や学説は、ナチスの思想に大きな影響を与えていた。ナチスは、ドイツ民族はアーリア人の血統を純粋に受け継ぐ民族であるとする説を信じていた。ナチス幹部のルドルフ・ヘスやアルフレート・ローゼンベルクなどは、かつて所属していたトゥーレ協会においてそうした説に触れ、信じるようになった。トゥーレ協会は、第一次世界大戦後に活動していた反ユダヤ主義を標榜する民族主義組織で、伝説の地トゥーレからその名をとり、シンボルマークのひとつとしてスワスティカを使っていた。

■シンボルマーク

ナチスのシンボルマークは多様だった。例えば親衛隊は、いろいろなルーン文字を、死、勝利、忠誠などを意味する印として師団章などに使用していた。

ナチスは党のシンボルマークとして、スワスティカ（ハーケンクロイツ　鉤十字）を使っていた。スワスティカの起源はたいへん古く、紀元前4000年のペルシアの装飾のなかにすでに見られる印であり、ギリシア、インド、日本などにおいても古くから宗教的な印として用いられていた。そしてナチスがシンボルマークとして採用してから、とくに広く知られるようになった。

ナチスがスワスティカを党のシンボルマークとして選んだのは、アーリア人と関係の深い印だと考えていたからだ。なお、ナチスはスワスティカを鷲の意匠と組み合わせたシンボルマークも使用していた。また、ナチスは、古代アーリア人はカースト制によって純血を守っていたと考えていたようだ。アーリア人はもともとインドあたりに暮ら

スワスティカの旗や記章

イメージ	旗　記章	使用例
	黒のスワスティカを 45 度回転させて白の円の中に配した旗。	ナチスの党旗。
	黒のスワスティカを 45 度回転させて白のひし形の中に配した旗。	ヒトラー・ユーゲントの旗。
	黒のスワスティカを 45 度回転させて白の線で縁取った意匠。	空軍機の尾翼に描かれた。
	黒のスワスティカを 45 度回転させて白と黒の線で縁取り、白の円の中に配した旗。	海軍の旗。
	黒のスワスティカを白の円の中に配した旗。	ヒトラーの旗。
	金、銀、黒、白などのスワスティカを 45 度回転させて鷲に重ねた意匠。鷲がスワスティカを足で掴む意匠もある。	さまざまな軍の記章や旗に用いられた。
	黒のスワスティカを円形にして白の線で縁取り、黒の円の中に配した記章。	SS 師団「ノルトラント」の師団章。

していた人びととされていたからだ。ナチスにとってスワスティカは、ドイツ民族がアーリア人の血を受け継ぐ民族だということを示すための印であり、彼らにとってたいへん神聖な印だった。そして、ヒトラーと幹部らが数々のシンボルマークを使用したのは、それらが、人の心を動かす力や人の心をひとつにまとめる力となりうると考えていたからである。

THE THIRD REICH
1933-1945

シンボルマーク

シンボルマーク		起源	使用例
卐	スワスティカ（ハーケンクロイツ）	インド・ヨーロッパ語族のあいだでは青銅器時代から用いられていた。	国旗やナチスの党旗などに用いられた。
卍	スワスティカ（太陽を表すスワスティカ）	古代から北欧で用いられていた。	SS師団「ヴィーキング」とSS師団「ノルトラント」の師団章に用いられた。
鷲	鷲	ローマ帝国時代から用いられていた。	党のシンボルマークでは鷲は右を向き、国のシンボルマークでは鷲は左を向いている。
髑髏	髑髏（トーテンコプフ）	古代からあり、18世紀に入るとヨーロッパの軍隊で用いられるようになった。	親衛隊の帽章に用いられた。
⚡	ジーク・ルーン	ルーン文字（古代ゲルマン民族の文字）	勝利を意味する。ジーク・ルーンをふたつ並べた意匠が親衛隊のシンボルマークとなった。
〜	オプファー・ルーン	ルーン文字	自己犠牲を意味する。突撃隊の体力章に用いられた。
◇	オーダル・ルーン	ルーン文字	家族や民族の結びつきを意味する。親衛隊人種及び移住本部において用いられた。
Ｎ	ゲア・ルーン	ルーン文字	信念を意味する。SS師団「ノルトラント」の師団章に用いられた。
⚡⚡	ハイルスツァイヒェン	ルーン文字	成功を意味する。親衛隊の髑髏指輪に用いられた。
Ｎ	ヴォルフスアングレ	中世ドイツで用いられていた。	自由を意味する。当初は党のシンボルマーク。後にSS師団「ダス・ライヒ」の師団章に用いられた。
⼈	トーテン・ルーン	ルーン文字	死を意味する。親衛隊隊員死亡記録の没年月日の横に記された。
↑	ティール・ルーン	ルーン文字	勇気を意味する。親衛隊隊員の墓標に刻まれた。
⌐	アイフ・ルーン	ルーン文字	情熱を意味する。1930年代は親衛隊副官が用いていた。
✳	ハガール・ルーン	ルーン文字	忠誠を意味する。親衛隊の髑髏指輪に用いられた。

索　引

※　ただし、本書全編に出てくる「ヒトラー」「ナチス」については索引から外している。

[あ]

アイヒマン、アドルフ　……36
アインザッツグルッペン　……34
アインザッツコマンド　……222
アウシュヴィッツ　……34,71,223,230
アウタルキー　……78
アウトバーン　……22,75
青作戦　……28,54
アドルフ・ヒトラー学校　……247
アメリカ　……28-30,36,37,94,96,132,195,197,202,209,210,218,261,262,　281
アーリア人　……12,48,122,219,284,288,290
アルデンヌ　……26,32,132
アンシュルス　……24,43
安楽死計画　……218-220,386

[い]

イギリス　……24,26,27,30,31,36,44,50,66,78,94,96,118,125,133,184,188,190-195,197,199-201,209,210,218,280
『意志の勝利』　……266
イタリア　……27,29,134,154,184,197,209,211,254
生命の泉計画　……250

[う]

ヴァティカン　……284

ヴァンゼー会議　……145,224,226,227
ヴィシー政権　……50
ウィリアムソン、ゴードン　……152
ウィーン　……60,140
ヴェアヴォルフ　……244
ヴェルサイユ条約　……6,22,39-41,92,165,166,168,173,190,191,266
ウォール街大暴落　……8,73
ウクライナ　……5,28,54,56-58,66,152,154,210,222

[え]

映画　……122,130,144,242,266-270,276
英独海軍協定　……126,191
エストニア　……54,152,184
エバン・エマール要塞　……186
エル・アラメインの戦い　……29
エルザス・ロートリンゲン　……40,50

[お]

オーウェンス、ジェシー　……262
オーヴェリー、リチャード　……97,106
オーストリア併合　……41
オーバードナウ　……60
オランダ　……26,50,51,66,106,167,184,232
『オリンピア』　……270
オリンピック　……260,261,270,276
オルポ　……147

[か]

カー、ウィリアム ……116,119
海軍総司令部 ……173
外国人労働者 ……70,71,86,105
カイテル、ヴィルヘルム ……36,174
鉤十字 ……288
カトリック ……241,283,284,286
カトリック青年団 ……241
カフカス地方 ……28,54
歓喜力行団 ……253,254,256,257,260

[き]

キーガン、ジョン ……206
北アフリカ戦線 ……29
義勇軍 ……166
共産主義 ……27,36,37,52,139,166,270,273,281
強制労働 ……71,226
強制収容所 ……34,51,58,71,126,127,152,219,281,286,288
キリスト教 ……113,283-287

[く]

空軍総司令部 ……173,198
グデーリアン、ハインツ ……103,188,208
クラーク、アラン ……204
クリポ ……140,147
クリミア半島 ……28,30,54
クルスクの戦い ……208
クルップ社 ……88,182

グルンベルガー、リヒアルト ……88,106,143
クレタ島の戦い ……131,132,186

[け]

刑事警察 ……138,140,147,154,160,162
ゲシュタポ ……22,104,119,138,140,141,160,162,215,255,272,286
ゲットー ……152,222
ゲッベルス、ヨーゼフ ……122,265,267-269,277-280
ゲーリング、ヘルマン ……22,27,36,80,88,91,97,113,120,124,126,140,188,200,201,218,223
ゲルマニア計画 ……276
ケルン ……31
ケルンテン ……60

[こ]

公共事業 ……22,75,82
鉱山警察 ……160
合邦 ……42,43,60
公務員再建法 ……116,215
公務員と兵士の忠誠に関する法律 ……172
講和条約 ……6,40
港湾警察 ……160
黒人 ……12,218,261,262,263
告白教会 ……285,286
国防軍最高司令部 ……64,131,162,173,174

国民車 ……256,257
国民突撃隊 ……128,204,244
国民ラジオ301型 ……277
国会議事堂 ……16
国会議事堂放火事件 ……16
国家元首法 ……172
国家社会主義 ……7,138,140
国家社会主義ドイツ学生同盟 ……248
国家社会主義教員同盟 ……246
国家社会主義ドイツ教授同盟 ……247
国家政治教育学校 ……247
国家調整 ……16,22
国家保安本部 ……137,140,147
国家労働奉仕団 ……78,244,247
コンコルダート ……284

[さ]

再軍備宣言 ……22,41,94
最終的解決 ……145,223-225,227,228,232
裁判 ……35,36,137,142-146
ザウケル、フリッツ ……120
ザルツブルク ……60
ザールラント ……23,40,41
参謀本部 ……167

[し]

自給自足経済 ……78,80,88,90
資源 ……12,27,46,51,58,65,68,78,92,97,100
失業者 ……73-75,78,82
シナゴーグ ……219

ジプシー ……12,34,213,218,232,260
ジポ ……140
シーメンス ……71
シャハト、ヒャルマル ……22,74,75,78-80,82,120,126
宗教 ……58,65,127,259,264,283,284,287,288
州と国家の同一化に関する第一法律 ……59
シュタイアーマルク ……60
シュタウフェンベルク、クラウス・シェンク・グラフ・フォン ……146
シュナイダー、ルイス ……139,272,273
ジュネーヴ軍縮会議 ……94
シュペーア、アルベルト ……36,92,97,100,103,120,202,208,264,266,274,276
シュメリング、マックス ……261
シュライヒャー、クルト・フォン ……14,113
狩猟警察 ……160
シュレジエン ……40,59
シーラッハ、バルドゥール・フォン ……236,241
白いバラ ……145
親衛隊 ……14,22,34,36,48,56,67,92,100,118,119,126,127,135,137-140,143,147,150,152,154,160,162,168,173,182,184,186,218,220,227,229,232,238,246,247,251,270,276,288
『親衛隊——ヒトラーの恐怖部隊』 ……152

親衛隊及び警察高級指導者 ……154
親衛隊保安部 ……119,138-140,147,162
神聖ローマ帝国 ……33
人民法廷 ……143,144,146
人狼部隊 ……244

[す]

水晶の夜事件 ……218
スターリン、ヨシフ ……52,131
スターリングラード ……28-30,54,132,204,205,208
ズデーテン・ドイツ人党 ……43
ズデーテンラント ……24,43,44,60
スペイン内戦 ……24
スモレンスク ……54
スラヴ人 ……12,65,261
スワスティカ ……143,264,288,290

[せ]

政教条約 ……284
生存圏 ……12,27,39,78,132
政党設立を禁止する法律 ……16
西部戦線 ……26,33,132,182
ゼークト、ハンス・フォン ……167
絶滅収容所 ……214,223,224,229,230,232
全権委任法 ……16
千年王国 ……33

[そ]

総力戦 ……52

ソビボル ……223
ソ連 ……5,26-30,33-37,46,48,51,52,54,56,58,64,68,70,71,90,94,96,102,131-134,152,167,182,189,201,202,204-206,208,213,222,223,230,232, 281
ゾンダーコマンド ……229

[た]

第一次世界大戦 ……6,7,26,36,40,64,78,92,166,167,190,197,204,205,266,288
大管区 ……44,46,50,60,92,97,100,117,118,122,128,154,244
大西洋戦線 ……190
大ドイツ国 ……56
第二次世界大戦 ……12,23,34-36,119,122,131,178,188,194,204,209,211
退廃芸術 ……259,271,272
ダイムラー・ベンツ ……71
ダッハウ強制収容所 ……286
ダリューゲ、クルト ……150
ダーン、アラン ……243
ダンツィヒ ……40,46

[ち]

チェコスロヴァキア ……24,41,43,44
チェンバレン、ネヴィル ……24,44
秩序警察 ……147,150,152
血と土 ……267,287
チャーチル、ウィンストン ……195
中央計画委員会 ……100

中央集権　……58,59

[つ]

ツィタデレ作戦　……30,205,208,209

[て]

『デア・シュテュルマー』　……282
帝国映画院　……267,269
帝国大管区　……44,46,60
帝国文化院　……267
帝国弁務官　……50,51,56,57,58,126,154
ティッセン社　……88
ディートリヒ、オットー　……128,129
鉄道警察　……160
デーニッツ、カール　……36,96,194
テレビ　……277
電撃戦　……167,178,188,197
デンマーク　……26,40,50,70,184,193,199

[と]

ドイツ空軍　……27,31,103,124,125,197,199,200,201,202,203
ドイツ国市民法　……217
ドイツ国の再建に関する法律　……22,59
ドイツ国防軍　……58,173
ドイツ国立銀行　……74,126
ドイツ少女団　……237
ドイツ少年団　……237
ドイツ女子団　……237,250

ドイツ通信局　……282
『ドイツ東方の人口と政治を安定させるための基本方針』　……51
ドイツ労働戦線　……75,253,254
ドゥーエ、ジュリオ　……197
党大会（ナチス）　……84,116,122,264-266,276
東部戦線　……28,29,33,182,202,206,208,211
トゥーレ協会　……288
独墺協定　……42
独ソ不可侵条約　……26,126,133
特別行動隊　……34,36,56,58,146,152,160,220,222
特別行動中隊　……222
特務班　……229
突撃隊　……8,14,16,22,128,137,138,168,204,218,244,248,270,272
トート、フリッツ　……97,120
ドレスデン　……31
トレブリンカ　……223
トロースト、パウル・ルートヴィヒ　……264,274,276
トロルマン、ヨハン　……260
ドイツ海軍　……26,29,190,192,194,195

[な]

ナチズム　……284,285,287
ナポラ　……247

[に]

ニーダードナウ ……60
ニーメラー、マルティン ……285
ニュルンベルク裁判 ……35,36
ニュルンベルク党大会 ……84

[ね]

ネーベ、アルトゥール ……160

[の]

ノルウェー ……26,50,58,70,184,
　192,199,254
ノルマンディ ……32

[は]

バイエルン ……7,138,147
賠償金 ……6,36,40,218
ハイドリヒ、ラインハルト ……139,
　147,223
バグラチオン作戦 ……33
ハーケンクロイツ ……288
ハダモヴスキー、オイゲン ……278
バトル・オブ・ブリテン ……27,124,
　199
パーペン、フランツ・フォン ……14,
　15,113
バビ＝ヤール渓谷 ……222
パリ ……32,65,218
パルチザン ……56,67,71,152
バルバロッサ作戦 ……27,52,54,160,
　189,202,210,222

バーレイ、マイケル ……109
ハンガリー ……30,52,184,230
反ユダヤ主義 ……7,34,134,
　213-215,233,261,270,288

[ひ]

『ヒットラー青年』 ……242,270
ヒトラー・ユーゲント ……118,204,
　237,238,240-245
秘密野戦警察 ……162
秘密警察 ……137-140,147,162
ヒムラー、ハインリヒ ……92,118,
　127,138,147,152,154,173,223,
　227,228,244,250
ヒンデンブルク、パウル・フォン ……
　14,15,22,261

[ふ]

フィンランド ……27,52,254
『フェルキッシャー・ベオバハター』
　……282
フォルクスワーゲン ……256
武装親衛隊 ……34,67,127,168,173,
　182,184,186,246
冬戦争 ……52
フライコール ……166
フライスラー、ローラント ……143,
　144
フランス ……6,24,26,32,36,40,41,
　50,58,65,68,88,94,104,133,184,
　190,195,199,206,208,209,211
ブランデンブルク ……59
フランク、ハンス ……48,154

『フランクフルター・ツァイトゥング』
　……283
フリック、ヴィルヘルム　……113
ブリューニング、ハインリヒ　……14
ブルーカラー　……82,83,84
プレン、ダニエル　……260
プロイセン　……33,40,46,52,54,59,
　140,144,147
プロテスタント　……283,285,286
プロパガンダ　……8,82,120,215,
　242,266,268,270,277,278,281
フンク、ヴァルター　……126
焚書　……259,273

[へ]

平均寿命　……260
兵務局　……167
ベウジェツ絶滅収容所　……223
ヘス、ルドルフ　……36,116,288
ペタン、フィリップ　……50
W・ペトヴァイディク　……119
ベーメン・メーレン保護領　……44,68,
　126
ベルギー　……6,26,40,50,184,186
ベルクマン、エルンスト　……284
ベルクマン、グレーテル　……260
ベルリン　……33,132,224,260,261,
　270,273,274,276,277
ベルリン・オリンピック　……260,
　261,270
ベロルシア　……33,54,56,66-68
編集者に関する法律　……282

[ほ]

保安警察　……140,154
保安部　……119,138,139,140,147,
　162
ボウラー、フィリップ　……120
北欧神話　……287
補助警察　……150,152
ポスター　……122
ポーゼン　……40
ポーランド　……5,23,24,26,30,33,
　34,40,46,48,51,52,54,56,60,66,
　68,71,88,126,133,152,154,173,
　199,211,215,218,220,223,227,
　230,232
ポーランド総督府　……46,48,154
ポーランド侵攻　……23,24,26,46,
　173,220
捕虜　……28,34,70,71,160,204,206,
　213,223
ボルマン、マルティン　……36,116,
　118,120,128
ホロコースト　……34,36,135,213,
　226,228,232,233
ホワイトカラー　……82-84,104
ボンヘッファー、ディートリヒ　……
　286
ポンメルン　……59

[ま]

マイスター試験　……87
マジノ線　……26
マーシャル・プラン　……37

マンシュタイン、エーリヒ・フォン
　……29,205

[み]

ミュラー、ルートヴィヒ　……284
ミュンスター　……286
ミュンヘン　……8,44,145,264,272,
　274
ミンスク　……68
民族共同体　……12,37,82,83,219
民族ドイツ人　……56,152,154,244
民族と国家の防衛のための緊急令　……
　281

[め]

メクレンブルク　……59
メッサーシュミット社　……71

[も]

モスクワ　……28,52,54,174,210
モラヴィア　……24,44

[や]

野戦警察　……160,162

[ゆ]

ユダヤ人　……12,34,36,56,58,71,87,
　116,122,126,134,135,139,145,
　152,154,213-215,217-220,
　222-230,232,233,246,260,261,
　270,273,284,285,286
ユダヤ教　……219,283,284
ユンカー　……59,167,186,200

[よ]

ヨードル、アルフレート　……36,174
四カ年計画　……80,82,88,97,120,
　124,218

[ら]

ライ、ロベルト　……76,82,227,255
ラインラント　……24,40,41
ラインハルト作戦　……223
ラジオ　……122,268,277,278,279,
　280,281
ラトヴィア　……54,152,184
ラング、フリッツ　……269
ランツベルク刑務所　……8

[り]

陸軍総司令部　……173
リッベントロップヨアヒム・フォン
　……36,124,125,126
リトアニア　……54,152,222
リーフェンシュタール、レニ　……
　266,270

[る]

ルーカス、ジェームズ ……174,180
ルスト、ベルンハルト ……246
ルーン文字 ……288

[れ]

レイトン、ジェフ ……214
レーダー、エーリヒ ……191,194
レッシェ、オットー ……51
レニングラード ……30,54
レーム、エルンスト ……16,22,168
レーン・フリッツ ……143
連合国、第一次世界大戦の ……
　6,40,167
連合国、第二次世界大戦の ……5,26,
　29-35,50,65,91,92,96,100,102,
　103,109,128,132,135,145,186,
　193-197,199,201,202,208,209,
　232,245,281

[ろ]

労働組合 ……16,75,87
労働奉仕 ……78,243,244,247,248
労働奉仕団 ……78,244,247
ローゼンベルク、アルフレート ……
　56,126,288
ローパー、トレヴァー ……132
ロバーツ、スティーヴン ……242
ロンドン潜水艦議定書 ……191

[わ]

『我が闘争』 ……8,274
ワルシャワ ……46,48

[A to Z]

BDM ……237
BMW ……71
DNB ……282
GFP ……162
HJ ……237
HSSPF ……154
IGファルベン社 ……71,88
NSDDB ……247
NSDSB ……248
OKH ……173
OKL ……173,198
OKM ……173
OKW ……131,173
RAD ……78,244
T4作戦 ……220
Z計画 ……96,191

THE THIRD REICH
■ 1933-1945 ■

図表索引

ドイツの3つの帝国（表）……7
ドイツの政党　1918年-1933年（表）……7
第一次世界大戦後のドイツの領土　1920年-1921年（地図）……9
ドイツの領土拡張 1936年-1939年（地図）……10,11
国会議員選挙における獲得議席数　1930年-1933年（グラフ）……13
ドイツ労働戦線（DAF）の成員数　1933年-1942年（表）……15
失業率　1929年-1940年（グラフ）……15
突撃隊（SA）指導者（表）……17
突撃隊の階級例（表）……17
突撃隊指導部　1932年（表）……18,19
「長いナイフの夜」事件において処刑された人物（表）……20,21
アドルフ・ヒトラーの略歴　……23
ナチス政権の主要人物（表）……25
主な都市の空爆による被害（表）……30
イギリス空軍とアメリカ陸軍航空軍がドイツに投下した爆弾　1939年-1945年（グラフ）……31
民間人の1日あたりのカロリー摂取量　1942年-1945年（グラフ）……32
ニュルンベルク裁判における訴因（表）……35
ニュルンベルク裁判における主な被告人と評決と判決（表）……35
連合国による戦後ドイツの分割占領　1945年（地図）……37
主な都市の人口　1933年（表）……41
ドイツの領土　1938年-1940年（地図）……42
ドイツの人口　1918年-1939年（グラフ）……43
主な州の人口　1941年8月（表）……44
帝国大管区の人口　1941年8月（表）……44
帝国大管区の面積（グラフ）……45
ドイツ占領下のポーランド　1939年-1942年（地図）……47
西ヨーロッパ占領　1940年-1942年（地図）……49

バルバロッサ作戦　1941年6月22日-11月（地図）……53
ソ連南部への進攻　1942年6月-11月（地図）……55
ドイツの占領地域と同盟国　1942年（地図）……57
大管区と帝国大管区　1944年（地図）……61
男性の人口　1939年（表）……62
ドイツに編入された地域とポーランド総督府領の人口　1941年9月（表）……62
年齢別人口比率　1934年と1939年（グラフ）……62
大管区と帝国大管区の人口　1939年（グラフ）……63
ポーランド総督府の行政区　1940年（表）……66
ドイツの行政区　1942年12月（表）……67
ドイツと同盟国の占領地域の資源　1940年-1945年（地図）……69
外国人労働者数　1945年1月（表）……70
ロベルト・ライ（略歴）……75
業種別就業人口の割合　1933年（グラフ）……76
業種別就業人口の割合　1939年（グラフ）……76
ドイツ労働戦線の成員数　1933年-1942年（グラフ）……77
平均時給指数　1925年-1940年（グラフ）……77
平均週給指数　1925年-1940年（グラフ）……77
各軍の軍事費　1934年-1939年（表）……79
消費財産業における男性労働者数の推移　戦前および1940年（表）……79
軍事費　1925年-1944年（グラフ）……81
各種労働者の徴兵数　1941年6月（表）……83
失業者数の推移　1932年-1939年（表）……83
戦中の業種別労働者数　1939年-1944年（表）……85
農業と工業における女性労働者数　1925年-1944年（表）……85
業種別女性労働者数　1939年-1944年9月（表）……85
女性就業率　1939年-1944年（グラフ）……85
所得税、法人税、物品税の徴収総額　1938年-1943年（表）……87
国民総生産（GNP）1933年-1943年（グラフ）……87
各国の自動車生産量　1925年-1938年（グラフ）……88
各国の自動車生産量　1925年-1938年（表）……88

索引　　　　　　　　　　　　　　　　　　　　　　　　　　　　　　302

THE THIRD REICH
■ 1 9 3 3 - 1 9 4 5 ■

石油燃料の生産量と輸入量の総量　1940年-1945年（表）　……90
原油産出量、合成石油生産量、原油輸入量　1939年-1945年（表）　……90
アルミニウム生産量　1939年-1944年（表）　……90
鋼鉄生産量　1938年-1945年（グラフ）　……91
資本財生産指数　1928年-1944年（グラフ）　……93
消費財生産指数　1928年-1944年（グラフ）　……93
軍需産業に従事する労働者の割合　1939年-1943年（グラフ）　……93
戦車と自走砲の生産施設数　1939年-1945年（表）　……94
主な戦車と自走砲の生産量　1939年-1945年（表）　……95
主な軍用機の生産量　1939年-1945年（表）　……98,99
火砲生産量　1939年-1945年（表）　……101
軍需品生産費　1939年-1941年（表）　……102
週平均労働時間　1932年-1942年（表）　……105
労働争議で失われた労働日数　1918年-1932年（表）　……105
労働者数　1939年-1945年（グラフ）　……105
各国のひとり当たりの1週間分のパン消費量　1942年（グラフ）　……107
ひとり当たりの1週間分の配給量　1939年（表）　……108
主な食料品の価格　1932年-1938年（表）　……108
パーペン内閣閣僚名簿　1932年（表）　……112
シュライヒャー内閣閣僚名簿　1932年-1933年（表）　……112
ヒトラー内閣閣僚名簿　1933年1月30日（表）　……113
ナチス党員の年齢構成比　1930年（グラフ）　……114
ナチスの党員数　……115
ナチスの指導者陣　1933年以降（表）　……116
ナチスの幹部　1936年（表）　……117
ヒトラーの職権についてのナチス声明文（文書）　……121
国家組織と党組織　1942年（表）　……121
ヒトラー内閣　1936年9月1日（表）　……123
ヒトラー内閣　1943年9月-1945年5月（表）　……123
用語略語一覧（表）　……124,125
軍需・軍事生産省（表）　……127

総統の権限に関する国会決議　1942年4月26日（文書）……129
全権委任法条文　1933年3月23日（文書）……129
ドイツが締結した主な条約と協定　1922年-1939年（表）……133
政治的出来事　1933年-1939年（表）……134
警察の基本的心得（文書）……139
ゲシュタポの機構　1939年（表）……141
ゲシュタポ監獄　1939年-1945年（地図）……141
人民法廷において死刑判決を受けた著名人物　1942年-1945年（表）……144
主なヒトラー暗殺未遂事件　1933年-1945年（表）……144
国家保安本部（RSHA）の機構（表）……148,149
警察の機構　1934年-1939年（表）……151
警察の階級（表）……153
警察が使用した拳銃（表）……153
秩序警察司令官（BDO）（表）……155-159
親衛隊及び警察高級指導者（HSSPF）（表）……161
親衛隊及び警察指導者（SSPF）1942年（表）……163
陸軍　1921年（表）……169
国防軍最高司令部と陸軍総司令部の機構　1940年（表）……170,171
軍管区と編制された師団　1939年9月（表）……172
軍備拡張　1932-1939年（表）……172
軍管区　1939年12月（地図）……173
軍の予備人員（表）……175
兵役に就くことを禁じられた男子（表）……176
装甲軍　1940年-1945年（表）……177
軍編制　1939年-1945年（表）……177
陸軍の階級（表）……178
陸軍の人員数　1939年-1945年（グラフ）……179
軍管区の管理部　1939年-1945年（表）……179
隊員に関する書類（文書）……180,181
東部戦線に投入された装甲戦闘車両数　1941年-1945年（表）……181
作戦に投入された師団数　1941年6月と10月（グラフ）……183

THE THIRD REICH
■ 1933-1945 ■

師団の配置　1941年6月と10月（グラフ）……183
武装親衛隊の人員数　1939年-1945年（グラフ）……184
各区域における国民突撃隊の編制　1945年（表）……184
兵士の心得10か条（兵隊手帳記載）（文書）……185
陸軍と武装親衛隊の各種徽章（表）……187
鉄十字勲章（表）……187
海軍の司令官　1938年11月（表）……191
海軍の人員数　1939年-1945年（グラフ）……192
連合国軍の艦艇喪失数　1941年（表）……192
連合国軍の艦艇建造数と沈没数　1942年-1945年（グラフ）……192
海軍の大型艦（表）……193
Uボート喪失数　1939年-1945年（グラフ）……196
航空艦隊の配置　1944年（地図）……198
航空機喪失数　1939年-1945年（表）……199
空軍の人員数　1939年-1945年（グラフ）……199
航空艦隊の司令官　1939年-1945年（表）……200
高射砲軍団の配置（表）……201
エース・パイロット（上位20名）（表）……202
戦闘機生産量　1939年-1945年（グラフ）……203
陸軍の死傷者数と行方不明者数（グラフ）……207
負傷した兵員の割合　1944年6月6日（Dデイ）まで（表）……208
東部戦線の兵力　1941年-1944年（表）……208
軍の戦死者などの数（グラフ）……210
ドイツのユダヤ人人口　1933年（表）……215
ドイツからのユダヤ人移民の数　1937年-1939年（表）……215
「安楽死計画」推進のための教育（文書）……216
主な反ユダヤ法　1933年-1938年（表）……216
ドイツ国市民法第1施行令（1935年11月14日公布）の条項（抜粋）（文書）……217
主な強制収容所と絶滅収容所　1939年-1945年（地図）……219
主な収容所（表）……221

ヴァンゼー会議の出席者　1942年1月20日（表）　……224
イェーガー報告書（文書）　……225
占領地域のゲットー　1939年-1945年（地図）　……226
絶滅収容所における大量殺害（表）　……227
識別のため囚人服に付けられた印　アウシュヴィッツ＝ビルケナウ収容所（表）　……227
ホロコーストにおけるユダヤ人推定死亡者数（表）　……229
ユダヤ人人口に対するユダヤ人死亡者数の割合（表）　……230
アウシュヴィッツ＝ビルケナウ収容所へ移送された人の数（表）　……231
ブーヘンヴァルト収容所における死亡者数　1937年-1945年（表）　……231
アウシュヴィッツ＝ビルケナウ収容所に関する出来事（文書）　……231
ヒトラー・ユーゲントの団員数　1923年-1939年（表）　……237
ヒトラー・ユーゲントの各団の団員数　1932年-1939年（表）　……237
ヒトラー・ユーゲントの階級例（表）　……239
ヒトラー青年団の各隊名（表）　……239
女子団の各隊名（表）　……241
ヒトラー・ユーゲントに関する法律　1936年12月1日（文書）　……243
国家労働奉仕団の労働管区（表）　……245
ナチスの学校（表）　……247
大学の学科の学生数　1935年-1936年（冬期）（表）　……249
大学の学生数　1918年-1943年（グラフ）　……249
高等教育機関の女子学生数の割合　1918年-1944年（表）　……250
ナチス女性団体へ向けたヒトラーの演説（抜粋）　1934年9月（文書）　……251
1歳未満の乳児の死亡数（1000人あたり）1925年-1940年（グラフ）　……252
ドイツ帝国鉄道の線路建設距離　1933年-1944年（表）　……255
歓喜力行団のクルーズ客船（表）　……255
歓喜力行団の活動に関する統計　1933年-1938年（表）　……255
「歓喜力行団車」（国民車）に関する歓喜力行団の声明（文書）　……256
ベルリン・オリンピックにおいて獲得したメダル　1936年（表）　……262,263
党大会　1923年-1939年（表）　……264
ニュルンベルク党大会プログラム　1938年（文書）　……265
主な映画　1933年（表）　……268

THE THIRD REICH
■ 1 9 3 3 - 1 9 4 5 ■

レニ・リーフェンシュタールの作品（表）　……269
「退廃」芸術家とされた人物（表）　……271
第二次世界大戦時のナチスによる略奪（表）　……271
主な小説、政治書、哲学書　1918-1943年（表）　……273
焚書が行われた主な都市（地図）　……275
主な建築物（表）　……275
主な都市のラジオ聴取率　1941年（表）　……277
ナチスが好んだ音楽家（表）　……279
ホルスト・ヴェッセルの歌（文書）　……280
発行されていた新聞の数　1918-1935年（表）　……281
主なナチスの機関紙　1935年（表）　……282
キリスト教信徒の数の減少　1932年-1944年（表）　……285
北欧神話とナチス（表）　……287
スワスティカの旗や記章（表）　……289
シンボルマーク（表）　……291

【著者】クリス・マクナブ　Dr. Chris McNab
　　　作家、編集者。軍事史および戦術・戦略のスペシャリスト。サバイバル関連の著作も多数。『第二次世界大戦におけるドイツ軍降下兵部隊』『第二次世界大戦に見られた作戦』などのほか、邦訳書に『図説　アメリカ先住民　戦いの歴史』『SAS・特殊部隊　知的戦闘マニュアル』『SAS隊員養成マニュアル』『「冒険力」ハンドブック』(以上原書房)など。

【訳者】松尾恭子　まつお・きょうこ
　　　1973年熊本県生まれ。フェリス女学院大学卒。訳書にセリグマン他『写真で見る　ヒトラー政権下の人びとと日常』、カー『「幸運の人」になる技術』、ヘイクラフト『ミステリの美学』(共訳)。

Copyright © 2009 Amber Books
Copyright in the Japanese translation
©2011 Hara Shobo Publishing Co., Ltd.
This translation of WWII Databook: Third Reich
first published in 2011 is published by arrangement
with Amber Books Ltd.
through Japan UNI Agency, Inc., Tokyo.

図表と地図で知る　ヒトラー政権下のドイツ

2011年4月8日　第1刷

著者　………クリス・マクナブ
訳者　………松尾恭子

装幀　………岡 孝治

印刷　………シナノ印刷株式会社
製本　………小髙製本工業株式会社

発行者　………成瀬雅人
発行所　………株式会社原書房
　　　　〒160-0022　東京都新宿区新宿1-25-13
　　　　電話・代表 03-3354-0685
　　　　http://www.harashobo.co.jp
　　　　振替 00150-6-151594

© Kyoko Matsuo 2011
ISBN978-4-562-04680-5, Printed in Japan